Amelie und Hendrik Blomberg

Le Dressage de Haute École

*

Im Boudoir der Äbtissin

Band 2

Schweitzerhaus Verlag

Schrift * Wort * Ton
Karin Schweitzer

Frangenberg 21 * 51789 Lindlar * Telefon 02266 47 98 211
eMail: mail@schweitzerhaus.de

Satzlayout und Umschlaggestaltung: Karin Schweitzer, Lindlar
Foto: ClipDealer

Besuchen Sie uns im Internet: www.schweitzerhaus.de
Auflage 2019
ISBN: 978-3-86332-059-1

Übersetzung aus dem Pivatdruck der Comtesse Dececile von 1781 mit dem Titel:
Philosophie au Boudoire de Abbesse

Inhalt

Zieht euch zurück, ihr eifernden Zensoren;
Schließt, Frömmler, Moralisten, Narren eure Ohren;
Nicht sollt ihr eifernden Megären mit uns rechten;
Hinweg mit euch, ihr Stolzen, Selbstgerechten;
Denn dieser Blätter süße Heimlichkeit;
Ist nie und nimmer euch geweiht.

Honoré Gabriel Riquetti, Marquis de Mirabeau,
in »Le Rideâu levé, Der gelüftete Vorhang«, 1786.

Es gibt kein Argument für die Unterdrückung der obszönen Literatur, das nicht in unvermeidlicher Folge zur Rechtfertigung aller anderen Beschränkungen, die der Freiheit des Geistes auferlegt wurden, dienen würde oder bereits gedient hätte.

David Herbert Lawrence (1885 - 1930), englischer Erzähler

Vorwort

Alle in diesem Roman erwähnten Biographien von Mätressen und Konkubinen der damals herrschenden Könige, Bischöfen und Kardinälen, sowie die Altersangaben, sind historisch belegt. Die *Genusskultur des Rokokos*, die *Libertinage*, die mit ihrem Sensualismus zwischen barocker Repräsentation und romantischer Gefühlsseligkeit steht (Hauser 1953/1975, S. 543), ist es, die die aristokratische Rokokogesellschaft als Verfechter eines durch und durch dekadenten Lebensstils erscheinen lässt. »Wer nicht vor 1789 gelebt hat, kennt die Süßigkeit des Lebens nicht«, sagte der französische Staatsmann und Diplomat Charles-Maurice de Talleyrand-Périgord (1754-1838).

Zu einem wesentlichen Bestandteil der ausgelebten Libertinage im *Ancien régime* wurde die Flagellation, die Züchtigung, die letztlich ausschließlich sexuelle Bedeutung bekam. Die damals erschienenen Bücher, *Histoire de Dom B*, 1741 von Jean-Charles Gervaise de Latouche und *Thérèse philosophe*, 1748 vom Marquis d'Argens, gelten als die bedeutendsten libertinen Werke des 18. Jahrhunderts und dank ihrer expliziten Beschreibungen sexueller Akte mit Züchtigungen waren sie die in den Boudoirs der damaligen Zeit meist diskutierten und nachempfundenen Geschichten.

Amelie Blomberg

Reise nach Frankreich

Anna schaute aus dem Fenster der Kutsche und blickte zurück auf das Schloss.

Sie sah noch die winkende Gräfin Isabelle auf den Stufen der großen Treppe vor dem Eingang stehen, bevor die Wegbiegung begann und das Schloss durch den dichten Birken- und Kiefernwald verdeckt wurde.

Trotzdem schaute sie weiter nach hinten hinaus. Es war ganz sicher ein Abschied für immer, kam es ihr in den Sinn.

Werde ich jemals wieder hierherkommen? Dabei dachte sie weniger an ihr Zuhause im hohen Norden, aus dem sie vor einem Monat von der Gräfin abgeholt worden war. Sie dachte auch nicht mehr an die Zeit, bevor sie in das Schloss gekommen war. Zu schlimm hatte sie es in Erinnerung, überall dieser Schmutz, die niedrigen Lehmhütten, immer zu wenig zu essen und tagein, tagaus die schwere Arbeit.

Im Schloss war sie willkommen geheißen worden. Alle waren freundlich gewesen, auch die Mamsell, die ihr soviel Gutes getan hatte. Sie hatte wunderschöne Kleider von der Gräfin bekommen. Kleider, von denen sie früher noch nicht einmal träumen konnte. Sie hatte vor Freude getanzt in den Kleidern. Morgens, mittags und abends hatte sie zu essen bekommen. Speisen, wie sie sie vorher nicht gekannt hatte, auf edlem Geschirr, mit Besteck, Fleisch vom Wild, vom Rind und von den Schafen. Reitunterricht hatte sie von einer Reitlehrerin bekommen und die Gräfin persönlich gab ihr Französischunterricht.

Anna schaute verträumt auf die vorbeiziehenden Bäume und Wiesen. Was wird auf dieser Reise passieren? Hatte sie nicht gehört, dass es gefährlich war, zu reisen? Und jetzt auch noch eine solche Weltreise. Durch fremde Länder, Grafschaften und Herzogtümer. Aber hatte sie nicht auch davon geträumt, nach Frankreich zu kommen? Dieses Land, das so wunderschön sein soll, so viele herrliche Schlösser besitzt und Gärten mit unzähligen Rosen? Würde sie wirklich mit edlen Herren und Damen der hohen Gesellschaft zusammentreffen? Edle Roben tragen dürfen? Zur Teilnahme an eleganten Banketts eingeladen, vornehm dinieren und vielleicht auch zum Tanz aufgefordert werden? Hunderte Träume schwirrten in ihrem Kopf herum - und sie fühle sich, bei allem Unwissens über die Zukunft, glücklich.

Im Schloss des Grafen war es ihr schon gut gegangen. Würde es in Frankreich bei der Schwester der Gräfin, der Marquise, auch so sein? Sie soll in einem großen Chateau leben, mit einem Marquis. Vielleicht ein Chateau mit vielen schönen Zimmern? Im Schloss, bei der Gräfin hatte sie ein eigenes Zimmer, keine kalte Kammer. Mit einem warmen Bett und edlen Leintüchern. Würde sie in Frankreich auch ein eigenes Zimmer bekommen?

Sie dachte auch daran, dass sie im Schloss meistens im Bett des Grafen schlafen musste, dass er sie in der ersten Nacht entjungfert und zur Frau gemacht hatte. Dass er sie danach fast jeden Tag beschlafen hatte, manchmal sogar mehrmals am Tage. Dass die Gräfin ihr nach wenigen Tagen eröffnete, dass sie, aufgrund ihrer Schönheit und ihres gezeigten Gehorsams, dazu auserwählt sei, zu einer Luststute erzogen zu werden. Einer Luststute, die dem hohen Herrn zur Befriedigung seiner Lust dienen muss.

Was war sie geschockt, als sie das erste Mal dieses Wort gehört und nach und nach die wahre Bedeutung erkannt hatte!

Aber sie dachte auch daran, dass sie viele schöne Geschichten von der Mamsell und auch von der Gräfin gehört hatte. Geschichten, dass es in Frankreich eine hohe Kultur gab, dass edle Damen die schönsten jungen Mädchen zu Luststuten erziehen und diese dann Mätressen von adligen Herren oder sogar Königen werden können. Dass diese Luststuten in teuren Roben und wertvollem Schmuck an Soirée's der hohen adligen Gesellschaft teilnehmen.

Anna ertappte sich dabei, dass sie immer wieder an die herrlichen Kleider denken musste und ein Lächeln glitt über ihr Gesicht.

Die Comtesse schaute zu Anna: »Anna? Vous sentez-vous bien? Fühlst du dich wohl?«

»Oui, Madame.«

»Comment vas-tu?«

»Je vais bien, Madame, sehr gut.«

»Anna, wir beide werden ab sofort nur noch französisch sprechen. Dann lernst du es in den zwei Wochen unserer Reise auch sehr schnell. Ich werde langsam sprechen und dir neue Worte erklären. Wenn du Fragen oder etwas nicht verstanden hast, dann darfst du sagen, Madame, je ne comprends pas.«

»Oui, Madame, ich habe verstanden. Ich freue mich auf diese Reise. Es ist eine sehr schöne Kutsche.«

»Ja, es wird dennoch sehr anstrengend

werden. Aber dies ist keine normale Kutsche. Es ist eine ganz besondere Berline. So nennt man sie. Diese Berline ist eine sehr leichte viersitzige und an beiden Achsen gefederte Kutsche mit diesen zwei vis-à-vis und parallel angeordneten Sitzbänken. Das Verdeck ist in der Mitte geteilt und klappbar. Sie eignet sich besonders für längere Trabstrecken, denn dann kommen wir schneller vorwärts. Wir werden auch nur Königsstraßen, Reichsstraßen und Heerstraßen benutzen. Ja, Anna, deshalb habe ich auch so wenig Gepäck mit mir. Nur diese kleine Kiste, hinten auf dem Gepäckhalter, sie ist aus extra dünnen Holz, damit sie leicht ist. Na ja, und du hast ja nur das, was du anhast. Aber das ist gut so. Bei mir wirst du viele schöne Kleider bekommen.«

»Oh, wirklich? Madame? Schöne Kleider mag ich.«

»Ja, die wirst du bekommen. Ich will schön gekleidete Mädchen um mich herum haben. Du willst doch gerne schön und begehrenswert werden, nicht wahr?«

Anna schlug die Augen nieder. Die Comtesse lachte.

»Ach, meine Kleine. Du brauchst dich nicht zu schämen. Du hast es mir gesagt, dass du eine Luststute werden willst, nicht wahr?«

»Ja, Madame«, kam es zaghaft von Anna.

»Siehst du. Du willst es. Das macht deine Erziehung viel einfacher. Es ist nichts Ehrenrühriges, eine Luststute zu sein. Ganz im Gegenteil. Junge schöne Damen sind in Frankreich bei der hohen Gesellschaft als Luststuten anerkannt und sehr begehrt. Du bist eine kostbare Schönheit. Ich werde dich behutsam zu einer Stute der Lust, einer *Jument de luxure,* zu einer *Dame de élégante horniness,* einer Dame von eleganter Geilheit, zu einem kleinen geilen Mädchen erziehen. *Une petite fille excitée,* wie die hohen Herren sagen werden.

Solche Mätressen werden umworben, in die Oper ausgeführt, zu Bällen und Soirées mitgenommen. Dazu bekommen sie die feinsten Kleider, Schminken und Rosen- und Lavendel Düfte.«

»Rosen- und Lavendel Düfte?«

Die Comtesse lachte: »Ich habe eine ganze Collection de Parfüms.«

»Parfüm?«

»Ja. So nennt man diese Duftwasser. Lavendel, Jasmin und Rosen Duftwasser. Auch von Orangenblüten und Mimosen, sie beleben die Sinne durch frische Aromen. Ich habe Parfümflaschen von der Galimard Parfum-Manufaktur aus der Ortschaft Grasse, in der Provence. Das ist im Süden von Frankreich. Jean de Galimard beliefert auch den Hof unseres Königs, Louis XV. Auch seine Mätressen sollen hunderte von Parfümflaschen von ihm haben. Wenn wir zu Hause sind, dann wirst du welche bekommen.«

»Ich werde welche bekommen? Danke, Madame.«

»Natürlich, meine Kleine. Ich werde es dir genau erklären, welche Düfte man nimmt und an welche Stellen des Körpers du sie benutzen sollst. Das musst du richtig lernen. Die Kenntnisse über Düfte und Parfüm sind sehr wichtig.«

Für Anna tat sich eine vollkommen neue Welt auf. Nicht nur schöne Kleider, sondern auch wohlriechende Parfüms würd sie bekommen. Sie konnte es kaum glauben. Frankreich schien für sie wie ein Paradies zu sein - wenn da nicht die Gedanken an die strenge Erziehung wären.

Anna räusperte sich: »Madame? Darf ich etwas fragen?«

»Selbstverständlich, Anna. Wenn wir beide allein sind, darfst du mich immer sofort ansprechen und Fragen stellen. Was liegt dir denn auf dem Herzen?«

»Werde ich streng erzogen werden?«

Die Comtesse ergriff Anna's Hand und streichelte sie einen Moment.

»Ja, Anna!“

Sie schaute Anna in die Augen, streckte ihre Hand aus und fuhr zärtlich über Anna's Wange. Anna's Augen wurden wässrig und ein Tränchen löste sich.

Die Comtesse nahm ein Taschentuch aus ihrer Jackentasche und trocknete Anna's Wange.

»Meine Kleine, sei unbesorgt. Es muss, wie soll ich sagen, in dir die Erkenntnis reifen, dass dies für die Entwicklung deiner wahren Bestimmung notwendig ist und du dich diesem Bewusstsein zu unterwerfen hast. Du wirst aber auch erkennen, dass die Reitgerte dir Lustgefühle erzeugt, wie du sie bisher noch nicht erahnen kannst. Du wirst von mir zu einer Luststute erzogen werden, die sich gehorsam den Freuden der Lust hingeben wird und selbst dabei den höchsten Grad der Wollust empfinden darf. Dazu wirst du mit der Reitgerte erzogen, denn ohne sie, sind diese hohen Freuden des Liebesspiels nicht zu erreichen. Sie erst macht dich zu einer reizvollen und verführerischen Luststute. Du bist eine wirkliche Schönheit. Nun ja, du wirst sehen. Du hast die Veranlagung eine sehr devote Stute zu werden.«

Erstaunt sah Anna, wie die Comtesse mit ihrer Hand Annas Rock anhob, ihre Hand auf die Innenseite ihres nackten Schenkels legte und langsam empor fuhr zu ihrem Kätzchen. Zärtlich suchte der Finger den Kitzler und begann ihn zu streicheln.

Ein plötzliches Gefühl der Lust durchfuhr Anna's Körper und sie bemerkte, dass sie feucht wurde.

»Brav, Anna!«, flüsterte die Comtesse, »Du wirst mal eine sehr sinnliche Frau werden. Ich fühle dein Verlangen, dein Kätzchen ist schon ganz nass. Durch meine führende Hand wirst du in die Geheimnisse deines Körpers eingeweiht werden, die jetzt noch im Dunklen vor dir liegen. Du wirst von mir von allen Schuldgefühlen befreit, die dich hindern, das Verlangen auszuleben, das in dir ist und welches ich in deinen Augen gelesen habe. Du wirst dich mir gehorsam und bedingungslos hingeben, mit dem Bewusstsein, dass du mir gehörst. Du wirst mir gehorchen und ich werde dich mit strenger Hand dahin führen, wo du die wundersame Welt der Lust erleben kannst.«

Abrupt zog sie ihre Hand zurück und zog Anna's Rock wieder herunter.

»Aber dieses Spiel verwahren wir uns für die Abende«, sagte sie und küsste Anna.

Nach einiger Zeit sprach die Comtesse: »Anna, äußerst wichtig ist es, dass du das richtige sittsame Benehmen einer Luststute erlernst. Wie man sich in Gesellschaft bewegt und wie man einem hohen Herrn gegenübertritt. Plumpheit, ungebührliches Benehmen und die falschen Worte zur falschen Zeit zerstören die Aussicht auf eine erfüllte Zukunft. Eine Mätresse der Lust muss sowohl den außergewöhnlichen Ansprüchen der hohen Herrn genügen, als auch von der adligen Gesellschaft als exquisite Persönlichkeit der Galanterie und der Libertinage angesehen werden. Dies geht nur einher mit Stil, Eleganz, Sittlichkeit und Tugend - und dies wird deine Erziehung sein.

Wir können damit mal anfangen.

Wenn du gegenüber anderen sagen musst, wie ich heiße, dann sagst du, *Das ist Madame Claire, Comtesse de Vermandois.* Je nach Art der Gesellschaft kannst du auch hinzufügen *la Maitresse de Marquis d'Aurilac.* Wenn du mich ansprichst, sagst du immer *Madame Claire,* oder, wenn wir allein sind *Madame.*

Unser Haus ist das Chateau d'Aurilac und unser hoher Herr heißt Monseigneur Charles Louis, Marquis d'Aurilac. Merk dir das. In Gesellschaft darfst du ihn schlicht mit Monsieur Charles, ansprechen. Im Hause bei uns wirst du immer, wenn er etwas zu dir sagt oder dir aufträgt zu tun, antworten: *Oui, mon Maître.* Hast du gehört,

Anna? Immer. Immer ein *Oui*. Niemals ein *Non*. Das Non wird nicht aus deinem Mund kommen. Er ist dein Maître. Ihm gehörst du genauso wie mir.

Wenn wir Gäste empfangen ist das Begrüßungszeremoniell sehr wichtig. Die formvollendete Begrüßung ist der erste Beweis für die Fähigkeit, sich mit Leichtigkeit auf dem gesellschaftlichen Parkett zu bewegen. Respekt ist dabei die Grundlage sittlichen Benehmens. Nur wenn eine Dame dir die Hand reicht, darfst du sie entgegennehmen und kurz und nur angedeutet schütteln. Dazu verbeugst du dich ein wenig mit aufrechten Oberkörper und machst einen Knicks. Das werden wir noch üben. Sind hohe Herrn unsere Gäste und du wirst ihnen vorgestellt, dann nimmst auch du eine entgegen gestreckte Hand an, machst artig einen Knicks und verbeugst dich tief. Da du zu solchen Empfängen immer ein Kleid mit tiefen Dekolleté tragen wirst, ermöglichst du so den hohen Herrn einen Blick auf deinen Busen zu werfen.

An einen gedeckten Tisch setzt du dich erst, wenn man dir einen Platz angewiesen hat. Gute Tischmanieren sollen den gemeinsamen Verzehr von Speisen für alle Gäste des Mahls zu einem Vergnügen machen, das nicht durch störende Geräusche oder unschöne Anblicke beeinträchtigt werden darf. Das Schmatzen, Rülpsen und Schlürfen ist verpönt. Dass mit vollem Mund nicht gesprochen wird, ist selbstverständlich. Es empfiehlt sich daher, dass du keine allzu großen Portionen in den Mund stopfst, um auf eine Frage ohne Verzögerung antworten zu können. Deine Körperhaltung sollte aufrecht und gerade sein, und die Speisen werden zum Mund und nicht der Mund zum Teller geführt. Das Besteck wird nicht umkrallt wie eine schwere Schaufel, sondern am unteren Ende des Griffes umfasst. Geräusche, die bei der Berührung von Messer und Gabel mit Porzellan entstehen könnten, solltest du vermeiden. Beim Essen benutzen wir Servietten. Das ist ein Mundtuch, kein Taschentuch, es wird also nur benutzt, um die Lippen abzutupfen, bevor man zum Weinglas greift, um an dessen Rand keine Fett- oder Essensreste zu hinterlassen. Die Weingläser werden am Stiel angefasst, weil man auf die Sitte des Anstoßens nicht verzichten will und sich so ein angenehmer Klang ergibt. Mit dem Essen darf erst begonnen werden, wenn der hohe Herr selbst damit begonnen hat, und dies erst, wenn alle Gäste versorgt sind. Das Essen ist beendet, wenn der hohe Herr seine Serviette links neben den Teller legt und sich erhebt. Nach einem Dinée wartest du ab, welche Aufgabe du bekommst und hältst dich solange schweigend zurück. Überhaupt antwortest du nur, wenn du gefragt wirst. Du wirst niemals selbst das Wort ergreifen. Das ist eine der wichtigen Tugenden einer Luststute. Erst recht, wenn du bei einer galanten Soirée dabei sein darfst und teilweise entblößt oder gar nackt vor die Gäste trittst. Dann wirst du die Tugendhaftigkeit deines Gehorsams ausdrücken, indem du allen Anweisungen mit der notwendigen Zurückhaltung fügsam Folge leistest. Das werde ich dir sehr detailliert und umfassend beibringen. Nur in demutsvoller und ehrfürchtiger Hingabe zeigt sich die hohe Eleganz einer Luststute.«

Die Kutsche hielt an und Anna und die Comtesse schauten aus dem Fenster.

»Ein See«, rief Anna aufgeregt, als sie und die Comtesse ausstiegen.

Einer der beiden Kutscher kam und sagte: »Madame. Wir machen eine Pause. Die Pferde brauchen etwas Wasser. Hier ist es gerade sehr günstig.«

»Das ist sehr gut, Alfonse. Machen wir eine Pause. Anna, komm mit mir, wir gehen ein paar Schritte in den Wald.«

Anna folgte der Comtesse in den Wald. Als die Kutsche nicht mehr zu sehen war, sagte die Comtesse, »Hier können wir uns auch erleichtern. Geh hinter einem Baum. Ich werde es auch tun.«

Als sie beide wieder zusammenkamen, sprach die Comtesse: »Anna, lass uns zurückgehen. Die Pferde werden genügend getränkt worden sein. Wir wollen unser heutiges Ziel erreichen.«

Auf dem Weg zurück nahm die Comtesse Anna in die Arme und küsste sie: »Ich freue mich, dass ich dich mitnehmen konnte, Anna. Du gehörst jetzt mir.«

Anna war sich der Bedeutung dieses letzten Satzes der Comtesse bewusst. Sie gehört ihr, aber sie wollte es ja auch. Erst vor zwei Tagen war sie von der Gräfin Isabelle deren Schwester Claire vorgestellt worden. Anna fand die Comtesse nicht unsympathisch, ganz im Gegenteil, sie besaß eine erfrischende offene Art und konnte herzhaft lachen. Auch wenn die Comtesse gestern mit ihr genauso streng umgegangen war, wie die Gräfin, so hatte sie doch deren zarte Hand und die noch zärtlicheren Finger fühlen und genießen dürfen. Anna bekam bei diesem Gedanken heiße Wangen.

Die Comtesse nahm Anna an die Hand: »Ist das nicht ein herrlicher Tag? Blauer Himmel und so warm. Isabelle hat mir gesagt, dass nach den

Bauernregeln ein lang anhaltender trockener Spätsommer zu erwarten ist. Hoffentlich ist uns Petrus hold.«

Die Kutscher kamen gerade zurück mit einem Eimer frischen Wassers aus einem naheliegenden Bach, der in den See mündete. In Bechern schenkten sie für die Comtesse und Anna ein und reichten es ihnen.

»Madame, wenn es recht ist, fahren wir weiter. So einen schönen Tag sollten wir nutzen und vielleicht eine weitere Herberge ansteuern. Sie soll nach unserer Karte eine Stunde hinter der geplanten liegen und soll sehr gut sein.«

»Ja, Alfonse. Machen Sie nur. Mir ist alles recht, was uns schnell nach Hause bringt.«

Während sie ihr Wasser trank, musterte Anna die beiden Kutscher. Sie hatte sich schon bei der Vorfahrt der Kutsche zum Schloss gewundert, dass es nicht zwei alte gebrechliche Kutscher waren, wie sie es sonst so oft gesehen hatte. Dies waren zwei baumlange, kräftige junge gesunde Männer, die eine vertrauenswürdige Ausstrahlung besaßen.

Schnell war die Pause vorbei und es ging weiter durch die endlose Wald- und Seenlandschaft Ostpreußens.

Kurz nach Sonnenuntergang erreichten sie die Herberge bei Sensburg. Ein großes Gehöft, das einen guten Eindruck machte. Die Comtesse hatte sich schnell mit dem Wirt über zwei Zimmer, Futter und Unterstellung für die Pferde und Kutsche einigen können. Während Alfonse und Jean-Claude die Pferde versorgten, betraten die Comtesse und Anna den Gastraum der Herberge.

Anna musste sich an das dunkle Licht gewöhnen, das nur von wenigen Kerzen stammte. Die Gaststätte war nur spärlich besucht. Die Comtesse und Anna nahmen an einen freien Tisch Platz und die Comtesse bestellte Wasser und Wein.

»Was kann man bei euch essen?«, fragte sie den Wirt.

»Heute haben wir Lammragout mit Lauch und Möhren.«

»Gut«, sagte die Comtesse, Viermal bitte. Auch für die beiden Kutscher, die gleich kommen werden.«

Von den hinteren Tischen stand ein schmächtiger bärtiger Mann auf und kam schwankend zum Tisch. »Ei, wen haben wir denn hier als hohen Gast? Zwei edle junge Damen. Ach, wie schön.«

Von hinten schrie der Wirt: »Böttcher, sei

ruhig, setz wieder hin oder geh nach Hause. Du bist betrunken.«

Aber der Mann kam näher zu Anna und strich ihr mit der Hand über das Haar.

Die Comtesse schrie jetzt laut: »Verschwinden Sie! Lassen Sie das!«

Anna versuchte sich zu ducken und im Augenwinkel erkannte sie, dass Alfonse und Jean-Claude eintraten. Im Bruchteil eines Augenblickes war Alfonse bei dem Mann, ergriff seinen Arm, bog ihn auf den Rücken und zwang ihn unter schmerzhaften Aufschreien zu knien. Dann ließ er ihn los. Der Wirt kam, half dem Mann hoch und wollte ihn zur Türe drängen, aber der schnaufte wutentbrannt und zog ein kleines Messer. Ehe er es richtig in der Hand hochhalten konnte, war Jean-Claude von hinten bei ihm, entriss ihm das Messer und streckte ihn mit einem kurzen Schlag ins Genick zu Boden.

Der Wirt entschuldigte sich tausendmal bei der Comtesse, nachdem er den Mann vor die Türe nach draußen gebracht hatte und erst nach einiger Zeit wieder hereingekommen war. Anna hatte sich von ihrem Schock erholt und bedankte sich bei den Kutschern.

*

Später, im Gemach, zog Claire Anna zu sich heran und flüsterte ihr ins Ohr: »Ich verrate dir ein Geheimnis. Alfonse und Jean-Claude sind keine Kutscher, sie sind Husaren. Alfonse ist sogar Capitaine. Sie gehören zum Régiment de Hussards, Hussards Royaux vom Baron Kronenburg. Der Baron ist ein Freund von Charles und hat sie uns für die Reise zur Verfügung gestellt. Sie sind beide erfahrene Soldaten und Kämpfer und kennen keine Angst. Du kannst dich also in ihrer Nähe immer sicher fühlen.«

Der Schreck saß Anna noch in den Knochen und sie fragte sich, wie die Reise weitergehen und was noch alles passieren könnte.

*

Sie kamen gut voran, das Wetter war ihnen hold und so ging es über Bromberg nach Posen, über die Brücke der Lausitzer Neiße nach Görlitz und nach einer Woche überquerten sie in Dresden die Augustusbrücke über die Elbe. Die darauf folgende Woche führte sie über Chemnitz, Nürnberg, Heilbronn nach Baden-Baden, wo sie einen Tag Station machten.

Die Nächte hatten sie teilweise in dunklen Herbergen verbracht, aber auch bei Freunden der

Marquise oder in Klöstern.

Am nächsten Tag wollten sie weiter über Breisach bis zum elsässischen Belfort, wo die Marquise vom dortigen Bischof de Beaupré erwartet wurde.

Ein Abend im Kloster

Es war eine lange, ermüdende und anstrengende Tagesreise mit der Kutsche gewesen und Anna war froh, als Claire plötzlich ausrief, dass sie die Stadtmauern von Belfort sehen kann.

Als sie das imposante Stadttor erreichten, rief Claire begeistert: »Schau, Anna. Das ist das Breisacher Tor. Es wurde 1687 von Seigneur de Vauban erbaut, dem französischer General und Festungsbaumeister Ludwigs XIV. Sieh, auf dem Frontgiebel ist das steinerne Emblem unseres Königs Ludwig XIV. Ach Gott, bin ich froh, wieder in Frankreich zu sein.«

Zu den Kutschern vorne rief Claire: »Wir müssen in die Stadtmitte, zur Kirche Saint-Christophe de Belfort.«

An der Kirche angekommen stieg Claire aus, ging zu einem kleinen Pfarrhaus nebenan und klopfte an der Türe. Nach einer Weile öffnete ein Bediensteter.

»Bonjour monsieur,« sagte Claire, »Ich bin die Marquise d'Aurilac mit einem Empfehlungsschreiben des Bischofs Antoine Clairiard de Beaupré.«

Der Bedienstete murmelte ein, «einen Moment,

bitte» und verschwand. Nach einer kurzen Weile erschien ein Pfarrer im Türrahmen.

»Madame. Ich bin Generalvikar Pierre Berdolet. Seien Sie willkommen. Der Bischof hat uns über Ihr Kommen unterrichtet.«

»Danke, Monsieur. Können wir für diese Nacht eine Herberge erhalten?«

»Ja. Madame. Aber nicht hier in diesem Haus. Sie möchten hinaus vor die Stadt, zur L'abbaye Nouvelle, weiterfahren. Dort erwartet Sie die Äbtissin.«

»Ist es weit? Es sieht so aus, als ob es bald ein Unwetter geben wird.«

Der Vikar schaute in den Himmel und sah im Südwesten die schweren, schwarzen Wolkentürme, hinter denen die untergehende Sonne verschwunden war. »Ich werde Ihnen einen Reiter mitgeben, der Ihnen den Weg zeigt. Beeilen Sie sich, Madame. Es sieht wirklich so aus, als käme ein Gewitter.«

Dank des Reiters, der ihnen den Weg zeigte, fanden sie schnell aus der Stadt. Aber plötzlich kamen heftige Windböen auf und das Gewitter entlud sich. Der Regen prasselte auf das Dach der Kutsche und wurde immer heftiger. Es goss schließlich in Strömen und die Böen zerrten an dem Kutschdach.

Urplötzlich zerbrach eine Holzleiste des

Kutschdaches, das Dach schlug halb zurück und die vom tobenden Himmel herabstürzenden Wassermassen ergossen sich auf Claire und Anna. Anna versuchte aufzustehen und das Dach festzuhalten, aber durch das Schaukeln der Kutsche gelang es ihr nur wenig. Im Nu waren Claire und Anna durchnässt und ihre Haare klebten am Kopf. Die Kutscher hatten ihre ledernen Kutten angelegt und feuerten die Pferde an.

Nach unendlich scheinenden Minuten erreichten sie das Kloster und unter dem schützenden Torbogen blieb die Kutsche stehen. Claire und Anna stiegen aus und versuchten mit den Händen die Nässe auf ihren Kleidern abzustreifen.

Aus einer Seitentüre erschienen zwei Nonnen, begrüßten sie freundlich und führten sie schnell in das Innere.

Eine große schlanke Frau, bekleidet mit dem schwarz-weißen Habit, der Tunika mit Skapulier und Kukulle und dem großen schwarz-weißen hutähnlichen Schleier auf dem Kopf, kam ihnen entgegen. Sie schaute sehr streng aus, sprach aber dann mit einer warmen Stimme.

»Seid willkommen im Stift Notre-Dame de Belchamp. Ich bin die Abbesse Charlotte de Franchet, die Äbtissin dieses Klosters.«

Claire und Anna konnten kaum stehen - zu sehr waren sie erschöpft.

«Meine Lieben, ich sehe, ihr seid geschwächt und sehr durchnässt. Kommt mit uns ins Refectorium, dort bekommt ihr warme Kleidung und etwas zu essen. Wir haben eine kräftige Suppe mit Hühnerfleisch. Das Feuer im Kachelofen ist gerade angezündet und wird euch wohltuende Wärme spenden.«

»Ehrwürdige Äbtissin,« antwortete Claire etwas atemlos, »Vielen Dank. Mein Name ist Claire, Comtesse de Vermandois, Marquise d'Aurilac. Der Generalvikar Berdolet in Belfort hat uns zu ihnen geschickt. Ich habe ein Empfehlungsschreiben des Bischofs Clairiard de Beaupré, von Besançon, auf dass ihr uns Herberge für eine Nacht gewähren möchtet.«

»Oh. Ihr seid die Claire d'Aurilac. Ja, seid willkommen. Der Bischof hatte euer Kommen angekündigt.«

Als die Äbtissin die beiden eintretenden Kutscher sah, sprach sie zu einer der Nonnen: »Schwester Sophie, zeigen Sie den beiden, wo sie die Kutsche unter dem hinteren großen Scheunendach unterstellen können und dann das kleine Gästezimmer für Kutscher nebenan. Und bringen Sie ihnen später auch zu essen und trinken.«

Das Refektorium entpuppte sich als ein großer

Speiseraum mit einem langen schwarzen Tisch in der Mitte und etlichen Stühlen. Nur wenige Kerzen auf dem Tisch und an den Wänden spendeten Licht. In der Ecke stand einer dunkelgrüner hoher Kachelofen, dessen Kacheln schwache Wärme abstrahlten.

»Seid so frei und zieht eure Kleidung geschwind aus. Ich lasse euch neue trockene Kleider und ein paar wollene Tücher bringen,« erklärte die Äbtissin und begann helfend Anna's Kleid aufzuknöpfen.

Als sei es das natürlichste der Welt streifte sie Anna's Kleid ab, zog ihr das Unterleinen über den Kopf und reichte ihr ein trockenes Tuch. Sie selbst nahm auch eines in die Hand und rieb Anna's Haare trocken. Als die Äbtissin die nassen Tücher wieder entgegennahm, blieb ihr Blick einen Moment lang auf Anna's Körper haften. Sodann reichte sie Anna ein einfaches neues Kleid und zog es ihr über den Kopf.

Claire hatte sich mittlerweile auch ausgezogen, abgetrocknet und ein neues Kleid übergestreift. Zusätzlich eingewickelt in ein großes wollenes Tuch, setzte sie sich auf einen der Stühle.

»Vielen Dank, ehrwürdige Äbtissin. Ein schreckliches Unwetter, furchtbar. Es hat das Kutschdach aufgerissen. Dabei war es den ganzen

Tag so schön gewesen. Herrlicher Sonnenschein.«

»Von wo kommt ihr?«

„Heute? Von Breisach.«

»Ganz von Breisach? Das ist so weit, über 40 Landmeilen.«

»Aber es waren gute Wege und die Strecke war frei von Hindernissen. Wir sind durch Muelhouse und konnten immer wieder lange traben. Zuerst konnten wir nicht so schnell vorwärtskommen, da wir uns heute früh von einem Fährmann bei Breisach über den Rhein bringen lassen mussten. In Breisach hatten wir nur in einer kleinen Herberge übernachtet.«

»Von wo kommt ihr denn her?«

Claire stöhnte: »Ganz vom Osten des Preußenlandes. Es ist heute der siebzehnte Tag unserer Reise.«

»Meine Güte. Großer Allmächtiger. Eine so weite Reise.«

»Ja, ich bin dem Allmächtigen sehr dankbar. Wir haben sehr viel Glück gehabt. Nur einen Tag kurz schlechtes Wetter unterwegs, sonst immer Sonnenschein.«

»Das ist schier unglaublich. Eine Weltreise. Da könnt ihr dem Herrn dankbar sein. Wie habt ihr denn Station gemacht?«

»Meistens haben wir in Herbergen übernachtet, auch in christlichen Stiften und sind frühmorgens weitergefahren. Wir sind über Posen nach Dresden in Sachsen, dann über Bayreuth nach Nürnberg und Baden-Baden, dann von Breisach nach hier.«

»Mein Gott. Welch weiter Weg, welch eine Strapaze!«

»Ja. Jeden Tag von Sonnenaufgang bis Sonnenuntergang. Auch war es nicht möglich, immer die Pferde zu wechseln. Wir mussten viermal neue Pferde kaufen.«

»Wie schrecklich! Und nur so kurze Nächte der Erholung!«

»Ja, Äbtissin. Die Herbergen waren gut, aber auch manchmal schlecht. Aber in Baden-Baden haben wir in einer heißen Quelle baden können.«

»Oh ja, dies hat bestimmt dem Körper gutgetan. Wer ist denn eure junge Begleiterin? Hat sie euch auch die ganze Reise begleitet?«

»Entschuldigen Sie, ehrwürdige Äbtissin. Ich habe ganz vergessen sie vorzustellen. Das ist Anna von Ransdow. Sie ist ein tapferes Mädchen und war den ganzen langen Weg immer gut gelaunt. Sie begleitet mich zu unserem Chateau bei Besançon.«

Zwei Schwestern traten ein und brachten die Teller mit dampfender, heißer Bouillon und einen Teller mit frischem Brot.

»Lasst es euch schmecken«, wünschte die Äbtissin und faltete die Hände. »Dem Herrn sei gedankt, dass er euch des Weges so gut beschützt hat, Amen.«

Während Anna und Claire zu essen begannen, erzählte die Äbtissin: »Bischof de Beaupré hatte mir euer Kommen für Mitte des Monats angekündigt, aber einen genauen Tag wusste er nicht. Ist ja auch verständlich, bei eurer langen Reise.«

Claire setzt ihren Löffel ab. »Er hat uns vor etwa drei Monaten in unserem Chateau bei Besançon, also ein paar Tage vor meiner Abreise, besucht. Er hatte mir aber nichts von diesem Kloster gesagt. Erst der Generalvikar in Belfort hat uns hierherführen lassen.«

»Der Bischof wird ihm Bescheid gegeben haben. Vor vier Wochen war er hier und hatte mir nur gesagt, dass eine Marquise d'Aurilac kommen würde und Herberge benötigt. Allerdings hatte er hinzugefügt, dass ihr eine sehr interessante Person seid und ich es euch an nichts fehlen lassen solle.«

Claire lachte, löffelte weiter und sprach zwischendurch: »Ach, der Bischof! Aber danke für das Kompliment. Ich muss Ihnen jedoch gestehen, dass ich nicht die Marquise d'Aurilac bin, ich zwar meistens so genannt werde, aber in Wirklichkeit bin ich die Mätresse des Marquis.

Mein Name ist Claire, Comtesse de Vermandois.«

»Ja, ich weiß. Er hat mir so eine Andeutung gemacht. Aber, wenn es euch nichts ausmacht, werde ich euch weithin so nennen, liebe Marquise.«

»Liebste Äbtissin, nennen Sie mich einfach Claire. Der Bischof nennt mich auch so.«

»Wussten Sie, dass er seit ein paar Jahren auch der Erzbischof von Besançon ist?«

»Oh! Nein. Dies hat er mir gegenüber nie erwähnt. Ich habe ihn immer nur werter Herr Bischof genannt.«

»Ja, das mag er,« lachte die Äbtissin, »Privat ist er sehr umgänglich und nicht für zeremonielle Anreden zu haben. Er sagt immer, die habe er genügend in Paris. Er ist ja auch seit zwei Jahren im Ständerat des Königs, als Berater des Hofes. Das Höfische ist nicht so seine Passion. Er ist zurzeit auch wieder in Paris und wird erst in zwei oder drei Wochen zurückerwartet. Möchtet ihr noch Bouillon oder eure Begleiterin?«

Claire sah Anna an, aber auch Anna war satt und müde und schüttelte den Kopf.

»Nein danke, ehrenwerte Äbtissin. Vielen Dank. Das war eine sehr gute Bouillon, ausgezeichnet.«

»Das freut mich, dass es euch geschmeckt hat - aber nennen Sie mich einfach Äbtissin, wie alle hier. Das *ehrenwerte* ist nicht vonnöten.«

»Ich wusste gar nicht, dass hier ein kleines Kloster ist. So einsam gelegen - hinter den Hügeln im Wald.«

»Ja! Einsam, das stimmt«, lachte die Äbtissin. »Eigentlich ist es kein Kloster, sondern nur ein Stift. In Andenken an das frühere große Kloster Belchamp, das seit Jahrzehnten nicht mehr existiert. Daher heißt dieses Stift jetzt hier auch La nouvelle Notre-Dames de Belchamp. Es besteht nur aus diesem Stiftgebäude und aus einem kleinen Hospiz nebenan, in dem wir Kranke mit einfachen Wunden behandeln.«

»Ein kleines Krankenhaus?«

»Ja, sehr klein nur. Ich war Äbtissin eines Klosters in der Lorraine und hatte dort meine Berufung zur Medizin gespürt. Ich habe in Paris an der Universität Docteur medicinae studiert, aber als Frau durfte ich natürlich keine Diploma erwerben. Der Bischof hatte mich in Paris kennengelernt und mir dann vor einigen Jahren die Leitung dieses Stiftes angeboten. Natürlich arbeite und unterrichte ich hier bei meinen Schwestern als Medicus. Nur um den offiziellen Schein zu wahren, kommt alle zwei Wochen der Docteur aus Belfort hierher. Ich habe zwei erfahrene Nonnen, die sind drüben im Hospiz und hier fünf Novizinnen, die ihre Ausbildung zu Krankenschwestern erhalten - die beiden anderen haben sie nicht gesehen, sie sind in ihren Kammern und studieren. Ich hoffe es«, lächelte die Äbtissin, »denn wir haben in unserer Bibliothek viele medizinische Werke von großem Wert. Das zentrale Anliegen unseres Stifts ist die cura animae, die Sorge um die Seele, aber auch die cura corporis, die Sorge um den Körper.«

»Oh, ein richtiges Klosterhospiz.«

»Nein. Wie gesagt, nur sehr klein. Ihr müsst wissen, unser Orden gehört den Benediktinerinnen an. Der heilige Benedikt hat festgelegt, dass die wichtigste Pflicht aller Mönche und Nonnen diejenige sei, den Kranken zu helfen. Nicht nur den Angehörigen unseres Ordens, sondern allen Kranken, die im Kloster um Hilfe bitten. Wir können nur wenige Kranke aufnehmen und zum Beispiel leichte Verletzungen heilen, aber wir befolgen hier strickt Benedikts Anweisung, Schwestern zum Heilen auszubilden. Deshalb haben wir auch einen großartigen Kräutergarten. Wir haben in der Bibliothek eine Abschrift des *Macer foridus,* ein universales Werk der Kräuterheilkunde, das vom Mönch Odo de Meung verfasst wurde. Wir haben auch Abschriften der medizinischen Werke *Physica* und *Causae et curae* der Hildegard von Bingen. Das wichtigste Buch, das wir hier haben, ist das *Hortus Deli-*

ciarum. Dies hat die Äbtissin Herrad von Landsberg geschrieben. Dazu die Bücher von Paracelsus, *Paramirum und Paragranum*, sowie eine Reihe weiterer kleinerer Schriften medizinischen Inhalts von 1529, und das im Jahre 1537 vollendete Schriftwerk Astronomia Magna. Auch die große Wundarzney aus Ulm von 1536 und Werk De Humani Corporis Fabrica des belgischen Anatoms Andreas Vesalius über den Aufbau des menschlichen Körpers, das zu einem Meilenstein der Medizin wurde. All das besitzen wir. Wie ihr seht, kümmern wir uns hier mehr um das Weltliche.«

Die Äbtissin lachte und fügte hinzu: »Natürlich in Einklang mit den Zielen unseres Ordens.«

Claire war tief beeindruckt von dieser Frau. Sie war so gar nicht die typische Äbtissin oder Oberin, wie Claire es in der Vergangenheit kennengelernt hatte. Diese Frau, mit dem sympathischen Gesicht und der offenen freudigen Art der Rede wurde ihr immer sympathischer. Jetzt, hier vor ihr sitzend, nahm Claire wahr, dass sie wohl langes blondes Haar haben musste, das gekonnt und sehr elegant unter dem engen Nonnenschleier hochgesteckt war. Eine interessante Frau und Claire bemerkte in ihrem Innern, dass sie wohl mehr über sie erfahren mochte.

Daher nahm sie wohlwollend die Einladung an, als die Äbtissin fragte, ob sie und ihre Begleitung nicht noch mit in ihren Äbtissinentrakt kommen möchten.

»Liebste Marquise. Ich habe einen schönen Salon, auch sehr warm und mit gemütlichen gepolsterten Sesseln bestückt. Lassen Sie uns noch ein Glas Wein zu uns nehmen. Unser Wasser hier im Stift ist zwar gut, es kommt direkt aus einer Quelle hinter dem Stift, aber nach einem Glas Wein schläft es sich auch besser. Hernach führe ich euch ins Boudoir des Bischofs, dort können sie beide nächtigen.«

Dankbar folgte Claire mit Anna an der Hand der Äbtissin in deren Salon.

Claire war überrascht. Dieser Raum war üppig eingerichtet mit wertvollem Mobiliar, Sesseln und Chaiselonges, niedrigen Tischen, einem Sekretär und einigen gläsernen Vitrinen. Historische Gobelins und religiöse Ölgemälde zierten die Wände und in der Ecke stand ein kleiner, mit dunkelblau gebrannten Keramikplatten verzierter Kachelofen.

»Das ist ja fast wie bei mir zu Hause«, entfuhr es Claire.

»Warum soll man das Nützliche nicht mit dem Guten verbinden. Ja, ich gebe zu, es ist nicht das karge Kloster-Kämmerlein, aber das muss es auch nicht sein. Nehmen Sie Platz, ich setzte mich zu Ihnen - lasse aber erst noch eine Karaffe Wein kommen.«

Die Äbtissin rief nach einer der Schwestern und als diese erschien, sagte sie zu ihr: »Schwester Sophia, bitte bringen Sie uns eine Karaffe des Weines vom Cotes du Rhone.«

Claire musterte die Schwester. Sie hatte ein ausgesprochen hübsches Gesicht und war wohl höchstens zwanzig Jahre alt. Claire fiel dabei ein, dass auch die anderen Schwestern, die sie bisher gesehen hatte, sehr jugendlich, schlank und hochgewachsen waren und alle sehr schöne Gesichter hatten.

Der Äbtissin, war nicht entgangen, wie intensiv Claire die Schwester mit ihren Augen gemustert hatte.

»Sophia ist aus dem Kloster Saint Odilie, bei Straßburg. Sie ist seit zwei Jahren bei uns. Der Bischof hatte sie kommen lassen, damit sie hier die Ausbildung zur Krankenschwester erhält.«

Nachdem sie alle einen Schluck des Rotweins zu sich genommen hatten, sprach die Äbtissin lächelnd zu Claire: »Ach, sagt mir, liebe Claire. Der Bischof hatte mir gegenüber erwähnt, dass auch ihr euch mit der Pädagogik beschäftigt.«

Claire war im Moment irritiert. »Pädagogik?«

»Der Begriff Pädagogik stammt von dem griechischen Wort *paidos* und lautet soviel wie Erziehungskunst. Jedenfalls hatte der Bischof mir gegenüber so etwas angedeutet.«

»Nun ja«, stottert Claire und wusste nicht genau, was sie antworten sollte.

Was mag der Bischof der Äbtissin wohl gesagt haben, schoss es ihr durch den Kopf. Bestimmt nichts über das, worüber sie sich mit dem Bischof bei seinem Besuch und am Tag nach der Soirée im kleinen Kreis unterhalten hatten. Was meint sie mit Erziehungskunst? *Der Bischof kann ihr doch sicherlich nicht erzählt haben, dass ich junge Mädchen zu Luststuten erziehe.*

»Tja. Ich habe Anna hier mitgebracht, weil sie die französische Sprache lernen und Frankreich und seine Kultur kennenlernen möchte.«

»Dann werdet ihr sie hier unterrichten?«

»Nun ja. Sie hat schon sehr gut begonnen französisch zu lernen. Auf der Fahrt hierher haben wir in den langen Stunden in der Kutsche sehr intensiv geübt. Natürlich werde ich den Unterricht fortsetzen.«

»Ah. Das ist wundervoll.« Die Äbtissin wandte sich an Anna: »Gefällt es dir hier in Frankreich zu sein?«

»Oh ja, Madame. Äh, ehrenwerte Äbtissin. Ja, ich bin sehr froh hier zu sein und freue mich auf dieses Land. Madame Claire hat mir schon viel von der hochstehenden Kultur hier in Frankreich erzählt.«

»Eine sehr schöne Antwort. Wie alt bist du?«

Anna schaute Claire an: »Ich bin 18 Jahre alt.«

Claire lächelte: »Sie wird bald 19.«

»Sie ist sehr hübsch und gut gewachsen«, meinte die Äbtissin anerkennend zu Claire.

Claire bemerkte, dass die Äbtissin Anna sehr lange musterte. »Sie stammt aus einer Bauernfamilie im hohen Livland und ist von meiner Schwester und ihrem Gatten, dem Grafen von Ransdow adoptiert worden.«

»Oh, wie interessant. Ihr habt eine Schwester dort?«

»Ja, Äbtissin. Ich habe meine Schwester, kurz nachdem ich meinen eigentlichen Reisegrund erfolgreich beendet hatte, besuchen können. Meine Schwester ist, wie ich, gebürtige Französin und seit etlichen Jahren mit dem Grafen von Ransdow verheiratet. Sie bewohnen dort im östlichen Preußen ein sehr schönes Schloss und betreiben ein großes über die Grenzen hinaus bekanntes Gestüt zur Pferdezucht. Anna hatte sich dort zur Zufriedenheit meiner Schwester sehr gut eingelebt. Aber da sie sehr aufgeweckt, sehr wissbegierig und lernbereit ist, hatte ich meiner Schwester vorgeschlagen, Anna mit nach

Frankreich zu nehmen. Sie verstehen, hier ist die Zukunft für ein solch begabtes Mädchen wesentlich besser, als dort im finstersten Osten. Anna ist wirklich sehr begabt.«

»Das ist erfreulich zu hören. Aber wie ich sehe, fallen der Kleinen vor lauter Müdigkeit die Augen zu. Sie darf sich gerne schlafen legen, dann können wir beide noch in Ruhe unseren Wein austrinken.«

Dies war Claire mehr als recht. Es kam ihr vor, als wenn die Äbtissin Gedanken lesen könnte. *Sie will sich wohl unbedingt noch mit mir unterhalten.*

Was mochte der Bischof ihr erzählt haben, fragte sie sich, als die Äbtissin Claire und Anna zu einer Seitentüre führte.

»Dies ist die direkte Verbindung zum Boudoir des Bischofs. Er hat mich ausdrücklich gebeten, es Ihnen zur Verfügung zu stellen.«

Sie traten in ein ebenso weiträumiges Zimmer ein, das neben vielen Sesseln und kleinen Tischen von einem übergroßen Bett mit Baldachin in der Mitte dominiert wurde. Die Äbtissin schlug das Bett auf und sagte zu Anna: »Zieh dich aus und leg dich schlafen. Das wird dir guttun. Es sind drei dicke Decken da. Dies wird dich wärmen. Die Marquise kann sich nachher zu dir legen, das Bett ist ja breit genug. Wir werden wieder hinübergehen und die Türe schließen. Gute Nacht.«

Auch Claire wünschte Anna eine gute Nacht und verabschiedete sich mit einem Kuss von ihr.

»Ein sehr liebes und sehr hübsches Mädchen«, bemerkte die Äbtissin, als sie wieder in deren Zimmer Platz genommen hatten.

»Ja, sie ist sehr lieb. Ich bin ganz begeistert von ihr. Meine Schwester hatte mit dem Französisch-Unterricht schon begonnen und ich habe während der Reise mit ihr konsequent französisch gesprochen. Sie hat sich sehr kooperativ verhalten und fleißig ihre Lektionen gelernt. Außerdem habe ich begonnen ihr eingehend die kulturellen und gesellschaftlichen Gegebenheiten hier in Frankreich zu lehren. Auch die Geschichte unseres Landes und unsere Errungenschaften.«

»Dann unterrichtet ihr nicht nur die Sprache, sondern auch Kultur. Damit seid ihr eine richtige Pädagogin.«

»Ich muss gestehen, ich habe mich nie mit den theoretischen Aspekten einer Erziehung befasst,« antwortete Claire sehr vorsichtig, »Ich hab mich vielmehr auf meine eigene Lebenserfahrung gestützt.«

»Aber natürlich. Das ist gut so. Lebenserfahrung weiterzugeben ist der Kern der Pädagogik. Lehren, Lernen. Praktische Übungen mit vielen Wiederholungen zeigen wie systematische Pädagogik von Erziehung und Bildung, jungen

Mädchen ganzheitlichen, sinnesorientierten Weg ins Leben ermöglicht. Pädagogik entsteht unmittelbar aus der Praxis mit Erziehung.«

»Wie gesagt, der Begriff Pädagogik war mir bisher nicht so geläufig. Es ist schon richtig, wenn ihr sagt, ich unterrichte Kultur. Kultur beinhaltet für mich alles, was das Leben in einer Gesellschaft von hohen Niveau von einem fordert und was es dann so angenehm macht. Dies will ich vermitteln.«

»Ach. Marquise. Wenn ihr so handelt, dann seid ihr eine wahre Pädagogin. Fragt euch immer, wie kann es mir gelingen, dem Leben eines jungen Mädchens eine individuelle Sinnhaftigkeit zu verleihen und ihr Neugier und Freude an der sie umgebenden Welt und Gesellschaft zu vermitteln? Erziehung und Bildung sind für die Menschwerdung grundlegend - dann handelt ihr immer im Sinne des Allmächtigen. Er will die Lehre. Er will, dass Wissen weitergegeben wird. Und was ist schöner, wenn man Wissen mit Freude weitergeben kann?«

»Ihr habt da sicher eine viel größere Erfahrung, liebe Äbtissin.«

»Das mag sein, zumal ich hier auch das medizinische Wissen und den Glauben unterrichte. Ich tue das aber mit Freude und finde immer wieder große Genugtuung, wenn ich erkennen kann, dass es auf fruchtbaren Acker fällt.«

»Ihr habt hier einige junge Schwestern, wie ich sehe.«

»Ja. Ich glaube, ich erwähnte es. Ich habe hier zwei ältere Nonnen, die das ewige Gelübde abgelegt haben und sich als ausgebildete Krankenschwester um die Kranken im angeschlossenen Hospiz kümmern. Sie leben auch im Hospiz nebenan. Hier in diesem Stift habe ich fünf Laienschwestern, die Novizinnen in verschiedenen Klöstern waren und sich nach reiflicher inneren Prüfung entschlossen haben, bei mir die Ausbildung zu Krankenschwestern zu erhalten. Aber nicht nur das Medizinische steht im Vordergrund, auch die allgemeine Ausbildung und Erziehung. Es ist meine spezielle Art und Weise einer ganzheitlichen Pädagogik, die unmittelbar aus der Praxis mit Erziehung entsteht. Die Novizinnen sind junge Mädchen, die hier im Zusammenleben auf ein später befriedigendes Leben und vor allen Dingen Lebenssinn, von mir ausgebildet werden. Das gemeinsame Zusammenleben von jungen Mädchen und ihrer Erzieherin ist die unverrückbare Grundlage meiner Tätigkeit. Die Mädchen können sich auf die Präsenz und dauerhafte Anwesenheit der Bezugspersonen an dem gemeinsamen Lebensmittelpunkt verlassen, ständige Wechsel und die damit verbundenen

Verlusterfahrungen werden ihnen damit weitgehend erspart. Bezug zum Lebenssinn entsteht dort als leitendes Prinzip, wo sich Mädchen nahe am Leben entwickeln können. Meine freiheitliche Pädagogik will so die Schule für das Leben der Mädchen öffnen. Ethik, Moral und Tugend sind Begriffe, denen ich mich verpflichtet fühle. Aber ich denke, dass es für ein Vernunftwesen, wie dem Menschen, unangemessen ist, wenn dessen Handeln ausschließlich von Konventionen und Traditionen geleitet und eingeengt wird. Meine Erziehung soll dem Mädchen auch Hilfe für ihre sittlichen Entscheidungen liefern.«

Claire war überrascht und antwortete zurückhaltend: »Hmm, der Frage der sittlichen Erziehung junger Mädchen messe ich auch große Bedeutung zu. Falsche moralisierende Erziehung lehne ich ab.«

»Sehr richtig. Die Moral ist immerzu von den jeweils herrschenden Moralvorstellungen abhängig. Die Mädchen haben früh ein waches Gespür für die Wirklichkeiten und lassen sich durch den Schein vorgeblicher Tugend und falscher Moral nicht täuschen. Diese Erkenntnisfähigkeit muss man fördern. In diesen Jahren der Frauwerdung durchläuft das Bewusstsein eines jungen Mädchens viele Stationen wechselhafter Gefühle. Zum einen wissen sie um die herrschenden Moralvorstellungen draußen und im Innern spüren sie das Erwachen ihres Körpers. Dieses Erwachen ist der richtige Zeitpunkt, um eine sittliche Erziehung zu beginnen.«

»Ja, Äbtissin. Eine sittliche Erziehung. In dieser Zeit sind sie formbar und sollten nur die Schönheiten des Lebens und der Natur kennenlernen. So sehe ich es und versuche es mit meinem wenigen erzieherischen Können vorsichtig zu erklären.«

»Madame. Ich staune. Das zeigt mir, dass Sie erzieherische Kompetenz ausstrahlen. Es ist genau richtig, was Sie sagen! Auch wenn Sie es sehr vorsichtig formuliert haben. Ich denke ich weiß, was Sie im Hintergrund meinen. Wie gesagt, neben der Erziehung zum barmherzigen Glauben unterrichte ich hauptsächlich, wie unser Orden es vorschreibt, die *cura corporis,* die Sorge um den Körper. Dabei ist der Dienst im Hospiz, mein Unterricht über die Anatomie des Körpers und die Heilung von Wunden, nur ein Teil der Erziehung hier, was aber natürlich einen großen Teil meiner erzieherischen Arbeit hier ausmacht. Der andere Teil der Erziehung geht in die gleiche Richtung, wie ihr es eben korrekt formuliert habt. Die Schönheit der Natur und des Lebens kennenzulernen. Auch die eigene Natur und das eigene Leben. Die *cura corporis,* und darauf lege ich mein

Hauptgewicht bei der Erziehung, soll und muss zugleich die Erkenntnis über den eigenen Körper geben. Anstatt Sünde, Schuld und Scham, sollen meine Mädchen hier Freude an Vergnügen, Lust, Genuss und sinnliche Begierde erleben dürfen. Ist es das was ihr gemeint habt?«

Claire war tief beeindruckt und verschlug ihr fast die Sprache. Diese Offenheit hatte sie nicht erwartet. Im Moment wusste sie nicht, was sie sagen sollte.

»Seid ihr schockiert? Marquise.«

»Nein. Nein. Ganz und gar nicht, liebe Äbtissin. Es ist nur ..., na ja, es ist für mich ungewohnt, von einer Ordensfrau solch lebensbejahende Sätze zu hören. So menschliche.«

»Ja. Lebensbejahend sind sie und durch und durch menschlich. Im Lateinischen heißt es, *Ludit in humanis divina potentia rebus.* Im Menschlichen spiegelt sich die göttliche Allmacht. Wo ist mehr Menschlichkeit, als in der Freude an Vergnügen, Lust und Genuss.«

»Äbtissin, Ihre wohl gewählten Worte sind ein Labsal für meine Seele und unübertroffen. Sittlichkeit ist ja auch mehr, als nur züchtig gekleidet zu sein und nach außen hin keusch zu leben, wenn im Innern das Verlangen entsteht, das den Geist und die Gefühle eines jungen Mädchens überwältigt. Ich denke, in diesem Alter muss die

Erziehung einsetzen und den Mädchen Wege aufzeigen, wie sie ihre Gefühle beherrschen und nutzen können. Sittlichkeit beinhaltet ja auch anmutiges Auftreten in der Gesellschaft und ein höfisches Benehmen, sowie die Reinlichkeit des Körpers, die Pflege, sich entsprechend zu kleiden.«

»Madame. Bravo. Sittlichkeit hat etwas mit Keuschheit, aber nichts mit Unterdrückung des Verlangens zu tun. Da haben Sie vollkommen recht. Wenn die ersten Blutungen einsetzen und das ist nun mal so von der Natur dem Weiblichen gegeben, dann ist letztendlich ein Mädchen auch zur Empfängnis bereit. Die geschlechtliche Entwicklung ist der Maßstab und die richtige Erziehung muss dann auch beginnen und den Mädchen eine von äußeren Zwängen freie Bewusstwerdung ihrer Geschlechtlichkeit ermöglichen. Die Erziehung muss dabei hilfreich alle Aspekte der Geschlechtlichkeit aufzeigen und fürsorglich die Entwicklung begleiten und fördern.«

Claire musste innerlich schmunzeln. *Sie redet von Verlangen, Lust, Geschlechtlichkeit und dass die Erziehung solches begleiten und fördern sollte. Was ist das für eine Äbtissin? Zu was erzieht sie die Schwestern hier?*

Behutsam antwortete Claire: »Das ist hochinteressant, liebste Äbtissin. Lassen Sie es mich so sagen, auch ich will durch eine fürsorgliche Erziehung die Entwicklung begleiten. Ja - und auch fördern. Dabei bedarf, insbesondere die geschlechtliche Entwicklung besonderer Aufmerksamkeit und Förderung.«

»Genau so ist es, Madame. Ich denke, wir beide haben eine große Übereinstimmung, was die Ziele einer fürsorglichen Erziehung junger Mädchen sind. Ich möchte, dass Sie wissen, dass die Förderung der geschlechtlichen Entwicklung auch hier der Kern meiner Erziehung hier ist und die *cura corporis*, die Sorge um den Körper, mein Hauptanliegen ist. Erst sie ermöglicht eine freie Bewusstwerdung der eigenen Persönlichkeit.«

»Aber ist nicht die Sankta Catholica strikt gegen solche freien Gedanken zur Geschlechtlichkeit, geschweige denn einer solchen Erziehung?«

Die Äbtissin stöhnte: »Ja, Marquise. Leider ist es immer noch so. Unterdrückung und Schweigen sind immer noch vorherrschend. Aber es gibt in den Reihen des Klerus auch führende Persönlichkeiten, die anders denken und handeln. Zum Beispiel unser Bischof Beaupré. Ich vertraue Ihnen etwas an. Er selbst hat mich zu diesem Hort der Erziehung überzeugt und hat die jungen Schwestern und Novizinnen teils selbst aus den verschiedenen Klöstern ausgewählt, als er bemerken konnte, dass diese Mädchen insbesondere einer sinnbejahenden Glaubenseinstellung zugetan sind.«

»Er scheint ein sehr guter und ein sehr weltoffener Mensch zu sein«, antwortete Claire.

»Gewiss, er ist ein sehr guter Mensch und sehr edel. Der Bischof ist derjenige, der seine schützende Hand über uns hält. Aber er ist auch ein Mann, ein großer, starker Mann und wenn es zum Schutze des Landes ist, ist er auch sehr streitbar. Er ist ein enger Freund des Königs von Frankreich. Wir sind ihm immer sehr dankbar und machen ihm seine Aufenthalte so angenehm wie möglich. Er ist schließlich wirklich ein richtiger Mann. Er weiß, wie sehr die jungen Mädchen einer führenden Hand während ihrer Entwicklung bedürfen. Der Allmächtige hat dem Mann und dem Weib die Gefühle, die Lust und die Freude am Körper mitgegeben. Er hat den Körper mit vielen, mannigfaltigen Empfindungen ausgestattet. Er hat nicht gewollt, dass sie verleugnet werden sollen. Der Bischof hat dies erkannt und möchte, dass ich dieses Wissen mit der dazugehörenden Praxis diesen ausgesuchten Mädchen mit auf dem Lebensweg gebe. Ziel der Ausbildung hier ist es, dass sie später in hohen Funktionen eine unterstützende Hand an der

Seite eines Bischofs, Erzbischofs oder Kardinals auch bei offiziellen Anlässen reichen können.«

Mein Gott, was sagt die Frau so offenherzig zu mir, dachte Claire. *Was weiß sie über mich?* Zaghaft sprach Claire zur Äbtissin gewandt und lächelte sie dabei an: »Ich bin Ihnen zu tiefstem Dank verpflichtet, liebste Äbtissin, dass Sie mich so sehr in Ihr Vertrauen einbeziehen. Wie ich erkennen kann, verbinden uns gerade in Bezug auf Erziehung zur Lust und Freude am Körper einige gemeinsame Überlegungen.«

»Sehen Sie, Marquise. Ich hatte aus unserem bisherigen Gespräch schnell den Eindruck gewonnen, dass Ihr einer Lust bejahenden Erziehung junger Mädchen offen gegenüber stehen. Lust bejahend gegenüber den eigenen Empfindungen im Leben, die damit eine Stärkung für die Arbeit im Orden mit sich bringt und unter dem Keuschheitsgelübde der Kirche steht. Der Bischof hatte mir gewisse Andeutungen gemacht. Er hatte mich wissen lassen, dass Ihr sogar eine sehr erfahrene Erzieherin seid.«

Claire lachte. »Das hat der Bischof gesagt?«

»Ja, liebe Marquise. Er hat euch auf das höchste gelobt.«

»Ach, liebe Äbtissin, nennen Sie mich doch einfach Claire. Ich fühle mich Ihnen gegenüber schon jetzt so freundschaftlich verbunden, dass ich es gar nicht in Worte fassen kann. Sie haben mir eben soviel Wahres und Hintergründiges erzählt, dass ich es noch nicht so richtig glauben kann. Ich bin Ihnen sehr dankbar.«

»Claire! Sie werden in mir jemanden finden, der mit Einfühlungsvermögen und sehr viel Verständnis Ihre erzieherischen Bemühungen zu würdigen weiß. Mir ist jetzt bewusst, wie sehr Sie die Wichtigkeit einer allumfassenden Erziehung junger Mädchen ansehen und ich kann euch versichern, dass ich genauso denke und handle. Ich empfinde genau wie Sie, dass eine Erziehung sehr wertvoll ist.«

Claire sah die Äbtissin an und fragte sich, was der Bischof über ihre Art der Erziehung erzählt haben konnte. Immerhin weiß der Bischof über ihre Art der Erziehung zu Luststuten sehr gut Bescheid und hat bei seinem Besuch auch den Stand der Erziehung begutachten und zu seiner Zufriedenheit erfahren dürfen.

»Claire«, sagte die Äbtissin mit warmer Stimme, »Ich bemerke, dass Sie eine gebildete Frau sind und bin sehr glücklich darüber. Sagen Sie nicht mehr Äbtissin, nennen Sie mich bitte Charlotte. Das *Du* macht doch vieles einfacher.«

»Danke, Charlotte. Lassen wir auf unsere Freundschaft anstoßen.«

»Ja. Auf dass wir uns in Zukunft rege über unsere Erfahrungen austauschen können. Die Erziehung junger Mädchen zu einem hohen moralischen Leben ist mir ein wichtiges Anliegen und ich freue mich, mich mit einer erfahrenen Erzieherin unterhalten zu können. Oh, ich sehe, mein Glas ist leer, auch die Karaffe. Ich lasse noch eine Karaffe bringen. Ja?«

Die Äbtissin war schon aufgesprungen und bimmelte mit einer kleinen Schelle, die auf einer Kommode stand. Momente später trat eine der jungen Schwestern aus der Türe zum Schlafgemach der Äbtissin. Sie war nur bekleidet mit einem fast durchsichtigen weißen Nachtgewand und ließ ihren schlanken Körper erahnen. »Äbtissin? Sie haben geläutet?«

»Ja, mein Kind. Habe ich dich geweckt?«

»Nein, Äbtissin. Ich habe gelesen.«

»Das ist sehr gut, mein liebes Kind. Bring der Marquise und mir doch eine neue volle Karaffe des Weines.«

Als das Mädchen ging, sagte Claire: »Eine nette Schwester. Es ist schön sie anzusehen.«

»Ja, Claire. Sie sind alle von ausgesuchter Schönheit und ich liebe diese Eleganz einer harmonischen Erscheinung.«

Sie unterbrachen ihre Unterhaltung, als die Schwester wieder eintrat, die Karaffe brachte und vorsichtig die Gläser füllte. Dabei konnte Claire die sich unter dem leichten Stoff gut abzeichnenden Brüste betrachten. Schweigend sahen sie der Schwester nach, als diese zurück in das Schlafgemach ging und das enganliegende Gewand die Gleichmäßigkeit ihrer Lenden betonte.

»Sophia ist sehr lieb und sehr gehorsam«, meinte die Äbtissin in die Stille hinein.

»Ja, Gehorsam ist eine wichtige Voraussetzung für eine erfolgreiche Erziehung.«

»Und ob, Claire. Sie ist sogar essenziell wichtig. Ist deine Anna auch gehorsam? Ich glaube, du hattest es schon angedeutet.«

»Ja. Charlotte. Anna ist ein sehr braves Mädchen und es macht eine Freude sie zu erziehen. Allerdings erziehe ich auch sehr konsequent. Der Begriff *cura corporis,* die Sorge um den Körper, gefällt mir außerordentlich und dürfte auch für die Erziehung, wie ich sie handhabe, zutreffen. Für diese Erkenntnis bin ich dir sehr dankbar. Charlotte, ich möchte dir auch etwas anvertrauen. Ich habe die letzten Jahre einige Mädchen erzogen und halte mich dabei an das Buch *Le grand libre de la education*, das große Buch der Erziehung.«

Die Äbtissin lächelte Claire aufmunternd an: »Erzähl nur weiter. Ich bin entzückt, das zu hören.«

»Ja? Wirklich?,« Claire hatte Hemmungen weiterzureden. Hatte sie jetzt etwas Falsches angedeutet, fragte sie sich. Aber irgendwie schwante ihr, dass die Äbtissin mehr über sie wusste, als es offenkundig war.

Als wenn die Äbtissin Claire's Zögern erkannte, sagte sie mit einem sehr milden Ton in ihrer Stimme: »Claire, ich möchte, dass du weißt, dass du in mir eine sehr verständnisvolle Zuhörerin vorfindest, der du voll vertrauen kannst und die für alle deine Gedanken, so frei sie auch immer sind, sehr viel Entgegenkommen und Einfühlungsvermögen mitbringt.«

Dabei zog sie das weiße Tuch um ihren Hals und vor der Brust aus. »Es ist warm genug und jetzt bedarf es nicht mehr der Form.«

Claire nahm mit Erstaunen wahr, dass die Äbtissin eine glatte weiße Schnürkorsage trug, die ihre üppigen Brüste knapp bedeckten. Sie ließ sich jedoch nichts anmerken und sagte: »Danke für diese Worte des Verständnisses. Es befreit mich, es dir zu sagen. Das Buch ist sehr pikant. Besonders der Abschnitt aus dem Buch der Erziehung, mit dem Titel *Le Dressage de Haute Ecolè - Une éducation très stricte et formation*. Die strickte Erziehung und Formung. Es wird dich wahrscheinlich nicht überraschen, Charlotte, wenn ich dir sage, dass die Empfehlungen zur Ausbildung und Erziehung und auch die Anweisungen, fast alle ausnahmslos aus der Welt der Pferdezucht und dem Reiten kommen. Die Pferdezucht und das Reiten waren schon immer ein Bestandteil unserer hohen adligen Gesellschaft, der *Noblesse*, in Frankreich. Sie war immer der wichtigste Ausdruck der hohen gesellschaftlichen Kultur in diesem Land. Ich weiß, es ist jetzt sehr pikant, was ich sage, aber die Erziehung eines jungen Mädchens spiegelt in der Wortgleichheit exakt die Ausbildung einer jungen Stute durch einen kraftvollen Reitersmann wider.«

Die Äbtissin stand auf und kam zu Claire. Sie ergriff mit beiden Händen ihren Kopf und gab ihr einen Kuss.

»Ich bin sehr glücklich, dies von dir zu hören, Claire. Ach, wie freue ich mich, dass wir so innig unsere Gedanken austauschen können. Ich kenne dieses Buch. Es ist ein Buch der Libertinage. Die Dressage, die Erziehung eines Mädchens zu einer *Jument de plaisir*, einer *Stute für die Lust*.«

»Oh! Du kennst es?«

»Wenn ich auch nicht mit allen Vorstellungen, insbesondere gegen den Glauben, die in diesem Werk stehen, einverstanden bin, so sollst du doch wissen, dass ich alles in Bezug auf die Erziehung junger Mädchen zu aufgeschlossenen und lebensbejahenden Menschen voll und ganz unterstütze.

Die Anlehnung an die Sprache der Pferdezucht, also die Ausbildung zu einer Stute, zu einer Stute der Lust, halte ich übrigens für sehr poetisch und du hast recht. Auch durch diese sinngemäße Anlehnung zeigt sich die hohe Kultur unserer Sprache.«

Es war Claire, als zerfiele eine hindernde Mauer zwischen ihr und der Äbtissin. Vorsichtig sagte sie. »Mein Gott. Du kennst das Buch. Ach, bin ich erleichtert. Ich habe mich zuerst nicht getraut.«

»Hier, in diesen Räumen, darfst du dir alles trauen zu sagen.«

»Da bin ich sehr dankbar, Charlotte. Dies zu erfahren beglückt mich und macht mich so frei. Es ist wundervoll - und jetzt sage ich bewusst; ehrwürdige Äbtissin - es beglückt mich, einen freien Gedankenaustausch zu ermöglichen.«

Die Äbtissin küsste Claire, zog dann ihren Sessel näher heran und setzte sich neben sie.

Sie ergriff Claire's Hand: »Ist das nicht ein Geschenk des Himmels? Eines der schwersten Gewitter zieht über unser Land, es blitzt und donnert immer noch ohne Unterlass und wir beide finden hier zusammen und entdecken eine solche großartige Seelenverwandtschaft. Ich danke dem Allmächtigen.«

»So denke ich auch, Charlotte. Es ist schon außergewöhnlich.«

»Als ich das Buch gelesen habe, habe ich manches Mal lächeln müssen. Dieser Bezug zur Pferdezucht hat einen nicht zu verleugnenden Esprit, der eine gewisse Faszination erzeugt, das gebe ich zu. Eine junge Stute zu dressieren ist für einen Reitersmann sicherlich eine Herausforderung, er muss sie führen, formen, ihr unbedingten Gehorsam beibringen, er muss sie zureiten, wie es so schön heißt. Dass diese Synonyme für die lebensbejahende Erziehung eines Mädchens verwendet werden können, ist nur allzu verständlich.«

»Ach, Charlotte. Ich bin froh, dass du das so siehst.«

»Erzähl mir, Claire. Zu Hause wirst du sicherlich mit der Dressage der Anna beginnen, nicht wahr?«

»Oh, nein. Ich werde sie fortsetzten. Ziel ist es doch, dass sie einmal eine begehrenswerte Maîtresse eines hohen Adligen werden kann. Was Anna auch unbedingt werden möchte. Meine Schwester, die wie ich in Erziehungsfragen sehr bewandert ist, hatte mit Anna schon vor meinem Eintreffen begonnen. Dadurch habe ich auch den Stand von Anna's Erziehung begutachten können. Sie war schon außerordentlich weit fortgeschritten. Ich habe sogar eine Vorführung der Stute erleben dürfen, wie es in Reiterskreisen heißt, - und wie sie sich gehorsam zureiten ließ.«

»Oh, wie wundervoll. Ja, das kann ich mir vorstellen. Eine Vorführung ist sicher ein erhabenes Erlebnis.«

»Ja und ob es ein erhabenes Erlebnis ist, zumal Anna durch die konsequente und strenge Erziehung meiner Schwester sehr gehorsam parierte. Meine Schwester hatte sich auch in den Wochen vor meinem Eintreffen sehr intensiv mit der Erziehung Anna's beschäftigt und all ihre Aufmerksamkeit darauf gelegt, ihr den notwendigen Gehorsam beizubringen. Ich habe Anna, bevor ich sie gefragt habe, ob sie mit mir nach Frankreich kommen möchte, mit klaren Worten erklärt, dass sie bei mir zu einer *Jument de plaisir* erzogen wird und ich unbedingten Gehorsam verlangen und diesen Gehorsam, notwendigerweise auch durch Bestrafung bei Nichtbefolgen, einfordern werde.«

»Anna weiß also schon, welche Aufgaben für sie als Maîtresse zukommen?«

Claire nickte mit dem Kopf: »Ja, Charlotte; und zwar um die ganze Bedeutung; und sie will zu einer *Jument de plaisir* erzogen werden.«

»Ich danke dem Herrn, dass du mir das offenbarst. Claire. Es ist ein ergreifendes Gefühl, zu wissen, dass ein so junges Mädchen sich schon der Bedeutung bewusst ist.«

»Charlotte, nicht nur der Bedeutung«, und leise fuhr Claire fort, »Ich kann dir sagen, dass sie auch schon alle anfänglichen Stufen der praktischen Ausbildung durchlaufen hat und auch die konsequente strenge Erziehung.«

»Oh, wie galant ausgedrückt, wenn man weiß, was die strenge Erziehung einer Stute bedeutet. Der Bischof hatte mir offenbart, dass du eine sehr strenge Erzieherin bist.«

»Oh, ja? Wie schön es ist, zu wissen, dass es bei dir auf Gefallen stößt.«

»Ich möchte dir versichern, Claire, dass du in mir jemanden findest, der vollstes Verständnis für die Ausbildung eines jungen Mädchens zu einer angehenden Maîtresse aufbringt, insbesondere für die damit verbundene notwendige strenge Erziehung. Es gefällt mir sehr, was du da sagst. Zeigt es mir doch, wie aufgeschlossen du einer strengen Erziehung gegenüber stehst. Einem jungen Mädchen muss ständig aufgezeigt werden, dass sie zur permanenten *soumission*, zur stetigen Unterwürfigkeit erzogen wird und demütig die Belastungen während der Erziehung zu erdulden hat.«

»Ja, genauso ist es, Charlotte. So sehe ich es auch. Die *éducation à l'obédience* - die Erziehung zum Gehorsam ist der Kern der Dressage. Da hast du sicherlich mit so vielen jungen Mädchen hier manchmal Schwierigkeiten.«

»Ja und nein. Im Grunde genommen erziehe ich auch entsprechend der Hohen Schule. Die Hohe Schule ist etwas Besonderes. Erst recht für solch junge Mädchen, bei denen man in der Anfangszeit nur mit einer milden Hand und einer beharrlichen und zielbewussten Erziehung den notwendigen Gehorsam erreichen kann. Es ist hier jedoch etwas anders, als bei dir, Claire. Ich erziehe hier streng nach dem Postulat unseres Heiligen Benedictus, das mehr als fünfhundert Jahre alt ist. Die *Oboedientia secundum regulam Sancti Patris Nostri Benedicti*. Dies ist das Gehorsams-Gelübde nach der Regel unseres Heiligen Vaters Benedikt, dass jede Novizin hier ablegen muss. Darin heißt es, der erste Schritt zur Demut ist Gehorsam ohne zu Zögern. Es ist das erste Postulat des Heiligen Benedictus - und das sagt, dass es nach einem Befehl der Oberin kein Zögern geben darf, sondern die Novizin den Auftrag sofort zu erfüllen hat, als käme er von Gott. Auch leben wir streng nach den Regeln des Benedictus, die das Vorgehen bei Verfehlungen vorschreiben. Es kommt vor, dass eine Schwester trotzig oder ungehorsam oder hochmütig ist oder, dass sie murrt und in einer Sache gegen die Heilige Regel und die Weisungen ihrer Oberin handelt. Wenn sie sich so als Verächterin erweist, wird sie nach der Weisung unseres Herrn einmal von mir ermahnt. Wenn sie sich nicht bessert, erhält sie eine körperliche Strafe. Und weiter lautet es in unseren Regeln über die Strafe bei Mangel an Einsicht, so soll die Uneinsichtige für Verfehlungen mit kräftigen Rutenschlägen bestraft werden.«

»Oh, Charlotte. Ich bin erstaunt. So weise Ratschläge des Benedictus. Du beschämst mich. Ich muss gestehen, ich habe nie über den heiligen Benedictus gelesen.«

»Du brauchst dich nicht zu schämen, Claire. Die wenigsten wissen es. Ich kann es dir später genauer erklären. Pädagogik bedeutet auch Erziehung mit der Rute.«

»Oh! Wirklich?«

»Es gibt auch neuere Bücher der Pädagogik, von sehr weisen Männern geschrieben. Bei strenger Erziehung spielen Konsequenzen aus fehlerhaftem Verhalten eine bedeutende Rolle. Damit eine Strafe auch wirksam ist, ist es wichtig, dass – gleichgültig, ob im alltäglichen Leben oder insbesondere bei der Erziehung zur Lebenssinn und Lusterfahrung, dem Mädchen vorher mitgeteilt wird, was sie für Folgen zu erwarten hat, wenn beispielsweise eine Regel gebrochen oder der Gehorsam nicht eingehalten wird. Etliche Gelehrte befürworten diese Pädagogik der *harten*

Hand als Garant erzieherischer Ordnung und empfehlen bei nötigen *Sanktionen* immer einen Sinnzusammenhang mit dem *Vergehen* herzustellen: *Wer gerecht erziehen will, muss bereit sein zu strafen*. Eine Bestrafung könne zudem auch entlastend wirken und dem Mädchen die Möglichkeit geben, den Schaden wieder gutzumachen und Schuldgefühle zu verarbeiten. Die Tugend des Gehorsams ist besonders für die jungen Mädchen von großer Bedeutung. Verfehlungen und Ungehorsamen müssen erkennbar Sanktionen, also eine Bestrafung nach sich ziehen. Alle Pädagoginnen, die sich für diese besonderen Erziehungsziele aussprechen - und ich kenne einige - sind für die maßvolle Züchtigung bei Ungehorsam. Dies sagt auch das außergewöhnliche Regularium, das 1642 für den Herzog Ernst den Frommen von dem Gothaer Rektor Andreas Reyher entworfene wurde, der Gothaische Schulmethodus.

Dort steht als Hinweis für die Erziehende: *Sondern sie sollen sie züchtigen mit der Ruthen nach gebührender Väterlicher Moderation und Weise. Der Schläge drei auf den bloßen Hintern sind gar gut genug*. Dies ist im Kontext mit den anderen Erziehungszielen eine ästhetische und maßvolle Erziehung von jungen Mädchen, die auch ich so handhabe.«

»Mein Gott! Wie sehr überwältigen mich deine Worte. Da bist du mit deinen Ansichten nicht allein, liebe Charlotte. Die Bestrafung mit einer Rute, ich persönlich bevorzuge die Reitgerte, kann das Schuldgefühl auflösen und neue sinnliche Empfindungen zu einem zukünftigen Gehorsam hervorbringen.«

»Ja. Strafen, wie ich es verstehe, haben nichts mit Liebesentzug zu tun. Mädchen gelten per alter Ordnung als schützenswert. Bedacht wird dabei nicht, dass genau das Gegenteil wichtig ist, nämlich lebens- und gefühlsbejahende Mädchen zu formen, die über eine hohe Körperzufriedenheit verfügen, die über ihren Körper Bescheid wissen und die eine frühzeitige, kontinuierliche, lustbetonte Aufklärung genossen haben. Körperliche Lust als Lebensenergie zu verstehen, die eine Frau von Geburt an bis zum Tod begleitet, ist persönlichkeitsbildend, und zwar im positiven, konstruktiven Sinne. Das Verlangen zur Lustbefriedigung, das verdeckt auch bei den unerfahrenen Mädchen vorhanden ist, kann geführt, gelehrt und zur Entfaltung gebracht werden und so verlangt die Erziehung, ähnlich wie die Sprachfähigkeit, nicht nur Anregung, sondern intensive praktische Übung. Um Mädchen auf dem Weg zu einer selbstbestimmten Frau zu unterstützen und fürsorglich zu begleiten, brauchen sie die Möglichkeit, positive Erfahrungen im Körperkontakt mit sich selbst, mit anderen Mädchen und mit Erwachsenen zu machen.«

»Mein Gott, Charlotte. Wie liebe ich deine Sätze und die Erkenntnis, die dahinter steht. Auf die Reitgerte kann ich bei der Dressur nicht immer verzichten. Sie soll, natürlich nur im fürsorglichen Rahmen, eingesetzt, aber doch konsequent den rechten Weg aufzeigen. Ich sage immer, es ist für eine junge unerfahrene Stute immer hilfreich, wenn sie durch die Züchtigung mit der Reitgerte vom unbedachten Ausscheren abgehalten wird.«

»Was für ein außergewöhnlich gut formulierter Satz. Ich bin beeindruckt. Er stammt aus der Dressage, nicht wahr?«

Claire schmunzelte: »Ja. Ich reite auch sehr gerne; wir haben ein paar Pferde in unseren Stallungen. Daher ist mir die Sprache der Reiter nicht fremd. Ich glaube, du weißt genau, worüber wir uns so herzerfrischend unterhalten. Ich meine, was das Zureiten einer jungen Stute bedeutet.«

»Natürlich weiß ich das. Du sollst auch wissen, und das sage ich dir ganz im Vertrauen, dass deine Erziehung junger Mädchen auch von mir hier in diesem Stift so ähnlich praktiziert wird. Ich weiß genau, was das Zureiten einer Stute bedeutet. Du sollst wissen, Claire«, flüsterte jetzt die Äbtissin, »unser Bischof nennt meine Novizinnen auch manchmal seine Stuten und er liebt es, seine jungen Luststuten zuzureiten.«

»Oh!«

»Verschlägt es dir die Sprache?«

Claire atmete tief ein und aus. »Ja. Nein. Es erleichtert mich ungemein, dies zu hören. Zeigt es mir doch, wie sehr du der lebensbejahenden Erziehung aufgeschlossen gegenüber stehst.«

»Ja, Claire. Das Synonym Zureiten ist nicht schlecht gewählt, beinhaltet es doch, dass eine junge Stute mit maßvollem und fürsorglich strengen Einsatz der Zügel und der Rute dem Reitersmann einen lustvollen Ausritt ermöglichen soll.«

»Ach. Herrliche Worte. Mein Herz wird ganz warm, Charlotte. Ein lustvoller Ausritt. Dies ist auch eine wunderschöne galante Umschreibung.«

»Das gefällt mir auch. Beschreibt der Terminus Zureiten im galanten Sinne doch perfekt und absolut treffend, was wir beide unter Erziehung verstehen, nicht wahr, Claire?«

»Charlotte! Die Hitze steigt in meinen Kopf, wenn ich das höre. Es ist wundervoll eine solch feinsinnige Konversation zu betreiben. Ja, du hast sehr schnell erkannt, zu was ich junge Mädchen ausbilde. Ich gestehe dir, ich erziehe meine Mädchen dazu, später einmal mit Freude die junge Maîtresse eines hohen Herrn zu werden.«

«Das habe ich mir gedacht, Claire.«

«Es ist herrlich zu wissen und erst recht die Offenbarung, die sich mir jetzt auftut, dass du ein ähnliches Ziel bei deiner Erziehung verfolgst.«

»Claire, wenn wir uns so gut verstehen, dann hege ich die Hoffnung, dass wir uns weiter gemeinsam in dieses, ach so interessante Thema, vertiefen können. Die Erziehung *cura corporis* kann jungen Mädchen eine Tür der Erkenntnis auftun und wir müssen sie zu dieser Türe führen und begleiten. Auch das Ziel meiner Pädagogik ist, die jungen Novizinnen zu sehr gehorsamen Dienerinnen ihrer zukünftigen hohen geistlichen Herren auszubilden. Sie werden einmal Maitressen führender Bischöfe und Kardinäle sein, was ja allgemein bekannt ist.«

»Liebste Äbtissin. Ich bin so erfreut. Genau das ist das Ziel meiner Erziehung. Natürlich mit dem Unterschied, dass sie nach der Ausbildung einem Herren des hohen Adels dienen müssen.«

»Soviel Gemeinsamkeit. Sicherlich, das weiß auch ich, es erfordert manches Mal eine Strenge und eine weisende Hand. Musstest du bei Anna auch schon mal deine weisende Hand nutzen?«

Claire überlegte kurz, wie sie antworten sollte: »Ja, aber nicht so sehr aus Gründen der Bestrafung, Anna ist, wie gesagt, sehr gehorsam und kooperativ.«

»Sondern warum?«, fiel ihr die Äbtissin ins Wort.

»Die Hand und auch die Reitgerte habe ich bewusst aus rein erzieherischen Gründen eingesetzt, um ihr aufzuzeigen, dass man mit dieser feinfühlenden Erziehung innere Blockaden lösen kann.«

»Feinfühlende Erziehung! Claire! Welch eine Sprachgewandtheit. Ich staune. Und so treffend«, kicherte die Äbtissin. Wieder ernst sprach sie: »Ich bin beglückt, dass ich dies höre. Ich kann dir gar nicht sagen, wie dankbar ich für deine Ausführungen bin. Innere Blockaden lösen! Ein sehr galanter Satz, der zutrifft. Kennst du eigentlich das Buch: *Thérèse philosophe*?«

»Nein, Charlotte.«

»Ich will dir jetzt auch etwas in großer Offenheit sagen. Es ist sehr pikant.«

»Ich liebe Pikanterie«, lachte Claire.

»Das Buch *Thérèse philosophe* ist sehr explizit, ausgesprochen apodiktisch. Der Roman ist vom Marquis d'Argens und 1748, also erst vor zwanzig Jahren, erschienen. Ein recht libertines Werk. Es beschreibt sehr offen, dass junge Mädchen durch die Züchtigung schneller zu einem großen Lustgefühl kommen und ihr Verlangen dadurch gesteigert werden kann. Dies ist auch meine große Erfahrung bei der Erziehung. Junge Mädchen mit entsprechender Veranlagung müssen mit Strenge und aller Beharrlichkeit dazu erzogen werden, irgendwann die Lust zu empfinden, um sie dann weitergeben zu können.«

»Mein Gott, Charlotte. Was für ein Satz: *ihr Verlangen zu steigern.*«

»Oh. Verzeihung. Ist die edle Dame indigniert?«

»Nein, überhaupt nicht, Charlotte. Ich denke, wir sind uns einig und wissen um meine Tätigkeiten. Ich will es auch offen ausdrücken, ich erziehen doch junge Mädchen einzig und allein mit dem Ziel, sie in die Kunst einer lustvollen Befriedigung unserer diversen hohen Herren zu unterweisen.«

»Ja, Claire. Ich bin dir dankbar, dass du es so offen aussprichst. Auch unsere aufgeklärten hohen Herren, die Bischöfe und Kardinäle, sollen nicht von unterdrückenden Moralvorstellungen in die Ausweglosigkeit gedrängt werden und daher das Licht nicht mehr finden können. Das Keuschheitsgelübde verlangt die Ehelosigkeit, aber nicht die Unterdrückung des Verlangens. Dies gilt genauso für die rastlos suchende Schwester, die auch ihrem gottgegeben Trieb spürt und die Erfüllung ihrer Sinnlichkeit erhalten will, frei von allen Zwängen durch anmaßende moralische Instanzen, die draußen in dieser Welt so offenkundig herrschen. Doch wo Verbote herrschen, das wissen wir seit Alters her, muss sich die Energie, die man nicht abschaffen kann, andere gesellschaftlich erlaubte Wege suchen. Damit weißt du, dass ich genau wie du, junge Mädchen als Novizinnen für die Dienste in der hohen Geistlichkeit erziehe. Insbesondere für diskrete lustvolle Dienste, um den hohen Ansprüchen der Geistlichkeit zu genügen. Das kann man nur mit einem starken Glauben und viel Erfahrung weitergeben.«

»Wunderbar. So viel Gemeinsames, liebe Äbtissin.«

»Ja, so ist es und es ist schön, dass sich unsere Gemeinsamkeit hier offenbart. Ich sehe in dieser Erziehung zur Lust auch nichts Verwerfliches. Schon die Bibel sagt: *Omnia vincit amor,* nur die Liebe erhält die Welt. Und Amor ist die körperliche Liebe. Die körperliche Liebe, die Manifestation des Geschlechtsinstinktes, ist der wahre Erhalter der Welt. Die Liebe ist das *Heilige Feuer,* das nie erlöschen darf. Nur sie erhält unsere Welt. Das heilige Feuer ist der Drang beider Geschlechter, den Samen zu überbringen oder zu empfangen. In der Gemeinschaft unseres Stiftes hier finden sie diesen erlaubten Weg. Möge diese Freiheit alle inspirieren zur Lust an der Vereinigung von Körper und Geist. Diese Vereinigung ist Leben. Leben ist Lieben. Wahre Liebe ist der Akt und der Akt ist Lust. Den Höhepunkt des Aktes versinnbildlicht die Unio-Mystica, die mysteriöse Vereinigung zwischen dem Göttlichen und dem Weltlichen, durch die Vereinigung von Phallus und Vagina. Das Göttliche, der Akt der Anbetung, und der weltliche Akt, die Vereinigung, stellen für uns in Wirklichkeit eine einzige Ebene dar. Wenn wir beide also junge begabte Mädchen dazu erziehen, in lustbetonter Freude mit den hohen Herren den Akt der Vereinigung in Würde und Keuschheit zu vollziehen, so ist dies unser Dienst an das von Allmächtigen gegebene Verlangen.«

»Charlotte, ich bin fasziniert. Ich könnte das nicht besser mit meinem bescheidenen Wortschatz und meiner fehlenden Bildung ausdrücken. Darf ich dich meine Freundin nennen? Ich habe noch nie ein solch aufgeklärtes und umfassendes Gespräch über das Leben und die Lust geführt. Mein Gott, es erregt mich, deinen Worten zu lauschen. *In lustbetonter Freude mit den hohen Herren den Akt der Vereinigung vollziehen!*, welch ein gewagter Satz.«

»Ja! Ich sage das, weil ich dir vertraue, Claire. Ist das nicht auch das Ziel deiner Erziehung?«

Claire musste tief durchatmen. »Ja, Charlotte. Ja, genauso ist es. Ich gestehe, ich erziehe sie in Strenge dazu, sich in Freude dem Liebesakt hinzugeben. Denn das wird ihre zukünftige Aufgabe als Maîtresse sein.«

»Ist es nicht herrlich, dass wir uns gegenseitig so offenbaren können? Ja, die Strenge ist notwendig. Aber im Rahmen einer praktizierten Güte.«

»Ich gestehe, ich denke, ich kann sehr viel von dir und deiner praktizierten Güte bei der Erziehung lernen«

„Eine Erzieherin sollte ein Ziel haben und sich nicht von plötzlichem Verlangen nach Gewalt hinreißen lassen. Denke immer an den Grund, wenn du züchtigst. Auch, wenn du noch so kleine Vergehen oder Unachtsamkeiten bestrafen willst. Du kannst die größeren Unachtsamkeiten ja sammeln. So mach ich es. Die kleineren Vergehen bestrafe ich selbst; über die Größeren führe ich ein Buch und lass die Mädchen wissen, wann ich etwas eintrage. Diese Liste gebe ich dann dem Bischof, wenn er hier zu Besuch ist und die Bestrafung mit der damit verbundenen Züchtigung lass ich dann von ihm vollziehen. Damit wissen die Mädchen, dass es ihre eigene Schuld war, die sie zu dieser Züchtigung führte und sie akzeptieren diese Strafe. Ich weiß, wie sehr unsere hohen Herren eine Züchtigung lieben. Das sollten wir akzeptieren und ihnen ermöglichen. Es ist unsere

Aufgabe und Bestimmung die Erziehung der Mädchen auch dahin zu führen. Mit der Zeit entsteht durch diese Art der rücksichtsvollen Erziehung bei den Mädchen das Gefühl, dass sie mit der Duldung der Züchtigung ihre Schuld begleichen können und sie wissen, dass sie die Vergebung ihrer Schuld sofort danach gezeigt bekommen, in dem sie hingebungsvoll geliebt werden. Schon durch dieses Erwarten während der Züchtigung und der Gewissheit, was sie nach der Züchtigung erhalten wird, entsteht ihre Erregung. Ich habe die Erfahrung gemacht, dass die meisten Mädchen nach ein paar Monaten bei mir durch dieses Wissen, was nach der Züchtigung passieren wird, wie ihnen vergeben wird, schon früh ihr sinnliches Verlangen spüren und manchmal sogar schon erste hohe Gefühle bei sich erleben.«

Nachdenklich antwortete Claire: »Mmh, ja. Ich werde deine Worte in mich aufnehmen. Allerdings war ich schon immer eine Anhängerin der konsequenten und sehr strengen Erziehung - und war damit auch immer sehr erfolgreich.«

»Claire. Verstehe mich nicht falsch. Ich möchte dich keinesfalls von der strengen Erziehung abbringen. Ganz im Gegenteil. Die Rute ist notwendig. Ich praktiziere es doch in gleicher Art und Weise. Gerade bei den ganz jungen Mädchen, die noch gänzlich unerfahren hierherkommen, ist es natürlich fast immer so, dass sie sich gewissen geforderten Praktiken anfänglich widersetzen. Mehr aus Nichtwissen und fehlender Erfahrung natürlich. Sei es bei geforderten Liebesbezeugungen, die sie auch schon in den ersten Wochen mit ihren Körpern dienen sollen. Da ist das unterschwellige Widerstreben nur mit einer kraftvollen Rute zu bändigen. Claire, da sollst und musst du deine Reitgerte einsetzen, denn eines ist klar, eine harte Züchtigung in dieser Situation lässt dem Mädchen ihre Schuld begreifen. Und - das ist genauso wichtig - diese strenge Erziehung muss einem jungen Mädchen verdeutlichen, dass die Züchtigung so oder so den anschließenden Liebesdienst, den sie zu leisten hat, nicht ersetzen wird. Sie muss von Anbeginn lernen und in ihrem Bewusstsein speichern, dass sie mit ihrem Körper dienen muss. Dass Widerstand nur eine weitere Züchtigung nach sich zieht und sie den von ihr geforderten Liebesdienst danach in jedem Fall und unausweichlich zu erfüllen hat. Die elementare Erkenntnis, dass sie den geforderten Liebesdienst in jedem Falle zu erfüllen hat, setzt eine Gewöhnung voraus, die nur durch die strenge Erziehung und regelmäßige Praxis erreicht wird. Die Gewöhnung an eine Lust, die sie zu geben hat. Ein aufkommendes Verlangen in ihnen geschieht bei den jungen Mädchen durch den rücksichtsvollen und fürsorglichen regelmäßigen Einsatz der Rute, während oder bevor der Liebesakt vollzogen wird.«

»Ach Charlotte. Du sprichst mir so sehr aus dem Herzen. Mit dir kann man eine sehr galante Konversation betreiben. Deine wirklich elegante Formulierung weiß ich sehr zu würdigen. Der fürsorgliche Einsatz der Rute, bevor der Liebesakt vollzogen wird - was für ein Satz und was für eine Bedeutung. Das freut mich und wenn ich ehrlich bin, es regt mich sehr an, sich mit dir auf diesem hohen Niveau zu unterhalten und zu lernen.«

»Danke für das Kompliment. Ja, es macht mir auch eine große Freude, sich mit dir zu unterhalten. Ich weiß, es ist ein sehr komplexes Thema und bedarf gegenseitigem Einfühlungsvermögen, da es sich ja im Grunde genommen einzig und allein um sehr intime Details handelt. Du sollst wissen, Claire, ich erziehe hier junge Novizinnen nicht nur zu Krankenschwestern und hilfreichen Assistentinnen für die hohe Geistlichkeit, sondern auch zu Liebesdienerinnen. Ich denke, es ist das gleiche Ziel, wie du die Erziehung zu Luststuten handhabst.«

»Ja. Was soll ich sagen. Ja! Genauso ist es. Eine Erziehung zu Liebesdienerinnen. Zu Mätressen.«

»Claire! Ich bin froh, eine Frau wie dich als

eine solch aufgeschlossene Gesprächspartnerin gefunden zu haben. Solche galanten Gespräche können sich auch nur langsam entwickeln. Ich habe bemerkt, dass du zu Beginn sehr zurückhaltend gewesen bist. Ist auch verständlich. Ich bin immerhin Äbtissin und du hast ganz sicherlich bisher kaum eine Äbtissin getroffen, die deinen Gedanken so nahe steht.«

»Ja und ob«, lachte Claire, »am Anfang wusste ich nicht, wie ich dich einschätzen sollte und hatte riesigen Respekt. Das soll nicht heißen, dass ich diesen Respekt verloren habe. Ganz im Gegenteil, er ist mit diesem Gespräch sogar gewachsen. Du bist so gebildet und weise. Mit deinen Worten strahlst du eine solch hohe und allumfassende Lebenserfahrung aus, die mich zutiefst beeindruckt. Ich habe bei den Damen der Gesellschaft in meinem Umkreis nur einige wenige, mit denen ich mich relativ offen über die Dressage junger Stuten unterhalten kann, mit dem Wissen, dass wir dabei alle schlicht über die Erziehung junger Mädchen zum gehorsamen Liebesdienst und dem Liebesakt reden. Ich könnte stundenlang darüber so galant reden, nicht nur, weil es mich erregt, sondern weil ich gerne erziehe und ganz besonders zur Lust. Weil ich die Wollust selbst als das höchste Glücksgefühl in meinem Leben erlebt habe und auch noch immer erlebe.

Auch ich habe sie als junges Mädchen anerzogen bekommen, auch mit der Reitgerte und bin für diese Lebenserfahrung sehr dankbar. Sie hat mir Freuden gegeben, wovon gemeine Personen nicht mal träumen. Aber nicht nur aus diesem Grund allein mag ich die bewusste Erziehung zur Lust, sondern weil ich denke, dass ich in der Lage bin und die Befähigung habe, meine Lebenserfahrung den jungen Mädchen zu übermitteln. Wenn es auch am Anfang für die jungen Mädchen mit schmerzhaften Erkenntnissen verbunden ist, so weiß ich, dass, wenn sich einmal die Lust eingestellt hat, auch sie sich vollem Herzens der Wollust hingeben und sich nach nichts anderem mehr sehnen. Was mich bei der Erziehung am meisten erregt, ist vielmehr der Werdegang während einer Erziehung. Sicher, die schönen zierlichen Körper gefallen mir. Ich sehe sie gerne. Kleine Brüste, schlanke Lenden. Aber was mich immer wieder am meisten erregt, ist der Anblick, wie junge, im Liebesspiel unerfahrene Mädchen, egal in welchem Alter, ihre ersten starken Empfindungen der Lust anerzogen bekommen und sie dann erleben können. Ich gestehe, die größte Genugtuung und Stolz erfahre ich als Erzieherin immer wieder, wenn ich zusehen und miterleben kann, wie der folgende Liebesdienst bei ihr die ersten Schreie der Wollust und Verzückung auslöst.«

Die Äbtissin zog Claire zu sich heran und gab ihr einen Kuss auf den Mund: »Ich spüre deine Erfahrung der galanten Konversation, die auch ich über alles liebe. Das sollst du wissen, liebste Claire. Auch ich empfinde diese Genugtuung, wenn ich dem Liebesakt beiwohne. Wollust ist magisch. Sie formt Erinnerungen, sie speichert das gerade Erlebte tief in das Gehirn und sie fokussiert Gedanken auf zukünftiges Erleben der Lust. Das Verlangen bestimmt alles Leben. Es bestimmt den Körper, es ist Körper. Erlebtes und Körper verschmelzen zu Einem. Sie transmutieren. Auch gebe ich mich gerne den Sinnen hin, erfasse mit meinen Augen die Schönheit der Körper und das Geschehen des Liebesaktes. Es erfasst mich jedes Mal, wenn sich der Bischof der jungen Novizin zeigt, sie wissen lässt, dass er mit einem göttlichen Instrument mit ihr den Liebesakt vollziehen wird und anschließend ist es ein höchster Genuss der Wollust, zuzusehen, wie dieser machtvolle Zepter sich seinen natürlichen Weg in den Körper des Mädchens sucht. Dem Liebesakt beizuwohnen ist auch ein unverzichtbarer Teil der Erziehung, zeigt er doch allein die Schönheit der Körper und die Ästhetik der Vereinigung. Damit die Novizinnen diese Ästhetik, die sich im Anblick des Liebesaktes offenbart, zu schätzen lernen, lass ich sie ab und an zusehen, wie der Bischof den Akt mit einer der jungen Schwestern oder mit mir vollzieht. Die Novizinnen sollen in ihrem Inneren die Kraft der Männlichkeit aufnehmen, den Anblick des Phallus vergeistigen, ihre Hand auf die Säule des Tempels der Lust legen und die stützende Härte fühlen, die ihnen geistigen Halt bringen wird. Sie sollen die Säule der Erkenntnis küssen und sie zum Tor der Sinnlichkeit im Körper eines anderen Mädchens führen und es wird als Schönheit auch bei ihnen nach außen wirken, was sich in ihrem Inneren verströmen wird. Ich gehe noch einen Schritt weiter. Die Novizinnen der Liebe müssen dem Allmächtigen danken, der uns durch den immerwährenden Schöpfungsakt am Leben erhält und uns die Freude daran gegeben hat. Der den Männern die Freude am Anblick des weiblichen Körpers und die große Lust an der Dynamik des Aktes schenkt. Und der den Frauen die Freude des Orgasmus gab, den das Weib durch diese Dynamik geschenkt bekommt. Du weißt, was ich mit Dynamik meine? Schlicht und einfach ausgedrückt, der Akt der geschlechtlichen Vereinigung.«

»Charlotte!«

»Oh! Ist die edle Madame wieder schockiert?«

Beide mussten schallend lachen.

»Nein, Charlotte«, gestand Claire kichernd,

»Nein! Ich bin entzückt das aus dem Mund einer Äbtissin zu hören.«

»Sieh mich nicht als Äbtissin. Sieh mich wie du, als Erzieherin der Lust, die die Lust liebt.«

Lachend antwortete Claire: »Und ich bin keine edle Madame. Ich bin nur eine Maîtresse und eine Maîtresse muss sich gehorsam dem Liebesakt hingeben.«

»Ach, Claire. Ich denke, du kennst diese Worte nur zur Genüge und es wird auch bei der Erziehung, die du verwirklichst, ein fester Bestandteil der Lektionen sein. Ist es nicht so?«

»Ja, da hast du recht. Obszöne Worte verfeinern im Angesicht der entstehenden Wollust das Verlangen. Wenn die höchsten Gefühle der Wollust erlebt werden, gehören sie dazu und deshalb sind sie bei der Erziehung ein unverzichtbarer Bestandteil. Ich liebe diese Worte, die in Rausch der höchsten Ekstase gesagt werden.«

»Dieses Stift ist ein Tempel. In diesem Tempel herrscht Eros und das heißt Liebesakt. Obszön ausgedrückt, aber wahr. In diesem Tempel wird der Akt der Vereinigung vollzogen. Das lernt nach dem Gelübde jede Schwester hier und jede Novizin – und ausschließlich darum sind sie hier. Dieser Tempel hier ist eine Schule der Wollust und die Wollust erfährt man durch den Akt.«

»So offene Worte!«

»Ja, sehr offen. Weil ich denke, ich kann dir vertrauen, Claire. Es sind die einzigen Worte, die im Moment in dem sie ausgesprochen, einen Charme der Lust versprühen. Es ist so süß zu sehen, wie sich die Augen einer jungen Novizin weiten, ihr Wangen röten, wenn die Stunde der Wahrheit kommt und ich sie wissen lasse, dass sie als Braut Christi begattet wird.«

»Charlotte! Ich bin begeistert! Du berauschst mich! Ich schwöre dir, ich habe nicht nur volles Verständnis für deine Erziehung hier in diesem Stift, sondern ich bin dir sehr dankbar für deine Offenheit und die Klarheit deiner Worte. Sie bewegen mich tief im Innern. Ein Tempel der Wollust; ein Tempel des Liebesaktes. Dies ist ein bemerkenswerter Satz.

»Ja. Es ist ein kultivierter und nobler Satz, der das Schöpferische in sich birgt. In diesem Tempel huldigt man dem Allmächtigen, denn die Vereinigung ist ein Akt der Schöpfung und der Allmächtige hat uns die Freude an der Wollust bei der Vereinigung geschenkt.«

»Sag mir, Charlotte, wenn die Novizinnen hier ankommen, wissen sie, zu was sie in diesem Tempel erzogen werden sollen und was von ihnen gefordert wird?«

»In der Regel nicht. In die Wonnen des Tempels werden sie Schritt für Schritt eingeführt. Dies ist dann meine Aufgabe der Erziehung. Ausgewählt werden sie allein nach ihrer Schönheit und da sie alle jung und unerfahren sind, es werden nur Jungfrauen ausgewählt, bereite ich sie über einen längeren Zeitraum einfühlsam darauf vor, dass sie hier von einem hohen Herren des Glaubens nach Ablegen eines Gelübde des Gehorsams und der Verschwiegenheit, entjungfert werden. Mit einer gewissen Strenge, weil unser Orden den unbedingten Gehorsam verlangt, aber auch mit einer sehr persönlichen und intensiven Zuwendung meinerseits.«

»Ja, das hört sich sehr reizvoll an. Wie fassen die Mädchen das auf, wenn du sagst, dass sie entjungfert werden.«

»Nein, nein, Claire! Zu dieser Zeitspanne, also vor der Entjungferung, erwähne ich das Wort natürlich nicht. Die erste Zeit der Erziehung einer jungfräulichen Novizin folgt einer behutsamen Hinführung. Ja, ich muss sagen, mit einem gewissen sehr komplexen Ritual, entsprechend unseres Ordens. Wenn es soweit ist, dann mache ich ihnen klar, nur ein Gunstbeweis durch die Hingabe an die Liebe kann den Gehorsam, den sie entgegenzubringen hat, zeigen. Der Akt der Liebe durch einen solch hohen Herrn des Glaubens ist nur weltlicher Natur und nicht entehrend. Ein solcher Mann des höchsten geistlichen

Standes befleckt ihren Glauben und ihre Keuschheit nicht.«

»Oh, wie galant. Du bist eine wahre Künstlerin der Sprache.«

»Nunja, ich gestehe. Ich mag die Zeit dieser Vorbereitung, wenn ich mich ihnen sehr innig widmen kann, wenn es auch mich erregt; ich es sie auch spüren und fühlen lasse und sie mit Zärtlichkeiten selbst zu ihrem ersten entstehenden Empfindungen führen kann. Du verstehst, was ich meine?«

»Jaja, Charlotte. Voll und ganz. Das ist die feinfühlende Art der Vorbereitung, wie es sein soll. Dies kann nur eine erfahrene Frau mit dem notwendigen Fingerspitzengefühl.«

Die Äbtissin musste wieder schallend lachen. »Claire, die edle Madame! Sie ist auch eine Meisterin der Galanterie. Fingerspitzengefühl! Welch ein treffendes Wort!«

»Danke. So viele Komplimente von dir. Aber, ich versuche die feinfühlende Art genauso. Meistens gelingt es schneller, als man denkt.«

»Natürlich, Claire. Das unterschwellig vorhandene Verlangen muss nur richtig geweckt werden und da gebe ich dir recht, dies kann nur eine erfahrene Frau mit Fingerspitzengefühl. Wenn die Mädchen dann die ersten Andeutungen der Lust bei der Erziehung erfahren haben, dann sind sie auch bereit, sich ganz der Lust hinzugeben. So und nicht anders muss es sein.«

»Da kling eine gewisse Strenge durch. Habe ich recht?«

»Nun ja. Sie sind unerfahren, wenn sie hierherkommen. Es muss geweckt werden. Meistens ist ein anfänglicher Widerstand nur auf diese Unerfahrenheit zurückzuführen. Ein paar leichte Rutenschläge lassen sie schnell erkennen, wie sie sich mir hinzugeben haben, um dann die angenehmsten Momente zu erleben. Dies ist die pikante Süße der Erziehung. Aber, ernsthafte Probleme habe ich noch nie gehabt. Der Bischof und ich stehen im Kontakt zu einem kleinen Kreis aufgeschlossener Äbtissinnen in Klöstern, die über das Land verstreut sind. Immer wieder werden junge Mädchen den Klöstern übergeben, sei es wegen materieller Schwierigkeiten der Familien oder es sind Töchter aus dem Adel, für die aufgrund von Erbschaften und Wiederverheiratungen kein Platz mehr im Hause ist. Wenn dann einer der befreundeten Äbtissinnen eine besonders schöne Novizin auffällt, dann benachrichtigen sie den Bischof oder mich. Dann reise ich dort hin, begutachte und examiniere sie.«

»Examiniere?«

»Ja. Du weißt, ich bin Medizinerin und daher untersuche ich die Mädchen auch körperlich.«

»Nach welchen Kriterien entscheidest du denn, ob ein Mädchen hierherkommen soll?«

»Erstmal wirklich nur nach Schönheit. Sie muss großgewachsen sein, ein ebenmäßiges Gesicht haben, schöne Haare, einen grazilen Hals, eine schlanke und zarte Figur und wohlgestaltete Beine und Füße. Und was natürlich außerordentlich wichtig ist, einen knabenhaften makellosen Popo und Lenden. Die Form und die Größe der Brüste und der Scham sind nicht ausschlaggebend, da sie sich ja erst hier während der Erziehung entwickeln werden. Auch der hohe Klerus verlangt attraktive Mätressen. Wenn ich beim Examinieren ihren kleinen Kitzler berühre und ein wenig streichle, dann kann ich an der Reaktion sehr schnell erkennen, ob diese Novizin für die Erziehung hier geeignet ist.«

»Mein Gott, ist das interessant zu hören. Sie auszuwählen muss sehr aufregend sein.«

»Ja, das kann ich dir zugestehen. Es ist eine Freude die jungfräulichen Körper zu begutachten.«

»Jungfräuliche Kitzler zu examinieren. Ich kann es kaum glauben, was du da sagst.«

»Wieso? Ich bin Medizinerin und ich kann aufgrund meiner Erfahrung leicht erkennen, wie ausgebildet schon ein solch kleiner Kitzler ist und wie er sich entwickeln wird. Eine ausgeformte empfindliche Klitoris ist später von höchster Bedeutung, wenn die Novizin nach der Entjungferung öfter und regelmäßig dienen muss, um ihr einen Orgasmus zu entlocken. Die Mädchen müssen orgasmusfähig sein.«

»Und dann nimmst du sie mit?«

»Nein, so schnell geht es nicht. Meistens bespricht der Bischof dann mit der zuständigen Äbtissin die Übergabe und prüft die Novizin auch in einem kurzen Gespräch, ob sie bereit ist in diesem Stift dem Glauben zu dienen.«

»Aber er sagt nicht genau zu was, oder?«

»Nein. Natürlich nicht. Die ausgesuchten Novizinnen sind zwischen achtzehn und zwanzig Jahre alt, Sie sollen schon durch ein paar Jahre während eines strikten klösterlichen Lebens im Glauben gefestigt sein. Die Novizinnen erkennen dann sehr schnell, dass es etwas ganz Besonderes sein muss, in dieses Stift berufen zu werden und es ist ja auch mit einigen Annehmlichkeiten verbunden, die sie in den anderen Klöstern nicht haben, wo es doch sehr streng und trist zugeht. Sie leben hier in dieser freien Atmosphäre auf, weil wir immer fröhlich und lustig unser Tagewerk erledigen und die verlangte Arbeit für die Novizinnen und die jungen Schwestern auf ein Minimum beschränkt ist; während sie vorher in den Klöstern hart von morgens bis abends arbeiten mussten, nur minderwertiges Essen bekamen und in kargen kalten Kammern auf Strohmatten schlafen mussten.«

»Um ehrlich zu sein, das hätte ich dem Bischof gar nicht zugetraut. Sicher, ich habe ihn als einen lebensbejahenden Mann kennengelernt, der sich der fleischlichen Lust nicht verschließt.«

»Claire. Du kannst dir vorstellen, dass er die Förderung von Herzen gerne macht. Aber dabei denkt er nicht nur an sich. Er wählt die Mädchen auch dahingehend aus, ob sie nach einer erfolgreichen Erziehung hier im Stift seinen Kollegen dienen können. Er hat sehr viele einflussreiche Freunde im Klerus und die wissen seine Hilfe bei der Auswahl neuer Haushälterinnen, Sekretärinnen oder gar als Mätressen zu schätzen. Mit Stolz kann ich dir sagen, dass sogar die Mätressen zweier Kardinäle durch die Hände meiner Erziehung gegangen sind.«

»Ja, ja. Die Bischöfe und die Kardinäle«, sinnierte Claire und entspannte sich in ihrem Sessel.

»Ach. Das ist doch nichts Neues. Das hat es schon immer gegeben. Wieso soll nur unser König junge Mätressen haben und du weißt, er hat viele.«

Claire schmunzelte. »Ja, und ob ich das weiß.«

»Mir ist ein Kardinal bekannt«, fuhr die

Äbtissin fort, »der vor mehr als zweihundert Jahren gelebt hat und der mehr als fünfzig Kinder gezeugt haben soll. Das war der Jesuiten-Kardinal Robert Bellarmin. Er hat sich selbst wortwörtlich gerühmt, über 1000 junge Frauen und Mädchen entjungfert, geliebt und ihnen seinen Samen gegeben zu haben. Es gibt ein geheimes Schreiben an Rom, darin wurde aufgeführt, dass der Kardinal von sich selbst sagt, dass er mindestens zweimal am Tag seinen Mätressen seinen Samen übergeben muss.«

»Mein Gott, das gab es?«

»Claire! Nicht nur die Bischöfe. Auch die Päpste. Papst Johann XXIII., 1410, hat nachweislich in Bologna etwa 100 Novizinnen verführt oder entjungfert und sie dann zum Lohn oder Trost zu Äbtissinnen und Priorinnen gemacht. Ganz toll trieb es Papst Julius III. um 1550. Er hielt sich mit dem Kardinal Creszentius gemeinschaftlich etliche junge Novizinnen als Beischläferinnen. Die Kinder, welche dieselben bekamen, erzogen sie gemeinschaftlich, da keiner von beiden wusste, wer der Erzeuger war. Die Kirche weiß um das Verlangen des Mannes, das gestillt werden muss und duldet es. Natürlich unter dem Deckmantel der Diskretion. Dies ist nichts für das ungebildete gemeine Volk. Deswegen ist unser Bischof auch so bedacht darauf, dass das Wissen um die wahre Aufgabe dieses Stiftes nur hier bei mir aufgehoben ist und nichts nach außen dringt. Wenn die Novizinnen soweit fortgeschritten sind, dass sie die Gründe ihrer Erziehung erkennen können, dann akzeptieren sie auch schnell ein Gelübde zur Verschwiegenheit, denn nur dieses kann ihnen weiteres Lusterleben und die Annehmlichkeiten, die sie als Geliebte haben werden, ermöglichen. Auch das ist ein Ziel meiner Erziehung, dass sich ein solch großes Verlangen nach Lusterfüllung in ihrem Körper heranbildet, dass sie gar keinen anderen Wunsch haben, als diese Köstlichkeiten zu genießen. Ich lasse es sie schnell wissen, welch ein fantastisches Leben sie an der Seite eines hohen Herren erwarten können, der ihnen alle materiellen Sorgen abnimmt. Dies lässt sie sehr rasch erkennen, wie wichtig die Verschwiegenheit ist und sie sind dann bereit das besondere Gelübde abgeben.«

»Das kann ich gut verstehen und ich versichere dir, dass du dich auch auf meine Verschwiegenheit verlassen kannst.«

»Das glaube ich dir. Der Bischof hatte mich ja wissen lassen, dass er großes Vertrauen in deine Verschwiegenheit besitzt und er hat mir deshalb ausdrücklich erlaubt, dir von meiner erzieherische Tätigkeit in diesem Stift zu erzuählen. Und ich sage dir, ich tue es gerne, da ich spüre, dass es auf fruchtbaren Boden fällt. Wir beide sind wie Bacchantinnen gleich, die die Liebe lieben.«

»Bacchantin?«

»Eine Bacchantin ist eine Anhängerin des römischen Weingottes Bacchus und die Teilnehmerin an einem Bacchusfest, bei dem dem Weine gefrönt, der Schönheit des nackten Weibes von den Männern mit aufrechten Penissen gehuldigt wird und der Abend, verschönt durch das Erzählen obszöner Geschichten letztlich in einem gemeinschaftlichen Liebesakt endet.«

»Oh ja. Das ist lustig. Dass es dies schon im alten Rom gab? Wir nennen es heute Soirées.«

»Ja, ich weiß. Ich weiß, was die Libertinage bedeutet und welche lustvollen Orgien sie mit Kultur und Eleganz bei den Soirées zu feiern weiß. Die Literatur aller Zeiten beschäftigte sich mit bacchinalen Orgien und Soirées der adligen Gesellschaft, der Potenz des Mannes und mit der Wollust der Frauen. Erst letztlich habe ich ein Buch erhalten, das sich ausführlich mit den Tafelrunden des Herzogs Philipp von Burgund beschäftigte. Dieser Philipp war kein Freund von Traurigkeit. Er besaß 30 offizielle sehr junge Mätressen, darunter sogar eine Äbtissin und deren Novizin und es heißt, er habe hundert Sprösslinge gezeugt. Der Herzog veranstaltete um 1490 sogenannte *Hohe Tafelrunden*, zu denen er andere Herzöge, Grafen, Diplomaten und hohe Geistliche, aber auch einige ihm wohlgesonnene adlige Damen einlud. Selbst der damalige König Ludwig soll einmal dabei gewesen sein. Die Tafelrunden des guten Philipp waren in ganz Europa bei der höheren Gesellschaft berühmt und berüchtigt. Es ging wahrscheinlich nicht anders zu, als bei heutigen Soirées. Es begann immer mit einem üppigen Mahl. Es wurde auf Silbertellern serviert, von nackten Mägden, die sich nachher auf die Schöße der Männer setzten. Auch die geladenen Damen der feinen Gesellschaft nahmen mit hochgeschürzten Kleidern teil, und zwar so, dass sie alle ihre Reize offenbarten. Brauch war es, dass bei diesem Gelage frivole, gar obszöne Geschichten erzählt wurden, die sich allein um den Liebesakt rankten. Aus dem, was auf diesen Tafelrunden erzählt wurde, entstand ein Novellenband, mit dem Titel *Cent nouvelles nouvelles*. Ein ganz berühmtes und begehrtes Buch der damaligen hohen Gesellschaft. Es wurde niemals von der Kirche verboten, obwohl die Geschichten bei voller Namensnennung von so ehrenwerten Herren, wie dem Kleriker Piccolomini, der später der Papst Pius II. wurde, dem Bischof von Tours, dem Sekretär der päpstlichen Kurie Bracciolini, dem Abt Bourdeille, dem Franziskanermönch Pauli und etliche hochrangigen Klerikern mehr, erzählt worden waren. Besonders obszön, fast bizarr, ist in dieser Novellensammlung die Huren-Komödie ‚Calandria'. Sie wurde vom Kardinal Dovizi da Bibiena verfasst und in Florenz mehrmals aufgeführt. Da wird auf der Bühne offen gevögelt, dass sich die Bohlen biegen. Die Gesellschaftsabende endeten immer, dass mit allen Mädchen, Mätressen und edlen Damen der Liebesakt vollzogen wurde. Überhaupt ist dieses Buch voll von Obszönitäten, es ist ein wahrer Augenschmaus es zu lesen. Die Vereinigung ist das Hauptthema und es werden mit offenen und direkten Worten alle Arten und Variationen des Liebesaktes beschrieben. Es ist ein außerordentlich gut geeignetes Lehrbuch und ich habe gerade begonnen es mit den Novizinnen gemeinsam zu lesen.«

»Ein solches Buch gibst du ihnen?«

»Ja, das ist ein wichtiger Teil der Erziehung. Die Literatur, das Buch, symbolisiert die hohe Zivilisation einer Gesellschaft und die jungen Mädchen müssen lernen, dass Literatur sich auch schon immer mit dem Liebesakt beschäftigt hat. Dadurch, dass in diesem Buch so offen der Akt lustbetont beschrieben wird, erkennen sie, welch ein hoher Bestandteil unserer Kultur es ist, den Phallus eines Bischofs zu empfangen. Es ist nur eine der Lektionen, die sie zum Gehorsamen erzieht, die ihnen aufzeigt, was ihre Pflicht ist. Das ist die Maxime dieses Stiftes, sich bedingungslos ihrem Herrn hinzugeben ...«

„... und sich gehorsam ficken zu lassen.«

»Du sagst das Wort, Claire. Es ist furchtbar obszön und ich wage es nicht, es auszusprechen. Aber ja, genau, das bedeutet es. Die bewegende Dynamik des Liebesaktes. Letztendlich ist es die Wahrheit, dass meine Novizinnen dazu erzogen werden, diese Dynamik zu lieben. Ich habe noch zwei ganz besondere Bücher für die Erziehung meiner Mädchen. Es ist einmal das Buch 'L'□Académie des Dames, oder Die Gespräche der Aloisia Sigaea'. Ein Meisterwerk der erotischen Literatur. Ein Buch, welches eben so unterhaltend wie erregend ist. Ein Buch, welches den jungen Nachahmungstrieb der Mädchenseele, dem ersten unter allen Trieben, die bei ihnen zu erwachen pflegen, unmittelbar auf solche Körperteile richtet, welche recht eigentlich zu ihrer Bestimmung gehören, ich meine – auf Empfindungen und Beschäftigungen zur Befriedigung ihrer natürlichen Bedürfnisse; ein Buch, worin diese natürlichen Bedürfnisse junger Frauen offenherzig beschrieben werden. Die sehr junge unerfahrene Oktavia steht vor ihrer Hochzeit und möchte von ihrer erfahrenen verheirateten Freundin Tullia alles über die Liebe wissen. In sechs langen Kapitel erklärt Tullia ihrer jungen Freundin alles über den weiblichen Körper und seine Lustempfindungen; ganz offen erzählt sie von der Lust in den Brustwarzen, der Funktionen der Schamlippen und der Klitoris, dann wie sie das Glied eines Mannes mit Händen oder dem Mund steif bekommt, wie sie in allen möglichen Stellungen von ihrem Gatten bestiegen wird. Am Schluss klärt sie die junge Oktavia auch darüber auf, wie köstlich später der Liebesakt mit einem zusätzlichen Geliebten sein kann.«

»Mein Gott, Charlotte. Das bekommen deine Mädchen zu lesen?«

»Claire! Ich habe dir schon gesagt, wie wichtig es für die Erziehung ist. Die Novizinnen nehmen das, was sie lesen sehr schnell in ihr Inneres auf und es beschäftigt immens ihre Gedanken. In den Gesprächen, die ich mit ihnen über das Buch und einzelne Passagen führe, zeigt sich mir immer wieder, wie wichtig Bücher sind. Hier erkennen die Mädchen, dass es eine Kultur des Liebesaktes gibt, die nachahmenswert ist.

Auch das andere Buch, dass sich mit der Aufklärung sehr junger Mädchen beschäftigt, müssen sie lesen. Es ist das Buch *L'Escole des Filles ou la Philosophie des Dames*, ein 1655 in Paris erschienenes hoch erotisches Buch eines unbekannten Autors, in dem zwei junge Cousinen über die wichtigen Themen der Lust diskutieren. Susanne, so heißt das ältere Mädchen, will ihre jüngere Cousine Fanchon durch ein vertrauensvolles Gespräch aufklären und gleichzeitig ihre Lust entfachen. Im Laufe ihrer Unterhaltung sprechen Susanne und Fanchon über eine Vielzahl von Themen, etwa das Heiratsalter, über das männlichen Glied und die weibliche Scham und den Liebesakt. Ein ausführlich beschriebener Dialog, der seine Wirkung nicht verfehlt und zeigt, wie die Erregung der jungen Fanchon steigt. Das junge Mädchen erklärt sich am Ende des ersten Dialogs bereit, sich von einem Freund Susannes entjungfern zu lassen. Im zweiten Dialog unterhalten sich die beiden jungen Mädchen über weitere sie interessierende Themen, über Penisgrößen, das Verlangen der Männer, über alle möglichen Stellungen beim Liebesakt und über die Flagellation, die Züchtigung des Popos, die Männer so sehr lieben.«

Claire lachte. »Ja, langsam geht mir auch ein Licht auf, warum der Bischof mir vehement empfahl, auf meiner Reise bei dir Station zu machen und vorzusprechen. Er muss, als er in unserem Hause war, sehr schnell erkannt haben, dass wir beide in einer gleichen Art und Weise die Erziehung junger Mädchen praktizieren.«

»Und auch mit der gleichen Zielsetzung. Der Bischof ist ein durch und durch guter Mensch, sehr rücksichtsvoll und von sehr großzügigem Wesen. Er ist manchmal äußerst zurückhaltend, er drängt sich nie auffällig in den Vordergrund, aber er ist hochintelligent und blitzgescheit. Nachdem er hier mit einer Novizin sein Verlangen sichtbar befriedigen konnte, lagen wir beide noch sehr lange nebeneinander und er erzählte mir von seinem Besuch bei euch. Er war begeistert, dass du die junge Maîtresse deines Marquis zu einer perfekten Liebesdienerin erzogen hattest. Er kannte deinen Marquis, der ein Gönner der Kirche ist und war, und deshalb an deiner Arbeit interessiert ist. Ich glaube, dass aus der Unterhaltung mit dir, er im Nu erkannt hat, welche Gemeinsamkeiten hier vorliegen.«

»Es war nicht nur Konversation mit mir, Charlotte. Das muss ich dir wahrheitsgemäß gestehen. Es war eine kleine sehr private Soirée bei uns im Chateau und er war inkognito gekommen. Charles, mein Marquis wusste, wer er war, er hatte ihn auch eingeladen. Als weitere Gäste waren nur ein befreundeter Marquis mit seiner jungen Mätresse und seiner neuen Luststute anwesend. Dieser Marquis wollte Charles unbedingt seine neue Stute vorführen. So waren Charles und sein Freund fokussiert auf die beiden jungen Damen und ich habe dem Bischof mit unserer Luststute Antoinette Gesellschaft geleistet.«

»Antoinette? Den Namen hat er mir gegenüber nicht erwähnt. Er hat mir nur angedeutet, dass er einen sehr sinnlichen und befriedigenden Abend mit einem superb erzogenen Mädchen verlebt habe und eine äußerst interessante Gastgeberin kennengelernt habe, die diese Art Erziehung perfekt beherrscht. Damit meinte er dich. Ich habe ihn auch nicht nach weiteren Details gefragt, das geziemt sich nicht. Und wer ist diese Antoinette, wenn ich das fragen darf?«

»War! Sie ist nicht mehr bei uns. Sie war der Grund für meine Reise. Ich habe sie einem polnischen Adligen gebracht und übergeben, der sie unbedingt als Mätresse haben wollte.«

»Dann verstehe ich den Grund deiner Reise. Du wolltest nicht nur deine Schwester besuchen.«

»Ja. Antoinette war der eigentliche Grund. Ich hatte Antoinette während eines Jahres bei mir als Luststute ausgebildet und der polnische Ehrenmann hatte sie bei einer Soirée bei uns vor Monaten kennen- und liebengelernt. Er hatte Unmengen Briefe geschrieben und Charles und mich immer wieder gebeten, sie ihm zu übergeben. Schließlich haben wir nachgegeben, auch weil er uns äußerst großzügig entschädigte. Ich meine«, fügte Claire schnell hinzu, »für den Aufwand natürlich.«

Wieder nahm die Äbtissin Claire's Hand und drückte sie fest: »Ach, meine liebe Claire. Du brauchst dich nicht zu erklären. Ich verstehe das. Natürlich hatte das Monetäre nichts mit dem Mädchen zu tun. Er hat euch wahrscheinlich nur die Kosten für das Jahr der Erziehung, die Unterkunft und die Kleidung erstattet, nicht wahr?«

Erleichtert lächelte Claire: »Ja, natürlich war es so. Ach, Charlotte, du zeigst soviel Verständnis.«

»Du kannst mir voll vertrauen. Das ist doch auch ganz natürlich. Auch das Stift bekommt eine Erstattung, wenn ich eine ausgebildete Novizin übergeben kann. Ich habe hier die Novizin Danielle, ein bildhübsches Mädchen. Sie ist dem Bischof von Dijon versprochen. Er hat sie auch schon oft hier besucht und möchte sie in den kommenden Wochen abholen, auf dass sie seine Maîtresse werden soll. Den Aufwand der Erziehung erstattet er uns damit, dass wir ein neues Dach für das Hospiz bekommen, das arg in Mitleidenschaft gezogen ist und dringend der Erneuerung bedarf.«

Claire musste schmunzeln und dachte innerlich zufrieden, dass die Äbtissin, genau wie sie, für die Mädchen bezahlt wird, nur eben anders. Aber sie nahm sich vor, das Argument der Erstattung des Erziehungsaufwandes in Zukunft auch zu benutzen. Irgendwie muss die Erziehung ja auch einen Nutzen haben.

»Claire, wir stehen da mit unserer Fürsorge auch nicht allein. Wir müssen schamhafte Gedanken verbannen, denn sie werden nur durch Missgunst von außen an uns herangetragen. Eine Erziehung junger Mädchen zu Liebesdienerinnen, zu Luststuten, wie du es nennst, ist sehr ehrenwert für Teile unserer Gesellschaft. Gerade der französische Adel benötigt Mätressen mit niveauvoller Ausbildung. Aufgeklärte Geister, edle Herren von Format, die sich nicht dem Genuss und der Wollust verschließen wollen, benötigen junge Liebhaberinnen mit Schönheit, Anmut und Stil. Das gleiche gilt für den Klerus. Bischöfe können sich allein aufgrund ihrer Stellung nicht mit Straßenmädchen abgeben. Sie brauchen ganz außergewöhnliche Mädchen als junge Mätressen, die sowohl in der Liebeskunst, als auch im Glauben gefestigt sind. Selbst unser König, der wohlgeborene Ludwig XV. hat einen solchen Serail für die Erziehung junger Mädchen errichten lassen. Du hast sicher vom *Hirschpark* gehört. Dieses Gebäude steht direkt im Schlossgarten von Versailles, damit der König es nicht weit hat. Seine Mätresse, die Pompadour, hatte es für ihn aufgebaut. Ihre körperliche Schönheit hatte sie geschickt zu verwenden gewusst, um die Stellung zu erreichen. Sie alterte jedoch rasch und war bald nicht mehr imstande, den König durch ihre eigenen Reize beim Liebesspiel an sich zu fesseln. Sie schuf für den König, dem nach jungen frischen Mädchen dünkte, diesen berüchtigten *„Hirschpark"*. Ein Erziehungsheim, in dem die jüngsten und schönsten Mädchen, deren man habhaft wurde, für ihre künftige Aufgabe herangebildet wurden, um dem König höchstmögliche Befriedigung zu verschaffen.«

»Ja, ich habe davon gehört.«

»Siehst du, Claire. Wir sind in allerbester Gesellschaft. Die Gräfin von Polignac sagte mir einmal, *Auf zehn der Hohen Herren am Hofe gibt es mindestens neun, die nicht mit ihren Ehefrauen, sondern mit ihren jugendlichen Maîtresses schlafen.*«

»Durch deine Ausführungen, fühle ich mich bestärkt in meiner Aufgabe als Erzieherin, Charlotte. Ja, es beflügelt mich sogar.«

»Claire. Ich sage dir. Der Wert deiner und meiner Aufgabe für die Gesellschaft lässt sich nur schwer abschätzen. Die von uns erzogenen Mädchen geben den Männern die Möglichkeit, sich tagsüber ganz auf ihre Aufgaben zu konzentrieren. Männer können gar nicht erziehen, sie haben kein Gespür für die Empfindungen einer Frau. Sie können noch nicht einmal jungfräulich geheiratete Ehefrauen so erziehen, dass sie ihre

Vorstellungen von hoher Liebeskunst und Raffinesse beim Liebesakt genügen, sie haben auch keine Geduld dafür. Daher ist unser Dienst, die fundierte Ausbildung sehr junger Mädchen zur stilvollen Liebeskunst, so wichtig.«

Genüsslich nahm Claire einen Schluck aus ihrem Glas. »Stilvolle Liebeskunst. So wahre Worte.«

»Claire, auch in der Vergangenheit gab es solche verschwiegene Stätten der Ausbildung. Von Katharina von Medici, unserer Königin vor zweihundert Jahren, heißt es, sie habe das Mätressenwesen zum Anliegen des Hofes gemacht. Sie hatte auch sehr früh die Freuden der Liebe genießen können. Die Hochzeit zwischen Heinrich von Orléans und Katharina fand im Oktober 1533 in Nizza statt. Katharina war erst 14 Jahre alt, ihr Bräutigam nur 14 Tage älter als sie. Nach der kirchlichen Trauung wurden die beiden Vierzehnjährigen in die Hochzeitskammer geführt und die Ehe wurde im Beisein von Papst Clemens VII vollzogen. Heinrich zeugte mit seiner Braut zehn Kinder. Später sorgte sie für die Mätressen ihres Gatten und er erhob einige sogar zu Mätresse-Royal.«

»Sehr interessant, Charlotte. Das wusste ich nicht. Unsere große Königin, die immer noch verehrt wird. Erstaunlich. Es ist so erregend, sich mit dir zu unterhalten. Mit solch offenen Worten die eigenen Gedanken der Wollust zeigen zu können. Ich liebe es. Ich habe, so lange ich zurückdenken kann, kein solch lüsternes Gespräch mit einer Dame führen können - und auch noch mit einer edlen Dame von Format. Charlotte, du beschämst mich. Ein solch galantes Gespräch mit einer so hochgebildeten, gelehrten und klugen Dame, wie du es bist, führen zu können, macht mich sehr glücklich. Du steckst so voll von Weisheiten, die ein Hochgenuss für meine Seele sind. Wir sollten unseren Gedankenaustausch unbedingt fortsetzen. Ich kann dich irgendwann wieder besuchen, oder du kommst zu mir, zu uns. Wir haben ein schönes Chateau, nur eine knappe Stunde von Besançon entfernt - und wir haben einen extravaganten Gästesalon.«

»Danke für die Einladung, Claire. Aber das ist schwierig, ich kann hier kaum fort. Aber - lass mich überlegen. Der Bischof kommt in etwa drei Wochen wieder von Paris zurück. Er hatte mir schon geschrieben, dass er wahrscheinlich nur wenige Tage an seinem Bischofssitz in Besançon sein kann und ich mit einer Novizin für die eine Nacht nach Besançon kommen soll. Es wäre vielleicht nicht schlecht, wenn ich zu euch kommen würde und er für diese Nacht auch. Dann könnte er dort, ohne Aufsehen zu erregen eine Liebesnacht mit seiner Favoritin verbringen.«

»Ja, Charlotte. Mach das. Ihr seid herzlich eingeladen.«

»Dann zeig ihm aber nicht deine Anna.«

»Wieso meinst du das?«

»Na ja. Ich kenne meinen Bischof. Er wird sie sicher auch sehr hübsch finden.«

Claire lachte: »Warum nicht. In zwei bis drei Wochen wird die Erziehung Annas soweit fortgeschritten sein, dass sie sicherlich als Luststute vorgeführt werden kann.«

»Claire, nein, welch lüsterne Gedanken.«

»Ich denke, für Anna wäre es gut, eine kleine private Soirée zu erleben, bei der sie vorgeführt und einem Bischof zugeführt wird.«

»Mein Gott, welch verführerische Gedanken. Du meinst wirklich, er könnte mit deinem Mädchen den Liebesakt vollziehen? Würde es dir nichts ausmachen?«

»Nein, ganz und gar nicht. Ich halte es für Annas Erziehung sogar für sehr wichtig. Erst recht, wenn es gleichzeitig mit einer anderen jungen Stute geschieht oder sie zusieht, wie diese sich der Lust hinzugeben hat. Dann erfährt sie den wahren Sinn einer Soirée der Libertinage und muss ihre erlernten Künste zeigen.«

»Die Krönung einer Soirée. Ich bin begeistert. Das ist wahre Libertinage. Ich werde dem Bischof sofort morgen einen Brief schreiben. Hoffentlich kommt dieser vor dessen Abreise aus Paris in seine Hände. Wenn er das liest, wird er begeistert sein. Er ist ein Freund amouröser Abenteuer. Ich habe ihm vor etlichen Jahren das gleiche Geschenk gemacht und habe es seitdem nie bereut. Er ist die Zärtlichkeit selbst und es macht Freude, ihm die Lust zu schenken. Er ist schließlich wirklich ein richtiger Mann.«

»Du hast dich ihm hingegeben?«

»Claire, da war ich sehr jung, das war vor 30 Jahren. Er war 28 und der jüngste Weihbischof in Paris. Ich war noch nicht mal Novizin, nur Hospitantin in einem schrecklichen dunklen Kloster. Eines Tages nahm die Oberin mich mit in die Stadt, in ein elegantes Stadthaus. Es waren auch noch ein paar andere Mädchen da. Schöne Mädchen, alle Novizinnen. Wir mussten einigen Bischöfen dienen, indem wir ihnen das Essen servierten, ihre Gläser füllten, nachlegen und abräumen. Alle anderen Bischöfe waren älter und verließen uns später, um in die Etage mit den Novizinnen zu gehen. Was dort geschah, wusste ich damals noch nicht. Der Bischof, wohl weil er der jüngste war, blieb und verlangte nach Wein. Dann unterhielt er sich mit mir und ich war mächtig stolz. Nach etwa einer Stunde kam die Oberin und holte mich ab. Aber schon zwei Tage später brachte sie mich in ein Haus am Ufer der Seine. Es war eine luxuriöse Wohnung, mit Blick direkt auf den Fluss. Ich stand am Fenster und schaute hinunter, als der Weihbischof hinter mich trat, meinen weißen Schleier vom Kopf losband, meinen Nacken küsste, mich an der Hand nahm und in sein Schlafgemach führte. Schweigend und seelenruhig zog er mich splitternackt aus und legte mich auf sein Bett. Neben dem Bett stehend zog er sich ebenfalls vollkommen nackt aus und ich sah zum ersten Mal dieses riesige steife Glied, das sich mir entgegenstreckte. Aber ich war vollkommen von der Situation gefangen und mein Geist war benebelt. Ein Bischof persönlich, mit mir, im Schlafgemach. Ich wusste auch nicht, was auf mich zukam. Er liebkoste meinen Körper von Kopf bis Fuß, unendlich lange, immer wieder, dann legte er sich auf mich und entjungferte mich. Er sagte zu mir, dass er mich jetzt zu einer wahren Braut Christi mache. Er war zärtlich gewesen, ich habe keinen richtigen Schmerz empfunden, nur sein dickes Ding in mir, das sich immer hektischer bewegte. Danach sagte er mir, dass ich von jetzt ab seinen Haushalt machen müsse und hier wohnen würde. Von da an musste ich mich ihm jeden Tag hingeben. Es war herrlich. Ich habe seinen Haushalt, seine Kleidung gemacht und wenn er kam, zog er mich aus und liebte mich. Von vorne, von hinten, in den Mund, alles machte er mit mir und nicht lange dauerte es, bis ich meinen ersten Orgasmus beim Liebesspiel bekam. Täglich erwartete ich ihn und sein steifes Glied mit feuchter Möse und konnte es kaum erwarten genommen zu werden. Er ließ mich Bücher lesen und er hatte viele Bücher, auch sehr galante. Wir sprachen auch gemeinsam darüber, wir sprachen über Mann und Frau und über die Liebe. Da schon sagte er mir, ich werde es nie vergessen: *Ein so hübsches Mädchen, wie ich, soll sich nur mit der Liebe befassen, sie soll nie ein anderes Ziel, eine andere Beschäftigung haben, als sich von morgens bis abends hinzugeben: einzig zu diesem Zweck hat die Natur sie geschaffen; man liebt junge Mädchen in jedem Fall, meine Liebe, weil die hübschesten Mädchen für die Liebe geboren sind, weil sie die Gesetze der Natur erfüllen, indem sie sich dem Liebesakt hingeben.*«

»Das hat er gesagt?«

»Ja. Das hat er mir gesagt. Als junges Mädchen. Den Satz werde ich nie vergessen. Ich wurde manchmal zwei- und dreimal in einer Nacht von ihm bestiegen. Er hat mich jubilieren lassen, mir Orgasmen geschenkt, die in der Erinnerung bleiben werden. Ein paar Monate danach legte ich mein Gelübde als Nonne und Braut Christi ab. Ich durfte nebenbei studieren, erst in einem kirchlichen Konvent, dann an der Universität. Manchmal war er für Wochen unterwegs, er wurde mittlerweile auch zum Bischof ernannt, aber wenn er zurückkam, wurde ich sofort geliebt.«

»Eine sehr galante und romantische Lebensbeichte.«

»Beichte? Nein. Keine Beichte. Ich bereue nichts. Der Bischof selbst hat mir immer die Beichte abgenommen, in der ich ihm gestanden habe, wie gerne ich mit ihm zusammen war. Er hat mir immer die Absolution erteilt. Der Herr hat mich dahin geführt und er hat es gut mit mir gemeint. Ich habe es nie bereut, dass ich mich von ihm lieben ließ. Nach etwa einem Jahr musste er nach Rom. Da kamen lange Jahre der Trennung. Er hatte mich vorher zur Priorin eines kleinen Klosters bei Paris ernannt, mich aber von den Regularien befreit. Einmal war er zwischendurch nach Paris gekommen, aber nur für kurze Zeit. Es war wieder ein himmlisches Zusammentreffen. An einem Abend entschuldigte er sich bei mir dafür, dass er wieder nach Rom müsse und dann mein Verlangen und meine Sehnsucht nicht stillen könne. Er sagte mir mit seinen machtvollen Worten, dass er nicht wünsche, dass ich mich irgendwelchen Männern hingebe, nur um meine Wollust zu befriedigen, sondern er mich am nächsten Tag einer Äbtissin vorstellen werde.

Morgens fuhren wir zu einem kleinen Stadtpalast nur etwas außerhalb von Paris, in Saint Cloud, auf dem Weg nach Versailles. Die Priorin dort war eine ältere, sehr elegante Dame, wie überhaupt ihr ganzes Anwesen innen und außen sehr luxuriös gestaltet war. Er stellte mich ihr vor, erklärte mir, dass ich von nun an etwa einmal im Monat von der Priorin gerufen und abgeholt werde und dann eine oder zwei Nächte mit einem von der Priorin ausgesuchten hohen Herrn des Klerus in diesem Haus verbringen werde. Er sagte nicht viel, aber er sagte mit Nachdruck, er verlange dies als Dienst des Gehorsams, entsprechend unseres Ordens. Sein Wort war mir Befehl. So verbrachte ich dort schon die erste Nacht mit einem seiner Kollegen. Am folgenden Tag holte er mich ab und ließ mich wissen, dass ihm mein Gehorsam sehr glücklich mache und er mit Genugtuung und beruhigt wieder nach Rom reise. In den folgenden zwei Jahren bin ich immer ein oder zweimal im Monat von der Priorin gerufen worden. Wie ich mit der Zeit herausfand, waren es immer hohe Geistliche, die auf Besuch beim König waren. Ich bin vom Erzbischof von Amiens, vom Kardinal von Reims und dem Bischof von Chateaurouge geliebt worden, sogar von einem Kardinal aus Rom.«

»Mein Gott. Welch intimes Geständnis, Charlotte!«

»Es war nicht so schlimm, wie du denkst. Mal war es sehr schön, mal weniger, aber immer wurde ich reichlich beschenkt. Als mein Bischof aus Rom zurückkehrte, beförderte er mich zur Äbtissin und gab mir die Leitung eines Klosters in der Lorraine. Eine Zeit später bat ich ihn, wieder nach Paris kommen zu dürfen, um Medizin zu studieren. Das hat er erlaubt, mich freistellen lassen und auch ab und zu geliebt. Aber da hatte er auch schon eine junge Novizin in seiner Wohnung. Er liebte uns beide gemeinsam. Da sie vollkommen unerfahren war, nahm ich mich ihr an und führte sie in das richtige Liebesleben ein. Als der Bischof meine Fähigkeit zum Erziehen, insbesondere junger Mädchen, wahrhaftig wurde und erkannte, kam er eines Tages, als er die Diözese Besançon-Belfort bekam, mit dem Vorschlag hier in diesem Stift junge Novizinnen zu Mätressen zu erziehen, verschleiert mit dem Hospiz nebenan.«

»Oh, welch eine wunderbare Geschichte und doch so erotisch.«

»Ja, erotisch war mein Leben immer, auch jetzt noch. Allein die Erziehung dieser lieben Mädchen soll uns beschäftigen! ... Claire, ach, es ist so süß, sie zu bilden!«

Draußen tobte weiterhin das Gewitter. Die Kerzen in dem mehrarmigen Kerzenständer auf dem Tisch waren fast heruntergebrannt.

Claire rieb sich die Augen: »Ich glaube, der Wein ist mir zu Kopf gestiegen, oder sind es gar die Gedanken, die mein Gehirn verwirren, wie ich es schon lange nicht mehr erlebt habe.«

»Ja. Es ist nach Mitternacht und die zweite Karaffe ist auch schon geleert. Es war ein sehr erhabenes Gefühl, zu spüren, dass wir beide uns so gut verstehen. Ich danke dir, Claire.«

Claire lehnte sich vor zur Äbtissin und gab ihr einen Kuss, »Charlotte, ich bin voll des Dankes.«

Sie beugte sich weiter vor und flüsterte der Äbtissin ins Ohr: »Es war wundervoll, mit dir über die Liebe zu reden.«

»Der Liebesakt ist deine und meine Passion und es ist das Schönste auf der Welt. Ich denke, wir erfahrenen Frauen wissen viele geheime Extravaganzen, die den Liebesakt bereichern und Lust mit Kultur ermöglichen. Dieses Wissen wollen wir austauschen, damit wir es bei der Erziehung unserer Mädchen auf angenehme Art weitergeben können.«

»Ja, das verspreche ich dir.«

»Liebe, Claire, liebe und lass dich lieben, mein teurer Engel; dein Körper gehört dir, dir allein; einzig du auf der ganzen Welt hast das Recht, ihn zu genießen und genießen zu lassen. Nutze die glücklichste Zeit deines Lebens; die Zeit zur Liebe. Sie sind nur allzu kurz, jene glücklichen Jahre unserer Lust! Sind wir glücklich genug, sie genossen zu haben, trösten und erfreuen uns wonnevolle Erinnerungen noch im Alter.«

Claire versuchte aufzustehen und schwankte. Die Äbtissin stützte sie: »Ich werde dich in das Boudoir begleiten. Ja, der Bourgogne, besonders der Grands Crus ist der beste Wein des Burgund und er hat es in sich. Er lässt einen so sinnlich werden. Du weißt, die Bedeutung als Weingebiet hat der Burgund den Mönchen zu verdanken, die im frühen Mittelalter Weinberge anlegten und die Keltertechnik verbesserten. Der Bischof lässt uns immer ein paar Fässer zukommen. Leg dich zu deinem Mädchen. Ich werde mich zu Sophia legen und mich noch von ihrer lebhaften und ausdauernden Zunge erfreuen lassen.«

»Oh, Charlotte!«

»Unser Gespräch hat mich so sehr erregt, Claire, ich fühle förmlich meine Feuchte.«

»Ach, liebste Charlotte. Ja, auch ich bin erregt, aber ich glaube, das schaffe ich gar nicht mehr«, antwortete Claire und ließ sich auf das Bett fallen.

»Gute Nacht, liebe Claire.«

»Gute Nacht, Charlotte.«

Der Tag im Kloster

Als das Tageslicht durch das Fenster hereinströmte, wachte Claire auf. Sie brauchte eine Zeitlang, um sich an die vorhergehende Nacht und dieses unwahrscheinlich interessante Gespräch mit der Äbtissin zu erinnern. Was hatte die Frau ihr gegenüber nicht alles offenbart. Ja, sagte sie zu sich selbst, wir beide haben wohl mehr Gemeinsamkeiten, als ich mit allen meinen bekannten Freundinnen. Vielleicht ergeben sich ja heute noch ein paar Momente, um mit dieser herausragenden Person zu reden.

Claire drehte sich nach links und sah die schlafende Anna neben sich. »Meine Kleine«, flüsterte sie Anna ins Ohr, »Ich denke, es ist Zeit aufzuwachen.«

Anna reckte sich und gleichzeitig spürte sie die umarmende Hand von Claire und ihren küssenden Mund an ihrem Hals. Die Hand glitt über ihre Brust hinunter, schob das Nachthemd hoch und legte sich auf ihr Kätzchen. Anna wusste, wohin es führen würde und öffnete brav ihre Beine. Sie hörte ein leises »Guten Morgen, meine Liebe,« und fühlte, wie sich Claire's Finger auf ihren Kitzler legte. Einen kurzen Moment konnte sie die angenehmen Gefühle genießen, dann wurde ihr Kopf von Claire auf deren Bauch gedrückt. Anna ging in die Hocke und rutschte küssend mit ihrem Mund hinab zu Claire's Schenkel - aber die feste Hand an ihrem Hinterkopf führte ihr Gesicht direkt auf Claire's Kätzchen.

Anna hatte in den letzten Nächten gelernt, was sie tun musste und behände begann sie Claire's Kätzchen zu streicheln und den Kitzler zu lecken. Ihr Kopf wurde förmlich gepresst und es dauerte nur wenige Minuten, bis sich Claire ihrem Orgasmus hingab.

Noch lange wurde Anna von Claire geküsst und auch wenn Anna gedacht hatte, sie würde nochmals gestreichelt werden, so wurde sie enttäuscht. Claire gab ihr einen Klaps auf den Po und sagte: »Aufstehen, mein Engel. Wir müssen weiter.«

Anna war aufgestanden, zu der Waschschüssel gegenüber auf der Kommode gegangen und begann sich zu waschen, während sich Claire noch einmal genüsslich und überaus befriedigt herumdrehte. Als Anna fertig angekleidet war und auf Claire wartend aus dem Fenster schaute, klopfte es an der Türe.

Im selben Moment öffnete sich die Türe und die Äbtissin trat herein. Obwohl Claire nackt und schlummernd auf der Seite lag, kam die Äbtissin direkt zu ihr. Sie bückte sich und küsste Claire.

»Guten Morgen, Claire, hattest du denn eine gute Nacht?«

»Der Wein war mir wohl sehr zu Kopf gestiegen. Aber - im Wein liegt Wahrheit. Und du hast mir gestern Nacht viele Wahrheiten offenbart.«

»Oh. Ich bitte um Verzeihung. Ich glaube, ich habe viele unmögliche Sachen gesagt und Worte in den Mund genommen, die sich nicht gehören.«

»Nein, Charlotte. Ich bitte dich! Das war so erfrischend für mich. Wir haben doch wunderbar zueinander gefunden und uns soviel Verborgenes gestanden. Im Wein liegt Wahrheit - es ist nur zu viel gewesen.«

»Ach, das wird schon. Ich habe die Gesellschaft von Sophie genossen. Ich war so erhitzt von unserem Gespräch, es war wundervoll. Ich hatte eine Erleuchtung, wie schon lange nicht mehr. Und du - hast die Liebe nicht genossen?«

»Nein. Gestern Abend, als ich lag, bin ich sofort eingeschlafen. Erst heute Morgen hatte ich mich ganz ausgezogen und wieder zu Anna gelegt. Sie hat mich wunderbar gezüngelt. Sie kann es fantastisch, na ja, ich habe es ihr ja auch alle Nächte während der Reise gelehrt. Ich habe nur an unser Gespräch gedacht und deine mehr als erregenden Sätze, die mir auch jetzt noch immer wieder in den Sinn kommen. Es hat sich in einer großartigen Erfüllung entladen.«

»Oh, fein. Da bin ich ja froh, dass auch du eine Erleuchtung des Heiligen Geistes erleben konntest. Es befreit, nicht wahr?«

»Ich fühle mich heute himmlisch.«

»Dann danke dem Herrn. Kommt, das Frühstück ist fertig. Wir sind schon seit mehr als einer Stunde auf und haben mit dem Tagewerk begonnen. Macht euch fertig und kommt in das Refektorium.«

Anna, die das Gespräch mitgehört hatte, rieb sich verwundert die Augen. Was mögen die beiden sich gestern Abend alles erzählt haben? Es erstaunte Anna über alle Maßen, dass Madame ihre Zunge erwähnt hatte.

*

Als sie in das Refektorium eintraten, sprach die Äbtissin: »Durch die gemeinsamen Mahlzeiten sollen wir wieder *zu Kräften kommen*. Diese gemeinsamen Mahlzeiten sind mehr als nur die kollektive Aufnahme von Nahrung zu einer fest vereinbarten Zeit. Sie sollen mit dem gemeinsamen Gebet auch den Geist stärken. Unser Refektorium enthält noch alte geschnitzte Tische, Tür und Lesepult, teilweise über einhundert

Jahre alt. Das Gewölbe wurde vor fünfzig Jahren mit filigraner, farbig gefasster Ornamentik stuckverziert. Am Kachelofen hängt das Wappen des Abtes, unseres Präses, des Herrn Bischof. Die Gemälde an den Wänden des lang gestreckten Raumes präsentieren Gastmähler aus dem Neuen und Alten Testament.«

Im Speisesaal standen alle Schwestern um den langen Tisch in der Mitte und schauten ehrfurchtsvoll auf die Äbtissin.

»Meine Lieben!«, begann die Äbtissin, »Ich möchte euch Madame Claire Marquise d'Aurilac vorstellen. Einige haben sie schon gestern Abend gesehen. Madame d'Auilac ist eine erfahrene Pädagogin und leitet ähnlich wie hier, ein Stift zur Erziehung junger Mädchen. Allerdings ist es ein weltlicher Stift, in der Nähe von Besançon. Ich möchte, dass ihr ihr den gleichen gebührenden Respekt zukommen lasst, wie mir. Madame d'Aurilac ist hier auf Empfehlung unseres Bischofs Antoine Clairiard de Beaupré, der sie, genau wie ich, für eine kompetente Erzieherin hält. Neben ihr seht ihr Anna von Ransdow, die ihre Erziehung bei der Marquise beginnen wird.«

Die Äbtissin wandte sich nun an Claire und Anna: »Das sind meine Schäfchen, deren Hirte ich bin. Ich will sie euch vorstellen, Claire.

Schwester-Novizin Sophia hast du schon

gestern Abend kennengelernt. Sie ist seit zwei Jahren hier. Sie ist auch die älteste mit ihren zwanzig Jahren und sehr erfahren. Sie ist mir eine große Hilfe und sie fühlt sich hier so sehr wohl, dass sie mich gebeten hatte, sie noch etwas länger zu behalten. Daneben steht die schöne Schwester Eugénie. Schwester Eugénie ist seit einem Jahr hier, hat vor sechs Monaten ihr Gelübde abgelegt. Sie wird uns demnächst verlassen und eine hohe Stellung beim Bischof von Chateaurouge annehmen. Da freust du dich drauf, mein Kind, nicht wahr?«

»Ja, Äbtissin.«

»Rechts neben ihr steht Schwester Madéleine, sie ist auch seit einem Jahr im Stift. Ja und zu meiner Seite hier ist meine liebliche Novizin Cécile. Sie ist die jüngste, seit einem Monat hier und wird unserem Orden demnächst ihren Gehorsam geloben. Nicht wahr, mein Kind?«

Die Wangen der Novizin röteten sich und sie senkte ihren Blick zu Boden.

Anna beobachtete das Mädchen und fragte sich, was das bedeute, dem Orden den Gehorsam zu geloben.

Die Äbtissin lachte und fuhr fort: »Neben ihr, Schwester Danielle, mit den dunklen Haaren, ist erst seit fünf Monaten in diesem Stift und ist vom Bischof von Dijon ausgewählt worden, um demnächst zu ihm zu wechseln. Sie wird dort die Führung des Haushalts übernehmen und dem Bischof zu seiner Zufriedenheit dienen und immerzu hilfreich zur Seite sein. Nicht wahr Danielle?«

»Ja, Äbtissin.«

»So! Wie immer wollen wir unser Tagewerk und das Frühstück mit einem Gebet freudig beginnen. Neben dem Leib ist es vor allem der Hunger der Seele, der gestillt werden soll. Der Mensch lebt eben nicht vom Brot allein. Dies steht so bei Matthäus 4,4.«

Die Äbtissin und die Schwestern falteten die Hände und als Anna sah, dass auch Claire dies tat, folgte sie schnell.

»Herr, lebensbejahende Menschen sind dir eine Freude, weil sie dein Wesen widerspiegeln. Die einzige Norm, die dir wichtig ist, ist das Tun aus Liebe. Wir kommen in die Gegenwart Deines Heiligen Geistes, oh Herr, um den Weg zu erkennen, auf dem wir Dir am meisten dienen können, und, um uns auf die Aufgabe vorzubereiten, die unsere göttliche Bestimmung ist: Liebe zu geben. Nimm unser Herz und mache es zu einem Heiligtum der Liebe, schenke uns das Glück, die Befriedigung durch die Liebe intensiv fühlen - in Demut und Dankbarkeit. Amen.«

Anna wunderte sich etwas über dieses Gebet, dass sie so in dieser Art noch nie gehört hatte. Sie sah zu Claire und entdeckte ein nicht ganz verborgenes Lächeln in deren Gesicht. Dann hörte sie, wie Claire sagte: »Äbtissin, ich danke Ihnen für dieses Gebet. Es macht mir Mut, es Ihnen gleichzutun.«

»Der Herr wird es Ihnen danken, Claire. Seien Sie unverzagt, die Liebe kann man im Gebet einbinden, denn sie ist Gottgegeben. So, jetzt wollen wir ein kräftiges Frühstück zu uns nehmen. Wir haben selbstgebackenes Kräuterbrot, gute Butter, Quitten Konfitüre, Honig und Käse, den wir immer aus der Käserei unseres Bauern Baptist bekommen. Wir dürfen jetzt alle Platz nehmen.«

Die Comtesse, die neben der Äbtissin saß, sprach zu ihr: »Dieses Gebet hat mich tief beeindruckt, liebe Äbtissin.«

»Ich kann Ihnen gerne ein paar meiner lebensbejahenden Gebete mitgeben, wenn Sie möchten.«

»Ich wäre Ihnen sehr dankbar.«

Während die Schwestern das Brot herumreichten, betrachtete die Comtesse die Gesichter der Mädchen.

»Wenn sie uns besuchen sollten«, flüsterte sie zur Äbtissin, »wen würden sie mitnehmen?«

»Oh, das weiß ich nicht, das wird der Bischof entscheiden.«

Die Äbtissin flüsterte ebenfalls zu Claire, aber gerade noch so, dass Anna es verstehen konnte. »Vielleicht Sophie. Da sie schon länger hier ist, ist sie im Glauben sehr gefestigt.«

»Oh, das wäre wundervoll. Ja, sie ist ein Mädchen voller Anmut.«

»Liebste Claire! Ich muss mich nach dem Frühstück um einiges hier für den Tagesablauf kümmern. Geh nachher mit Anna in meinen Äbtissinentrakt, mein Boudoir, dort findest du im Glasschrank auch einige interessante Bücher. Ich werde dann, wenn es meine Zeit erlaubt, schnell zu euch kommen und dann können wir uns nochmals unterhalten. Wann wollt Ihr abreisen?«

»Bald. Wir werden vier bis fünf Stunden brauchen. Gott sei Dank ist es nicht mehr weit. Unser Chateau liegt auf den Weg nach Besançon, in der Nähe von Baume-les-Dames, in einem Seitental der Doubs.«

In diesem Moment klopfte es an der Türe und Alfonse, der Kutscher trat ein. Sich ehrfürchtig verbeugend sprach er: »Entschuldigen Sie die Störung, ehrwürdige Äbtissin. Madame, ich muss Sie wissen lassen, dass eine Weiterreise heute sehr wahrscheinlich nicht möglich ist. Jean-Claude ist ein Stück des Weges geritten, um zu sehen, wie der Weg bestellt ist. Es hat diese Nacht ununterbrochen geregnet und die Wegspuren stehen vielerorts tief unter Wasser, aber das Schlimmste ist, der Bach, eine Meile von hier, ist über die Ufer getreten und macht ein Durchkommen unmöglich.«

»Danke Alfonse, dass Sie mir das sagen. Das ist ja wirklich ein schlimmes Wetter. Tja, was machen wir dann?«

»Claire!«, rief die Äbtissin aufgeregt, »Das ist eine Fügung des Herrn. Ihr bleibt heute hier. Das gebietet unsere Gastfreundschaft und wir offerieren sie von ganzem Herzen.«

»Wie soll ich Ihnen danken? Liebe Äbtissin, das ist ein großzügiges Angebot.«

»Madame«, sagte der Kutscher, »dann können Jean-Claude und ich das Kutschdach richtig reparieren.«

»Mein Herr«, fragte die Äbtissin, »haben Sie ein Frühstück bekommen?«

»Ja, ehrenwerte Äbtissin«, und er schaute zu Sophia. »Es war uns früh gebracht worden. Wir haben aber auch noch selbst Reiseproviant.«

»Sie sind recht herzlich eingeladen, uns beim Abendmahl, das wir am späten Nachmittag hier einnehmen, Gesellschaft zu leisten.«

»Oh. Vielen Dank, ehrenwerte Äbtissin.«

»Sagen Sie, mein Herr! Sind Sie in der Jagd bewandert?«

»Ja, Gnädigste.«

»Hinter unserem Stift beginnt ein Jagdrevier von über einer Meile. Der Jagdpächter war schon lange nicht mehr hier. Ich würde Sie gerne bitten, was immer Sie jagen können, aufzuspüren.«

»Sehr wohl, ehrenwerte Äbtissin. Das werden wir mit Freude tun. Ich empfehle mich.«

»Das ist fantastisch, Claire. Vielleicht jagen sie einen Hasen oder einen Fasan, dann gibt es heute Abend ein anständiges Mahl.«

»Ach, liebe Charlotte, ich bin dir so dankbar für deine freundliche Aufnahme. Wie sollen wir dir nur danken.«

»Das ist doch alles hervorragend. Wie besprochen, wenn du dich gleich mit Anna in meinen Salon zurückziehst, dann werde ich mich beeilen. Ich freue mich so sehr mit dir weiter Konversation betreiben zu können. Ich möchte dir unbedingt auch noch etwas sehr Wichtiges zeigen.«

*

Anna folgte Claire in den Salon der Äbtissin. Die schaute aus dem Fenster und sah, dass es immer noch regnete.

Anna setzte sich in einen der Sessel und bemerkte, wie Claire zu einem großen verglasten Schrank ging, in dem Unmengen Bücher standen. Sie öffnete die Schranktür und nahm einzelne Bücher in die Hand. Plötzlich sagte sie, »Ja, das ist das Buch, das die Äbtissin gestern Abend erwähnt hatte.«

Claire kam mit dem Buch in der Hand zu Anna. »Hier Anna. Versuche mal etwas zu lesen, es ist ein Unterrichtsbuch der Äbtissin. Ich werde mich an den Sekretär setzen und sehen, ob ich Briefpapier finde, dann schreibe ich einen Dankesbrief an den Bischof.«

Anna schlug das Buch auf und begann zu lesen. Der Titel lautete: *Die Gespräche der Aloisia Sigaea*. Sie blätterte auf die erste Seite zum ersten Kapitel, mit dem Titel, *Das erste Gespräch*:

'*TULLIA: Wie reizend, liebstes Bäschen, wie reizend ist es, dass endlich deine Hochzeit mit Caviceus verbrieft und abgemacht ist; denn die Nacht, die dich in seinen Umarmungen zur Frau machen wird, diese Nacht wird dir, glaube mir, die allerhöchste Wonne bringen – wenn anders Venus dich beglückt, wie deine himmlische Schönheit es verdient.*

OCTAVIA: Heute früh hat meine Mutter mir gesagt, übermorgen würde sie mich mit Caviceus vermählen. Und wie ich sehe, wird bei uns zu Hause bereits alles mit größter Sorgfalt gerüstet, was dazu erforderlich ist: das Bett, das Brautgemach usw. Aber dies flößt mir wahrhaftig weniger Freude als Furcht ein; denn was das für eine Wonne sein kann, von der du, geliebte Base, die ich höher halte als alle Wonnen, mir sprichst, das weiß ich nicht, ja, ich kann mir nicht einmal eine Vorstellung davon machen.

TULLIA: Dass du in deinem zarten Alter – du bist ja kaum fünfzehn – davon nichts weißt, ist durchaus kein Wunder, denn ich selber war bei meiner Heirat, obwohl ich damals nicht viel älter war, als du jetzt bist, völlig unwissend in diesen Dingen, die meine Pomponia mir in Aussicht stellte und aufgrund ihrer dreijährigen Erfahrung als etwas Köstliches pries.

OCTAVIA: Ah! Dass du von diesen Dingen nichts gewusst hast – erlaube mir, in diesem letzten Augenblick vor dem Verlust meiner Mädchenfreiheit ein wenig freier zu sprechen – das wundert mich wirklich sehr! Denn wenn du sie auch natürlich aus eigener Erfahrung nicht kennen konntest, so hätte doch deine große Gelehrsamkeit dir die Zugänge zu diesem Allerheiligsten öffnen müssen. Wie oft höre ich, dass man mit begeistertem Lob deine Kenntnisse bis über die Wolken erhebt und von dir rühmt, du beherrschest die lateinische und griechische Literatur und fast alle freien Künste so gründlich, dass du anscheinend alles wissest.'

Anna staunte immer mehr als sie Seite für Seite las. Dies ist ein Unterrichtsbuch?, fragte sie sich?

'OCTAVIA: Bald hatte er den Rock bis über meine Knie hochgehoben und griff mir an die Schenkel. O, wenn du gesehen hättest, wie seine Augen funkelten!

TULLIA: Wie glücklich warst du in jenem Augen-

blick!

OCTAVIA: Indem nun seine Hand höher glitt, richtete sie ihren Angriff gegen jene Stelle, die uns, wie man sagt, von dem anderen Geschlecht unterscheidet und aus welcher mir, jetzt seit einem Jahre, allmonatlich einige Tage lang eine Menge Blut zu rinnen pflegt.

TULLIA: Bravo, Caviceus! Hahaha!

OCTAVIA: O der schlechte Mensch! ›Dieses Plätzchen‹, rief er, ›wird mich bald mit der höchsten Wonne beseligen. Bitte, lass mich gewähren, meine Octavia!‹ Ich wäre bei diesen Worten beinahe in Ohnmacht gefallen.

TULLIA: Nun, und was machte er dann?

OCTAVIA: Du wirst es kaum glauben – aber ich habe an jener Stelle nur eine ganz ganz schmale Ritze.

TULLIA: Aber eine heiße, eine feurige!

OCTAVIA: In diese Ritze steckte er seinen Finger, und da die betreffende Stelle sehr empfindlich ist, so verursachte er mir damit einen heftigen, brennenden Schmerz. Er aber rief: ›Ich habe eine Jungfrau!‹, und mit diesen Worten bog er mir geschwind die Schenkel auseinander, obwohl ich sie mit aller Kraft zusammenpresste, und warf sich auf mich, während ich auf dem Rücken lag.

TULLIA: Du schweigst plötzlich? Hat er bloß seinen Finger da hineingesteckt?

OCTAVIA: Wie könnte ich wohl so schamlos sein,

hiervon noch weiterzuerzählen!

TULLIA: Oh! Auch ich, auf die du doch so große Stücke hältst, habe das durchgemacht. Niemand ist kecker als ein Verlobter, den jede Verzögerung, bis er die Blume seiner Braut gepflückt hat, geradezu außer sich bringt.

OCTAVIA: Bald fühlte ich zwischen meinen Beinen etwas Schweres, Hartes, Heißes. Er drang mit Gewalt auf mich ein; mit einem heftigen Stoß suchte er jenes Harte in meinen Leib und in die Ritze hineinzupressen. Ich aber nahm alle meine Kräfte zusammen, warf mich auf die Seite, brachte meine linke Hand zwischen ihn und mich und legte sie schützend auf die Stelle, um die ein so wilder Kampf gekämpft wurde.

TULLIA: Konntest du mit einer Hand eine so gewaltige Kriegsmaschine zur Seite lenken?

OCTAVIA: Ja, es gelang mir. ›Nichtswürdiger‹, rief ich, ›was quälst du mich so furchtbar? Verzeih, aber wenn du mich liebst, so sage mir, was habe ich getan, dass ich solche Strafe verdiene?‹ Und Tränen entströmten meinen Augen. Aber dabei war mein Geist in solcher Verwirrung, dass ich nicht einmal wagte, den Mund aufzutun oder um Hülfe zu schreien.

TULLIA: Hat dich denn Caviceus nicht mit seiner Lanze durchbohrt und deine Verschanzung durchbrochen?

OCTAVIA: Ich streckte meine Hand aus, packte sie und lenkte sie zur Seite. Aber o Greuel! Sofort fühlte ich mich von einem glühend heißen Regen überströmt, der mich ganz durchnässte, da ich bis zum Gürtel nackt war. Ich streckte abermals die Hand aus; als ich aber in den Saft fasste, womit der wilde Mensch mich besprengt hatte und der sich klebrig anfühlte, da wich voll Angst und Abscheu meine Hand zurück.

Anna schlug das Buch zu. Sie war mehr als verwundert, dass die Äbtissin ein solches Buch in ihrem Schrank hatte.

Claire, die hörte, wie Anna das Buch zugeschlagen hatte, stand auf und kam: »Was ist los. Ist das Buch nicht interessant.«

»Madame«, stotterte Anna, »wie soll ich sagen. Es ist sehr ...«

»Ja, was ist es?«

»Es stehen Sachen darin, die ich nicht zuvor gelesen habe.«

»So, zeig mal her. Welche Seite war es denn?«

Anna schlug die Seite auf und reichte es Claire. Die las einen Moment und begann zu lachen. »Aber Anna. Das ist genau das richtige Buch für dich. Ich verlange, dass du es weiterliest.«

Claire blätterte ein paar Seiten weiter. Dann las sie eine Stelle und musste wieder lachen. »Ja, das ist eine schöne Stelle«, und Claire begann vorzulesen:

»TULLIA: O Götter! wie sehnlich wünsche ich, ihr gestattetet mir, des Caviceus Stelle zu vertreten!

OCTAVIA: Was heißt das? Wird etwa Caviceus meine beiden Brüste ergreifen, wie du es jetzt tust? Wird er so stürmisch seine Küsse mit den meinigen verschmelzen? Wird er meine Lippen, meinen Hals, meinen Busen mit seinen Zähnen beißen?

TULLIA: Dies, mein Herzchen, wird das Vorspiel zum Kampf sein, die Einleitung zum Feste der Venus.

OCTAVIA: Hör' auf! Deine Hand gleitet über meinen ganzen Leib hin; und jetzt geht sie gar noch tiefer hinunter! Was betastest du meine Schenkel? Ah, ah, ah! Tullia – was kitzelst du mich da unten? Du wendest ja deine Augen nicht mehr davon ab.

TULLIA: Mit wollüstiger Neugier betrachte ich mir diesen Tummelplatz der Frau Venus; er ist nicht groß, er ist nicht geräumig, und doch ist er voll köstlichster Wonnen; deine unersättliche Venus wird darauf die Kräfte deines Mars bis aufs letzte erschöpfen.

Anna, das ist die richtige Lektüre. Lese nur weiter. Die Äbtissin hat recht. Sie hat es mir gestern Abend empfohlen.«

Anna war verunsichert. Die Äbtissin hat es der Madame sogar empfohlen? Das konnte sie nicht verstehen. Ein solches schamloses Buch. Anna vertiefte sich wie befohlen und von Seite zu Seite wurde sie erregter und fühlte ihre feurigen Wangen.

Nach einer Stunde hatte Claire ihren Brief beendet und kam zu Anna. »Na, meine Kleine.

Ich sehe, du hast gerötete Wangen. Dann scheint das Buch ja genau das richtige für dich zu sein.«

Claire lachte laut, als sie einige Seiten aus dem Buch weiter vorlas. »Siehst du, meine Kleine, auch in der hohen Literatur wird die Freude an der Lust beschrieben. Es gibt in Frankreich viele solcher Bücher. Dies ist ja auch ein Zeichen der hochstehenden Kultur in diesem Land, auf die wir sehr stolz sind.«

Schwester Sophie trat ein und brachte eine Karaffe Citronade. »Madame, die Äbtissin wird in wenigen Minuten wieder bei Ihnen sein, Ich soll es Ihnen ausrichten.«

»Danke Sophie. Wir haben uns köstlich beschäftigt. Anna hat in dem Buch *Die Gespräche der Aloisia Sigaea* gelesen. Hast du das auch gelesen?«

»Ja, Madame, ich habe es gelesen.«

»Siehst du, Anna, die Schwestern hier lesen es auch. Und, Sophie, wie fandest du das Buch?«

Sophie wurde etwas unsicher. »Es war sehr lehrreich, Madame.«

»Du brauchst mir nicht mehr zu sagen. Ich wollte es nur wissen. Siehst du, Anna. Schwester Sophie fand das Buch sehr erbaulich.«

Schwester Sophie verabschiedete sich, als die Äbtissin eintrat. »Na, ihr Beiden. Ich hoffe, ihr musstet nicht zu lange warten.«

»Nein, wir hatten keinerlei Langeweile«, antwortete Claire. »Ganz im Gegenteil. Ich habe einen Brief geschrieben und Anna hat in dem Buch der Aloisia gelesen.«

»Oh, das Buch der Aloisia! Ja. Ich hatte es dir gegenüber gestern Abend erwähnt. Es ist natürlich sehr explizit.«

»Ja, das ist es«, lachte Claire, »Ich habe auch einige Passagen vorgelesen. Wirklich, sehr erbaulich. Anna war erstaunt über den Inhalt, aber ich habe ihr gesagt, dass sich Literatur auch mit der Liebesfreude beschäftigt.«

»In der Tat«, antwortete die Äbtissin und wandte sich an Anna. »Dieses Buch ist ein lustiges und zugleich sehr lehrsames Buch. Warum soll die Liebesfreude nicht beschrieben werden? Ein gutes Buch eröffnet neue und spannende Welten. Wenn du gedruckte Abenteuer *durchlebst,* wirst du ganz unbemerkt in einem umfassenden Maß gefordert und gefördert. Egal, welches Thema. Wortschatz, Sprachgebrauch und Konzentrationsfähigkeit sind wichtige Faktoren, die durch aktives Auseinandersetzten mit einem Buch gebildet und gefördert werden. Ausdrucksmöglichkeiten, gerade für die wichtige Konversation mit gebildeten Herrn werden durch das Lesen erweitert und geschult. Diese Fähigkeit ist besonders in der Ausbildung wichtig. Ist ein junges Mädchen in der Lage sich mit dem entsprechenden Anstand zu artikulieren, kann es bei Unterhaltungen die richtigen Fragen stellen oder Antworten geben und hat dadurch erhebliche Vorteile. Wer liest, weiß mehr. Lesen bildet und lässt den Horizont größer werden. Durch Bücher erfährt man mehr über andere Menschen, ihre Länder und die Geschichte. Das gilt auch für das Liebesleben, was überall auf der Welt im Vordergrund steht. Denn Lesen ist die Grundlage des Lernens. Bücher wirken oft wie Medizin, sie ermöglichen dir, Anna, ein tiefes und befriedigendes Verstehen. Die Geschichte der Aloisia spielt in Italien, aber dies ist unwichtig. Genauso können solche Gespräche auch hier geführt werden. Nach der Lektüre dieses und ähnlicher Bücher vertrauen meine Novizinnen mehr auf ihre eigenen Körpergefühle und sehen die zahlreichen Ratschläge als sehr wichtig für ihre Entwicklung. Claire, wenn du mir versprichst, es mir bei meinem Besuch zurückzugeben, dann dürft ihr es gerne mitnehmen und zu Ende lesen. Es ist wirklich sehr einfühlsam geschrieben und offenbart eine Menge Erkenntnis über den eigenen Körper und das ist für eine Erziehung wichtig. Also, Anna soll es ruhig lesen. Es kann für ihre Erziehung nur hilfreich sein.«

»Anna«, sagte Claire, »Hast du verstanden,

was die Äbtissin gesagt hat? Wir werden das Buch mitnehmen und wir beide werden darin lesen. Liebe Charlotte, ich verspreche dir, dass du es unbeschädigt zurückbekommst.«

»Natürlich, Claire. Das glaube ich dir. Ich denke, wir beide sollten unsere Konversation fortführen. Was hältst du davon?«

»Oh, Ja. Liebend gerne.«

Die Äbtissin ging zur Türe und ließ Schwester Sophie kommen. »Sie soll Anna das Stift und die Kapelle zeigen und da es jetzt nicht mehr regnet, kann sie mit ihr auch in den Kräutergarten gehen.«

»Sophie, anschließend kannst du Anna das Studierzimmer zeigen und ihr könnt euch etwas beschäftigen. Ich möchte mich mit der Marquise noch unterhalten.«

Anna war erfreut über den Vorschlag der Äbtissin und ging mit Sophie. Als sich die Türe hinter ihnen schloss, überschüttete sie Sophie mit vielen Fragen. Aber auf Anna's neugierige Fragen nach der Ausbildung hier im Stift, bekam sie nur ausweichende Antworten oder den Satz *darüber darf ich nicht reden* zu hören. Trotzdem war Anna begeistert, als ihr die Schwester das Stift zeigte und ihr viel erklärte.

*

»Ach Claire«, sagte die Äbtissin, »lass uns Platz nehmen und es uns gemütlich machen. Welch ein freudiger Tag für mich.«

»Charlotte! Ja, das ist es auch für mich. Und dann das Unglück mit dem Wetter, dass sich so unglaublich in ein Glück verwandelt hat. Wir haben einen ganzen Tag für uns, ich freue mich so riesig.«

»Ja, ich habe alles arrangiert, dass ich heute nichts beaufsichtigen muss. Die beiden Nonnen im Hospiz wissen Bescheid und ich habe eben nach den Kranken gesehen. Aber wir haben zurzeit keine schweren Fälle.«

»Ach, war das süß zu sehen, wie du mir Cécilie vorgestellt hat. Ihre Wangen röteten sich sofort. Es war herzlich, das zu sehen.«

Die Äbtissin lächelte. »Cécile ist erst vor einem Monat hierhergekommen. Ich beginne gerade die ersten Vorbereitungen ihrer Erziehung.«

»Wie lehrst du Sie denn, wenn doch der Bischof nicht da ist? Wie handhabst du denn die praktische Erziehung, wenn er so selten da ist?«

»Er kommt jeden zweiten Monat, dann bleibt er aber nur zwei oder drei Nächte. Nein, wir haben einen ganz bestimmten Tages- und Wochenablauf. Ich nenne das die Exerzitien. Jeden Spätnachmittag, beim gemeinsamen Abendmahl gebe ich Bescheid, wer zum Sonnenuntergang zu mir in meinen Salon kommen muss, um mit mir die Exerzitien abzuhalten.«

»Was sind Exerzitien?«

»Warte, Claire. Ich werde es dir erklären. Die ausgesuchte Novizin oder eine der jungen Schwestern kommt zu mir, wir ziehen uns aus und nur ein hauchdünnes Nachtgewand an. Dann setzten wir uns zusammen auf das Sofa und beginnen ein intensives Gespräch. Jedes junge Mädchen, das die Botschaft der Liebe annehmen und durch die Liebe besiegeln lässt, braucht Menschen, die ihr beim Hineinwachsen in das Leben und dem Glauben mit Rat und Tat zur Seite stehen. Regelmäßig abgehalten, um den tiefen Sinn der gottgegebenen körperlichen Liebe und Zärtlichkeit zu erkunden und in jedem von uns die Sinne für die Mannigfaltigkeit der Empfindungen öffnen, bietet ein offenes Gespräch zu zweit die beste Möglichkeit der Sinnfindung. Zu Beginn beten wir gemeinsam immer folgendes Gebet:

Wir danken dir, Herr, dass du es uns ermöglichst, in Gemeinsamkeit die sinnlichen Freuden unserer Begierden ausleben zu dürfen. Wir uns an der Schönheit der Körper erfreuen und erregen dürfen. Wir danken dir, der du es uns ermöglichst, die Erfüllung unserer Lust im Taumel der Sinnlichkeit zu erleben und wir dabei durch deine Gnade soviele Momente des Glücks und Befriedigung erhalten. Amen.«

»Oh. Charlotte. Das ist auch wieder so ein wunderschönes Gebet. Mein Gott, ist es sinnlich.«

»Ja, das ist es. Es ist natürlich ein Gebet nur für die Exerzitien. In dem dann folgenden ausführlichen Gespräch geht es um die Fragen: Wie suche ich die Liebe? Wie finde ich die Liebe? Was hat sich in mir bewegt und sich mir gezeigt? Geschehen innere Umschichtungen?

Das Ziel der Exerzitien ist es, die Sinne zu schärfen, um Gottes Gegenwart in der Liebe aufzuspüren. Auf diese Weise kann sich ein Leben neu ordnen. Die Mädchen sollen lernen, ihrer Sehnsucht Raum zu geben, ein liebevolles Herz gewinnen, das rechte Schweigen einzuüben und ihre Gefühle bewusst zu erleben.

Die Exerzitien der Liebe, die ich unterrichte, unterteilen sich in zwei wichtige Wege, die die Novizin in diesen Gesprächen mit mir entdecken wird. Der erste Weg ist der Weg der Wahrnehmung. Im Wahrnehmen und Ernst nehmen ihrer Gefühle, ihrer Sehnsucht, ihrer Empfindungen und Fragen findet sie die Spur zu Gott und der Liebe, die den Weg ihres Lebens mitgehen. Es geht darum, dass eine Novizin durch zutiefst beglückende, aber oft auch sehr schmerzhafte Prozesse hindurch, in eine größere innere Freiheit und Wahrheit wächst, und darum mit mir über ihr persönliches Ja zur Liebe intensiver sprechen soll, damit sie sie mit der Zeit intensiver erleben kann.

Der zweite Weg ist der Weg der Übung. Exerzitien ist eine Abkürzung für *exercitia spiritualia,* das heißt geistige Übungen. Es geht um das Üben. Die Praxis, wie du richtigerweise angedeutet hast. Zum Üben gehören die Punkte: Ein Ziel, eine Methode und die Wiederholung. Üben ist fundamental für unser Leben: Sprache, Musik, Kultur, Konversation leben vom Üben. Ganz besonders die Liebe lebt vom Üben. Die ganze Liebe besteht aus Einüben und Ausüben. Ein Satz kann die Bedeutsamkeit des Übens unterstreichen: *Vom Kennen zum Können führt nur das Üben.* Einfach gesagt, während der Exerzitien wird sie mit mir die Erfüllung durch Sinnlichkeit üben. Diese Art der Exerzitien finden auch statt, wenn der Bischof zu Besuch ist. Sinnliches Erkennen ist immer ein Lernprozess, bei dem die Erkenntnis nur durch das, was man fühlt und sieht, in die Sinne gelangt. Die Novizin fühlt meine Zärtlichkeit und spürt ihre eigene Sinnlichkeit, dies ist der Lernprozess, den sie durchlaufen muss, um gehorsam dienen zu können.«

»Du gibst ihnen Zärtlichkeiten? Oh, wie aufregend.«

»Mit Fingerspitzengefühl, Claire. Du verstehst, was ich meine! Je nach Stand der Erziehungsphase lass ich sie ihre Sinnlichkeit erleben. Neben dem Kennenlernen der Lustempfindungen, dem eigentlichen Ziel der Exerzitien, ist die Aussprache das wichtigste Element der Exerzitien.«

»Ah, jetzt verstehe ich. Das ist eine sehr sinnvolle Einrichtung, dieses Gespräch.«

»Diese *Hohe Aussprache* bei den Exerzitien ist dazu da, dass die Mädchen Fragen stellen können und offene Antworten bekommen. Die *Hohe Aussprache* zwischen mir und der Novizin, über alle Aspekte der körperlichen Liebe, geschieht mit offenen, klaren Worten und soll das Bewusstsein erweitern. Worte, die den Körper und das Handeln genauer beschreiben. Während der Exerzitien werden hier in der offenen Sprache die Gedanken ausgetauscht. Die sogenannte *offene Sprache* bedeutet, dass auch obszöne Worte offen genannt werden, um das Lustempfinden bei Gebrauch dieser Worte zu erreichen. Ich rede dabei mit dem Mädchen über ihren Körper und tausche mit ihr Zärtlichkeiten aus, die das Gespräch bereichern. Wenn sich die erste leichte Erregung zeigt, und das Fingerspitzengefühl habe ich«, die Äbtissin lächelte dabei, »dann rede ich mit denen, die das Gelübde abgelegt haben, auch über das männliche Glied, ihre Körperfunktionen und ihre Pflichten und auch über den Liebesakt. Sie sollen immer wieder vernehmen, nichts ist lustvoller für den Menschen, als die geschlechtliche Vereinigung. Wer auf den Liebesakt - aus welchen Gründen auch immer - verzichtet oder verzichten muss, verliert Leben im Leben, enthält sich des größten menschlichen Genusses. Jeder Augenblick eines solchen Glücks ist ein Stück gewonnenes Lebens. Leben ist Lieben. Wahre Liebe ist der Akt der Vereinigung und die Vereinigung ist Lust. Die Hingabe ist der höchste Dienst an einem anderen Menschen für sich selbst. In wesentlich späteren Exerzitien sage ich offen zu ihr, die wahre Liebe ist der Liebesakt, und deshalb nennen wir es auch so, Wenn wir das Ritual der Unio Mystica, der mystischen Vereinigung zelebrieren, dann ist das der Akt. In der Phase der Erregung sage ich ihr offen, sie solle diese Worte, da sie jetzt von mir auf die wahre Liebe, auf den Akt, vorbereitet wird, auch immer beim Ritual benutzen, um sich schnell daran zu gewöhnen, wie sehr diese Worte ihre Empfindungen und Gefühle steigern können. Sie wird sehr schnell lernen den spirituellen Wert dieser offenen Worte zu erkennen, die damit ihren Gefühlen höhere Glücksgefühle geben können. Noch unerfahren kann sie die nur erahnen, wenn wir uns den Freuden der fleischlichen Lust hingeben dürfen. Wenn sie in Zukunft mit uns die hohen Freuden des Liebesaktes erfahren will, verlange ich von ihr, dass auch sie diese Worte der Sinnlichkeit benutzt, um mich und den Bischof damit zu erfreuen.«

»Das ist eine sehr offene Ansprache. Was hat es denn mit dem Gelübde auf sich?

»Das werde ich dir später erklären. Ja, die Aussprache ist sehr offen und das soll sie auch sein. In der hohen Aussprache geht es unter anderem um die Fragen: Was hat sich in mir bewegt? Die Frage nach der Bewegung ist wichtig. Zum einem nimmt die Frage Bezug auf die mentale Bewegung innerhalb einer Novizin. Wie verarbeitet sie die Wallungen des Verlangens und wie empfindet sie die Lust, die sie bewegt. Aber in der offenen Aussprache geht es auch um die notwendigen körperlichen Bewegungen, die sie erlernen soll. Als Erstes um die Bewegung der Hand zur Stimulation, dann die Bewegung des Mundes mit fest gepressten Lippen um den Schaft und schließlich um die Bewegung ihrer Lenden, wenn sie Liebe beim Akt schenken soll.«

»Mein Gott, Charlotte. Ich bin schwer beeindruckt. Ach, ich sehe, ich könnte so viel von dir lernen.«

»Die Exerzitien sind, wie gesagt, auch die

Zeit des Übens. Daher benutze ich diese Stunden auch, um gewisse Liebespraktiken zu üben. Ja, Claire, ich habe auch Godemiché. Daran zeige ich ihnen, wie sie ein Glied in die Hand nehmen müssen, um es zu streicheln. Ich stecke den Godemiché auch in den Mund, damit sie lernen die Flöte zu blasen. Ich prüfe dann die Lektionen immer wieder mal, indem sie meinen Finger in der gleichen Art wie ein Glied streicheln muss oder ich stecke meinen Finger in ihren Mund, um festzustellen, ob sie richtig die Lippen presst und nicht die Zähne.«

»Diese Übungen machst du mit allen?«

»Ja, mit allen, die das Gelübde abgelegt haben. Manchmal prüfe ich auch die, die schon länger hier sind, ob sie nichts verlernt haben. Wenn sie gut sind, dann führe ich den Godemiché auch in ihr Kätzchen ein und bringe sie zum Höhepunkt. Bei Cécile habe ich das noch nicht getan, da sie noch Jungfrau ist.«

»Das ist, wie soll ich sagen, ein sehr intimer und inniger Gedankenaustausch, diese Exerzitien. Ich bin beeindruckt, Charlotte. Auch verbunden mit den praktischen Übungen, so menschlich.«

»Vergiss den Satz nicht *Ludit in humanis divina potentia rebus*. Im Menschlichen spiegelt sich die göttliche Allmacht. Ja, die Exerzitien sind sehr menschlich. Sie enden grundsätzlich damit, dass ich versuche, das Mädchen zärtlich zum Erleben ihres Höhepunktes zu führen.«

»Das ist ausgesprochen rücksichtsvoll.«

»Na ja. Nicht ganz uneigennützig, denn danach muss sie mir ihre Liebe zeigen.«

»Oh, Charlotte. Natürlich. Sie sollen ihren Dank leisten, nicht wahr?«

»Das hast du wieder sehr galant ausgedrückt. Wenn wir uns aber so offen unterhalten, kannst du ruhig wissen, dass ich diese jungen flinken Zungen für mein Leben liebe. Was auch ein Teil meines Erziehungskonzeptes ist.«

»Da denke ich, da steh ich dir in nichts nach. Jetzt nach vierzehn Nächten der Ausbildung leckt Anna hervorragend.«

»Und wieder haben wir eine weitere Gemeinsamkeit festgestellt, Claire. Ist es nicht schön, wie es sich herauskristallisiert?«

»Ich gebe es zu, Charlotte, dass ich meine jungen Stuten auch immer zur Befriedigung meiner Lust benutze. Das ist doch nicht falsch, oder?«

»Macht dich frei von Selbstzweifeln, Claire. Die Zeiten haben sich geändert. Vive la Libertinage heißt es allerorten. Über die Sinnesfreuden darf wieder geredet werden, natürlich nur in den gebildeten Kreisen. Frauen wie wir, Claire, bringen hohe Kultur in dieses Land. Kultur auf einem Niveau, wie es sie bisher noch nicht gegeben hat und genau aus diesem Grund sind uns unsere hohen Herrn so dankbar um unsere aufopferungsvolle Tätigkeit. Wer sonst soll dies machen, etwa Waschweiber, die nebenher ungebildete Straßenmädchen losschicken?

Mädchen, die nichts können, als ihre Beine breitzumachen; und das auch noch widerwillig? Unsere Mädchen sollen Feinheit, Manieren, Niveau, Eleganz und Taktgefühl auch beim Liebesakt schenken können. Sie sollen dabei den Männern Schönheit, Anmut und lustvolle Hingabe auf höchstem Niveau zeigen und schenken. Das ist das, was deine hohen Herrn aus dem Adel und meine aus der hohen Geistlichkeit wünschen und nur ihre Wünsche zählen. Zur Erfüllung ihrer Wünsche sind die Männer dann bereit, auch Berge zu versetzen. Mächtige Männer kann man damit zähmen und das haben immer einige hohe Damen in der Geschichte unseres Landes geschafft.

Tu, was du für richtig hältst, Claire. Ich will dich nur darin unterstützen und dir anbieten, von mir den geistig gefestigten Hintergrund für deine ehrenvolle und hochanständige Bemühung zu erhalten. Ich möchte dir gerne mehr Klarheit für das eigene Leben geben und die Fähigkeit, Entscheidungen zu treffen, zu lieben und entschlossen zu handeln. Die jungen Menschen müssen allerorten ihre wahren Leidenschaften unterdrücken. Hier bei uns lernen sie durch die strenge Erziehung die wahre Freiheit kennen.

Dass erfahrene Frauen ihr Wissen im Umgang mit Männern an junge Frauen weitergaben ist Bestandteil der gesamten Geschichte der Menschheit. Schon in der Bibel, in der Genesis 16 steht geschrieben, dass Sara ihre Magd im Liebesspiel unterrichtete und sie ihrem Gatten Abraham ins Bett legte. Dass ihr Mann mit einem Mädchen schlafen sollte, war für sie eine Verpflichtung. Jagen nicht viele Menschen ihr ganzes Leben lang nach materiellem Wohlstand, ohne dabei aber wirklich glücklich oder zufrieden zu sein? Ein Leben der Hingabe an die Liebe dagegen macht dauerhaft glücklich.

In den Psalmen 139, Vers 14 und 17 steht: *Der Mensch ist so geschaffen, dass er nicht nur existiert, sondern so, dass er am Liebesakt Freude findet, sich an der Anmut und Schönheit der Körper ergötzen kann, ja dass er sich auch an den unzähligen Genüssen des Liebesaktes erfreuen kann.*

Der Grundgedanke ist hierbei, dass durch die Verschmelzung von Frau und Mann die geistige Weiterentwicklung gefördert wird. Die sinnlichen Erregungszustände, die sich innerhalb von Frau und Mann während eines Liebesaktes aufstauen, entstammen nicht allein durch die körperliche Berührung, sondern durch das geistige Verlangen von Frau und Mann. In der Bibel, in der Genesis, sagt Gott zum Mann: *Das Weib ist dein Acker. Dünge deinen Acker regelmäßig und besame und befruchte ihn, dann erntest du seine Früchte.*

Aus diesem Satz zogen schon die alten Gelehrten den Schluss, dass die regelmäßige Besamung des Weibes, nicht nur zur eigentlichen Befruchtung, sondern generell ein notwendiger Akt ist, der den Körper, den Acker, fruchtbar hält.«

»Ich muss zu meiner Schande gestehen, dass ich alle diese Bibelstellen nie gelesen habe. Du verzeihst mir, Charlotte?«

»Ach, Claire. Selbstverständlich. Auch du bist näher beim Glauben, als du denkst. Du glaubst an das Gute und an die Liebe - und an deine Vorbestimmung. Und diese Vorbestimmung kommt nun mal vom Allmächtigen. Mach dir keine Sorgen, dass ich deswegen an dir keinen Gefallen finden würde. Ganz im Gegenteil. Du stehst mir jetzt schon sehr nahe.«

»Danke. Aber ich frage mich manches Mal, ob das alles so richtig ist. Weil doch die Kirche alle Freude an der Lust verurteilt.«

»Claire! Die offizielle Lehre der Kirche ist

für das gemeine Volk, damit das Land nicht in Sodom und Gomorrha ausartet. Du musst an dich selbst glauben. Wie sagte die Heilige Thérèse von Lisieux: *Ich fühlte die Liebe in mein Herz einziehen, das Bedürfnis, mich ganz zu vergessen, um anderen Freude zu machen, und seitdem war ich glücklich.* Sei glücklich, Claire, dass du anderen Freude schenken kannst. Freude am Leben, Freude am Liebesakt. Du bist eine starke Frau und nur starke Frauen können junge Mädchen auf den Weg zum wahren Leben hilfreich begleiten. Der Weg zum Glücksempfinden kann nur durch die Erziehung zur gehorsamen und demutsvollen Hingabe beim Liebesakt gezeigt werden und dies kann nur eine erfahrene Frau, wie du es bist. Zweifel nie an dir selbst. Ich will dir geistige Erbauung und Selbstvertrauen geben, um diese schwere Aufgabe zu meistern. Aber du bist stark und wirst deinen Weg gehen. Für dich bieten sich die Dinge der Welt nur deswegen dar, damit du den Allmächtigen noch leichter erkennen kannst und bereit wirst, in Liebe darauf zu antworten. Liebe ist kein stehendes Gewässer, kein Tümpel, keine Zisterne, die leergepumpt wird. Liebe läuft nicht aus, sondern über. Und diese Erfahrungen weiterzugeben, im Umgang mit der Lust und der Liebe, das ist unsere Aufgabe. Der Glaube, die Liebe, das Vertrauen an die *Urquelle des Seins* und an sich selbst sind unser sanftestes und zugleich stärkstes Werkzeug auf dem Weg der Erziehung. Der Grundsatz der Magie der Lust sollte immer Liebe, Wohlwollen, Selbsterkenntnis und spirituelle und geistige Erkenntnis und Erleben sein. Nur wer nach diesen Grundsätzen die hohe Kunst der magischen Lust angeht, wird eingeweiht werden in die höchsten Geheimnisse seiner Selbst, der Schöpfung - und der Kern der Schöpfung ist der Liebesakt. Es ist eine erfüllende Aufgabe, dieses Wissen weiterzugeben und die Mädchen auf ihrem Weg zu unterstützen. Das Erwecken des Verlangens zum Zweck, die eigene Bewusstseinserweiterung zu ermöglichen, ist daher eines der größten und heiligsten uns zur Verfügung stehenden Mittel der Erziehung. Durch das Wecken des Verlangens zeigst du den Mädchen das Eins-sein mit dem Göttlichen, das Eins-sein mit dem Leben und das Eins-sein mit der Lust. Der Allmächtige verlangt nicht Keuschheit und Zölibat. Wir wissenden Menschen sind frei, unsere Lust ausleben zu dürfen. Der Allmächtige zwingt nicht zu verzichten - er gibt uns einen freien Willen die Wollust beim Liebesakt zu genießen. Der Liebesakt ist Teil des Lebens und der Freude; mehr Lust auf den Liebesakt schafft Lebensfreude. Dieses Mehr an Verlangen nach dem Liebesakt zu erzeugen, das ist unsere Aufgabe. Das Weib erwartet den Liebesakt, verlangt ihn, gibt sich ihm hin. Das ist ihre Bestimmung. Und warum soll in dieser äußerlich passiven Rolle etwas Erniedrigendes liegen?

Stärke dein Selbstbewusstsein und dein Selbstwertgefühl. Der wahre Schlüssel zur Erlangung von Selbstvertrauen und Selbstwertgefühl ist, stets an sich selbst zu glauben und sich selbst zu lieben. Mädchen, die nicht in einem liebevollen und Selbstwert förderndem Umfeld aufwachsen, werden wahrscheinlich im Erwachsenenalter unter einem geringen Selbstwertgefühl leiden. Sie werden sich unsicher fühlen, und nicht das nötige Selbstvertrauen haben, um ihre Ziele und Träume zu verwirklichen. Mache sie mit deiner Erfahrung sicherer. Die beste Hilfe, die ich dir hier geben kann ist folgende: Sei wachsam. Sei bewusst. Und höre auf deine Intuition.«

»Mein Gott, bin ich dir dankbar für diese Worte, Charlotte. Du sprichst Gedanken in einer solch offenen Freiheit aus, die mich tief bewegen.«

»Freiheit ist das richtige Wort. Es muss für alles stehen und es steht ganz besonders für das freie Ausleben des Verlangens, die Libertinage. Libertinage ist Freiheit. Und es gab schon immer Erziehung zur Libertinage. Dabei ist sie keine Erfindung unserer Zeit. Sie ist eine Wiederentdeckung der Weisheiten, die schon im Altertum von gebildeten Menschen erkannt wurden. So gab es schon 500 Jahre vor Christus auf der Insel Lesbos eine adlige Frau namens Sappho. Sie versammelte dort eine Gruppe von jungen Mädchen vornehmer Herkunft als Schülerinnen um sich und unterrichtete die jungen Frauen in sinnlichen und musischen Fertigkeiten wie Poesie, Musik, Tanz und Liebesspiel. Sie beschrieb in unzähligen Gedichten die zärtliche Liebe zwischen Frauen und den Liebesakt mit Männern. Es sind nur wenige Gedichte von ihr erhalten und sie werden streng verschlossen und nur gebildeten Persönlichkeiten zur Einsicht gegeben. Ich durfte in der Bibliothek des Kardinals in Paris einige lesen. Sappho gilt als die bedeutendste Lyrikerin der Antike. Schon im Altertum wurde sie von Horaz und Platon, dem großen Philosophen, als Muse wegen ihrer klaren und ausdrucksstarken Sprache gerühmt.

Ich werde dir einige Beispiele mehr erzählen. Schon im alten Ägypten wurde mit Lustklavinnen gehandelt. Amenhotep III. bestellte 40 Mädchen aus der Schule von Milkilu, einem Prinzen aus Kanaan und bezahlte dafür 40 Kit Silber für jedes Mädchen. Milkilu war bekannt für seine im perfekten Liebesspiel ausgebildeten Mädchen. Der Kauf einer wertvollen jungen

Sklavin geschah immer unter der Prämisse, den Liebesakt mit ihr zu vollziehen. Zum Melken, Sammeln von Holz oder Putzen waren genügend andere vorhanden. Die schönen Sklavinnen wurden ausschließlich zu diesem Zweck gekauft. Wenn sie schlau waren, gaben sie sich freiwillig hin ...; wenn nicht, hat das ihren Besitzer auch nicht davon abgehalten.

Oder die Hetärenschule der Aspasia im frühen Griechenland. Hetären, Hetairas, oder *Freundinnen für die Lust*, mit diesem zartsinnigen Namen benannten die Griechen die feinere Klasse junger ausgebildeter Frauen, die der freien Liebe ergeben waren und die dennoch nicht mit den Straßenmädchen der heutigen Tage verglichen werden können. In den schönen Künsten der Liebestechniken wurden die Mädchen bei der Aspasia von erfahrenen Frauen sehr streng unterrichtet. Die Ausbildung schloss nicht nur den Umgang mit Männern, Liebespraktiken, Körperpflege und Schönheitstipps ein; zur Ausbildung einer Hetäre gehörte es auch, den Herren bei Symposien intellektuell anregende Gesellschaft zu leisten. Ähnlich wie in galanten Soirées heute, diskutierten die Männer, ließen sich von leicht bekleideten jungen Hetären bedienen und unterhalten und gaben sich gemeinsam dem Liebesakt hin. Der griechische Philosoph Aristippos von

Kyrene, schrieb: *In ihr blüht für die gebildetsten Griechen das Höchste und Vollkommenste schöner und holder Weiblichkeit*. Aristippos gehörte einige Zeit zu den Schülern Sokrates' und hatte auch Kontakt zu Platon. Er verbrachte jedes Jahr mehrere Monate bei seiner Freundin und ließ sich von ihren Mädchen bedienen. Man sagt, er sei der Begründer des Hedonismus, der Lehre für die Freiheit der hēdonē, der Freude an Vergnügen, Lust, Genuss und sinnlicher Begierde. Aristippos sagte, die körperliche Lust sei der eigentliche Sinn des Lebens.«

»Mein Gott, Charlotte, was erzählst du mir da alles. Das ist ja unglaublich. Du bist so belesen, ich beneide dich.«

»Ach ja, ich hatte halt immer viel Zeit zu studieren und insbesondere die amourösen Geschichten weckten mein Interesse. Aber du erkennst, die Erziehung junger Mädchen zum Liebesdienst ist so alt, wie die Menschheit selbst.«

»Ja, geahnt habe ich es schon. Aber ich habe nie die Möglichkeiten gehabt, so intensiv alte Bücher zu lesen. Ich bin froh, dass du mir das erzählst. Es ist um so mehr ein aufregendes Erlebnis, da ich dies aus dem Mund einer Äbtissin höre.«

Die Äbtissin lächelte verschmitzt. »Ach, schon früher hat es fürsorgliche Äbtissinnen gegeben. Claire, die Bischöfe waren immer Männer, starke Männer und sie verlangten nach jungen, gesunden Mädchen. So ungewöhnlich ist das gar nicht, dass eine Äbtissin junge Mädchen zum Liebesdienst erzieht. Bei den gebildeten Männern ist die Leidenschaft ein übermäßig starkes Element ihrer Natur, deshalb ist auch das Verlangen nach geschlechtlichem Verkehr bei den frommen Männern der hohen Geistlichkeit stärker. Um nun ihr Herz frei machen zu können für den Dienst und die Verehrung Gottes, ist ihnen in Diskretion gestattet worden, junge Mädchen zu beschlafen, wenn sie zu irgendeinem Zeitpunkt die Befürchtung hegen sollten, ihre Leidenschaft zu einer Frau könne sie zu einer Ehe verführen. So zum Beispiel der Bischof Heinrich von Lüttich. Der Bischof hatte 1273 die Benediktiner Äbtissin Guda van Rennenberg zu seiner Mätresse gemacht. Er hatte extra ein Haus in seinem Garten, das einem Kloster angeschlossen war und hatte darin einen Serail mit jungen Mädchen untergebracht, die von der Äbtissin beaufsichtigt und erzogen wurden. Der Bischof rühmte sich, allein in 22 Monaten vierzehn Söhne mit diesen Mädchen gezeugt zu haben. Das kannst du in den Annalen nachlesen.

Dann gab es die Catherine Beauvilliers. Sie wurde im Jahre 1590 als 16-jährige die Geliebte unseres früheren Königs Henri IV. Sie soll extrem schön gewesen sein, blond, golden, eine bewundernswerte Figur, ein Teint in blendendem Weiß. Mit 24 Jahren wurde sie vom König zur Äbtissin der Abtei von Montmartre ernannt und führte später dem König als neue Maitresse en titre die von ihr ausgebildete Novizin Catherine de Verdun zu. Diese wurde später, nach dem Tod der Beauvilliers, vom König zur Oberin der Abtei Longchamp ernannt und setzte dort die Erziehung junger Mädchen für den König fort. Uns beiden ist doch klar, dass die erotischen Wünsche und das Verlangen bei den Männern bis ins hohe Lebensalter erhalten bleibt. Wir wissenden erfahrenen Frauen akzeptieren die Tatsache - der Mann kann, möchte und verlangt nach dem Liebesakt.

Marie-Louise Angélique Motier, comtesse de la Fayette war mit 17 Mätresse unseres Königs Ludwig XIII. und später Äbtissin des Klosters Origny bei Saint-Quentin. Im Stift von Remiremont veranstaltete sie mit anderen Äbtissinnen, Canonissinnen und jungen Novizinnen unaufhörliche Feste und Ergötzlichkeit mit hohen geistlichen Männern, bei denen es wenig klösterlich zuging, denn sie waren dem Vollzug des reinen Liebesaktes gewidmet. Der Kardinal de Retz und der Bischof von Amiens waren oft zu Gast bei ihr und durften als Geschenk der Äbtissin eine Novizin entjungfern.

Heute gibt es in Paris, in der Innenstadt, sogar ein Etablissement für den niedrigen Klerus. Es ist das Haus der Madame Richards. Sie nennt es *Missionshaus, für Prälaten und andere Geistliche*. Es floriert glänzend. Sie bildet ihre Mädchen selbst aus. Du siehst, Claire, es ist heute nicht anders als in früheren Jahrhunderten.«

»Ich kenne in Paris das Etablissement der Madame Gourdan. Ich war vor zwei Monaten bei ihr und habe ein Mädchen für uns mitgebracht.«

»Ohja. Wie interessant. Von Madame Gourdan habe ich gehört, dass Sie das beste Freudenhaus in Paris führen soll.«

»Ja, es ist absolut das Exzellenteste und sie hat die hübschesten Mädchen. Zu der Gourdan kommen die berühmtesten Männer des Adels, der Prince de Conti, der Marquis de Fitz-James, der Chevalier de Coigny, der Herzog von Chartres, der Herzog von Mazarin, der Herzog von Grammont, der Marquis de Romcy, der Marquis de Nesle, der Marquis Caesar Talaru und dem Herzog von Trémouille. Und so weiter. Ich könnte noch mehr aufzählen.«

Die Äbtissin musste laut lachen: »Ja ja, der höchste Adel. Die hast du alle persönlich kennengelernt?«

»Nein, dort überhaupt niemanden. Charles hat sie mir mal aufgezählt. Ein paar habe ich näher kennengelernt, als sie bei uns zu Soirées zu Gast waren.«

»Wie lustig. Ich habe auch ein paar berühmte Persönlichkeiten näher kennengelernt. Ich habe dir gestern Abend von der Priorin in Saint Cloud, bei Paris, erzählt, bei der ich auf Wunsch unseres Bischofs drei Jahre während meines Studiums immer wieder hohen Mitgliedern des Klerus dienen musste. Unter den Geistlichen waren der Pater vom Élysée, Pater Bernhard, der Seminarist-Prälat der Universiät de Calonne, Professor der Theologie Adrien Aubert, der Prälat Dr. Gallon Francesqui, Kaplan Francis Clugny, der Generalvikar Gobriacle, Erzdiakon Mongin, der Kaplan der Königin, M. de Saint-Mery, oder dem Kaplan des Königs Gaspard Bardonnet, Canon Mocet, der Propst Pierre-Joseph Artaud, der Abbé Grisel, der Abbé Voisenon, Erzdiakon Aguesseau, Pater Honoré Regnard, der Jesuiten-Bischof von Sisteron Lafiteau, der Erzbischof von Toulouse de Brienne Loménie, der Bischof von Amiens d'Orléans de La Motte, der Bischof von Paris Christophe de Beaumont, nur um einige zu nennen.«

»Mit denen hast du alle geschlafen?«

»Ja!«

Es entstand eine Minute des Schweigens. Dann sprach die Äbtissin mehr leise vor sich hin:

»Ja, ich habe mit allen geschlafen. Ich habe sie mir alle gemerkt. Es waren alles sehr vornehme Männer und sie hatten Niveau. Es waren sehr oft wunderschöne Nächte, an die ich mich heute noch erinnern kann. Die Herren waren Wachs in meinen Händen. Der Jesuiten-Bischof und der Erzbischof von Toulouse, die haben mich kräftig die Rute spüren lassen - aber sonst? Es war einfach, sie zufriedenzustellen. Angenehme Unterhaltung und dann wollten sie sich der Lust hingeben.«

»Ja, das wollen sie alle.«

»Ja, natürlich Claire. Nur darum geht es. Sie wollen niveauvoll erotische Unterhaltung mit einer schönen jungen Novizin und dann wollen sie den Liebesakt. Das ist, was sie wollen und wir müssen es ihnen bieten. Dazu müssen wir die Mädchen erziehen. Dies ist unsere Aufgabe.

Das beste Beispiel bietet unser geliebter König derzeit. Ludwig XV. wird nicht umsonst vom Volk *der Vielgeliebte* genannt. Ich habe in den Jahren, die ich in Paris lebte, ja einiges mitbekommen, was die hohen Geistlichen mir da erzählten. Nachdem unser König schon mit unzähligen jungen Mädchen geschlafen hatte und sich sogar die drei Mailly-Nesle Schwestern gleichzeitig als Mätressen hielt, fiel ihm auf einem Kostümball 1745 die 24-jährige Jeanne-Antoinette Poisson. Noch in der Nacht soll er sie in seinem Bett zu seiner Mätresse gemacht haben. Er machte sie nicht nur zu seiner offiziellen maîtresse en titre, der ersten Bürgerlichen mit diesem Status am französischen Hof überhaupt, sondern erhob sie im Juli desselben Jahres auch zur Marquise de Pompadour mit Landsitz und eigenem Wappen. Die Priorin in Paris erklärte mir damals die Zusammenhänge. Die Pompadour, schlank, von mädchenhafter Statur, soll eben trotz ihrer 24 Jahre dem König eine beliebte Unterhalterin gewesen sein und ihm nicht nur mit ihrem hübschen Körper gedient haben, sondern mit ihm lebhafte Konversationen auch politischer Natur geführt haben. Selbst als sie nach fünf Jahren nicht mehr das Bett mit dem König teilte, behielt sie die Stellung als offizielle Mätresse bis zu ihrem Tod vor vier Jahren. Dies ist vor allem auf ihr diplomatisches Geschick zurückzuführen. Sie führte dem König die beiden Hofdamen, die 14-jährige Marie-Louise O'Murphy und die 15-jährige Françoise de Châlus als Gespielinnen zu und ließ sie zu Mätressen ernennen. Diese beiden Mädchen waren nur für die Lust ausersehen, während sie selbst in inniger Verbundenheit zum König und auch zur Königin, mehr und mehr den Tagesablauf im Schloss arrangierte und den König sogar in politischen Entscheidungen beriet. Nachdem die junge Marie-Louise O'Murphy zwei Jahre lang Mätresse gewesen war, versuchte diese die mächtige Madame de Pompadour zu verdrängen, aber das gelang ihr nicht. Der König war ihr dadurch überdrüssig, verheiratete sie und jagte sie aus dem Schloss. Die Pompadour fand schnell eine neue, die ebenfalls 15-jährige Marguerite-Catherine Haynaul. Die Pompadur hatte schnell erkannt, um was es dem König ging. Der wollte junge Mädchen für den Liebesakt und sie selbst zur hohen Konversation. Das ging sogar soweit, dass sie später einen Serail junger Mädchen für den König in dem Haus im Hirschpark unterhielt.

Bei der Priorin habe ich gelernt, was die hohen Herren wünschen und dies möchte ich an meine Nymphen weitergeben.«

»Nymphen?«

»Nymphen sind seit dem Altertum die Verkörperung der unschuldigen weiblichen Anmut. In der griechischen Literatur und in der bildenden Kunst wurden sie oft dargestellt. Junge, naive Mädchen, gerade ins heiratsfähige Alter eingetreten, verlocken mit ihren zarten Körpern lüsterne Gottheiten, um sich mit ihnen in Liebe vereinen. Der berühmte Arzt Paracelsus, von dem ich auch ein medizinisches Buch besitze, schrieb vor einhundert Jahren in seinem Buch über Nymphen. *Liebe, was bis heute nie der Liebe sich gefreut!*. Eine ganz klare und offene Anspielung auf die Lust des Liebesaktes mit einer Jungfrau und eine Hommage an die Entjungferung.«

Die Äbtissin fügte schmunzelnd hinzu. »Er schrieb auch *Seliger ist es, die Nymphen zu beschreiben, als Orden zu beschreiben*. Er wusste nichts von unserem Orden. Ich nenne meine Schäfchen in vertrauter Runde auch meine Nymphen. Und da sie unerfahren sind, müssen sie von mir in die Lust eingeführt werden. Ich versuche ihnen die Erkenntnis zu vermitteln, dass die Kraft, die von einem Mann hohen Standes ausgeht, etwas zutiefst Erregendes ist. Ich erzähle ihnen auch von mir.

Es ist mir passiert, dass ich von der bloßen Anwesenheit eines Mannes des hohen Klerus voll und ganz verzaubert wurde – so intensiv, dass meine Selbstkontrolle weggeblasen wurde. Die Wirkung war extrem, sowohl physisch als auch psychisch. Archaisch. Überwältigend. Es schien, als ob der Mann gottähnliche Macht besäße – die Macht eines Mannes, maskuline Macht. Ich fühlte mich absolut vereinnahmt von dieser Macht. Ich versuchte, dies auch in der Konversation zum Ausdruck zu bringen. Es war manchmal köstlich und von äußerst süßer Galanterie. Das mag ein hoher Geistlicher. Das Verlangen, von diesem

Mann genommen zu werden, war so intensiv, dass es mir manchmal Angst machte, es ihm zu offenbaren. Aber andeutungsweise ließ ich ihn mit wohl gewählten Worten wissen, dass ich als Braut Christi begattet werden will, immer mehr, und versuchte seine Lust auf mich zu steigern. Es war schwer zu atmen oder aufrecht stehenzubleiben, geschweige denn eine Unterhaltung fortzuführen. Staubtrockener Mund, das Herz raste, die Angst, man könne bewusstlos werden, zitternd wie Espenlaub, der Körper danach schreiend, geliebt zu werden, der totale Gehorsam und schreiendes Verlangen einfach zu machen und zu gehorchen, wie auch immer der Mann mich nehmen will. Diese maskuline Macht des Mannes – man fühlt diese Macht mit jedem Bestandteil seines Körpers. Die Macht seiner kräftigen Arme, die Macht seines harten, empor stehenden zuckenden Gliedes. Verschmelzend in einem heißen Inferno von Verlangen. Völlig von Sinnen fühlte ich mich von diesen besonderen Männern besessen, absolut unterwürfig, im Taumel der Wollust und erlebte die großartigsten Orgasmen. Ich denke, du hast das Gleiche erlebt oder erlebst es auch noch heute.«

»Oh. Charlotte, welch traumhafte und wundersame Worte. Sie machen mich glühend. Ja. Genauso habe ich es auch erlebt. Als das erste

Verlangen geweckt wurde und immer stärker wurde, wollte ich es gar nicht mehr anders. Ich war voll des Verlangens nach der kraftvollen Hand und dem Glied meines Herrn.«

»Siehst du, Claire. Dies ist die Vollkommenheit, die wir mit der Erziehung der jungen Mädchen erreichen müssen. Die unwissende unerfahrene Novizin von den Anfängen der Begierde zur Entfaltung ihrer Lust zu erziehen, dies ist die naturgegebene Bestimmung der wissenden und erfahrenen Frau. Wir beide sind die wissenden und erfahrenen Frauen. Die Wollust im Rausch des Liebesaktes zu erleben, ist das wahre Wesen und der Zweck allen Daseins. Dazu muss eine auserwählte Novizin von uns erzogen werden, nur dann kann sie gebührlich und schicklich die noblen und extravaganten Wünsche der hohen Herren erfüllen.

Ich will sie auch bei der Erziehung wissen lassen, welche Vorteile es ihnen bringt. Ich bin immer reichlich beschenkt worden. Aus reiner Dankbarkeit für die unterhaltsamen Stunden des Geistes und der Lust. Sicher, ich musste die meisten Geschenke abgeben - aber ein paar habe ich behalten. Mir mangelte es an nichts, ich hatte alles und war versorgt. Die Novizinnen sollen wissen, dass sie als Mätresse eines hohen Herrn in gewissen Luxus umsorgt leben und beschützt werden. Auch dies möchte ich an meine Schäfchen vermitteln, dass sie ein Leben ohne Sorgen haben können, wenn sie sich gehorsam und demütig hingeben. Wenn sie das einmal begriffen haben, dann will keine mehr von ihnen zurück in ein finsteres Kloster zu harter Arbeit. Das ist meine Erfahrung, die ich bisher mit meiner Erziehung gemacht habe und deshalb ist es mein Ziel, ihnen dies alles zu vermitteln.«

Die Äbtissin stand auf. »Claire, ich sehe, es ist Mittag. Wir müssen ins Oratorium, den Gebetsraum, zum Mittagsgebet. Danach wechseln wir ins Refektorium und bekommen eine Suppe und Brot.«

*

Alle Schwestern und Novizinnen waren schon versammelt, als die Äbtissin mit Claire eintrat. Der Gebetsraum war ein kleiner schmuckloser Raum. An einer Seite stand lediglich altarähnlich ein schmaler Tisch mit einem Kruzifix und einige Betstühle.

Die Äbtissin trat vor die Schwestern und faltete die Hände: »Ich werde heute zur Mittagshore das Gebet der heiligen Nonne Mechthild von Magdeburg verlesen:

Herr aller Lebenden, gib, dass wir uns dir in Demut und Liebe überlassen.

Wir öffnen dir unser Herz und treten in eine bedingungslose Offenheit, unsere eigene Liebe zu erfahren und sie zu dir fließen zu lassen.

Ja, wir wollen diese Liebe leben – innen und außen.

Wir wollen diese tiefe Liebe geben und nehmen.

Herr, wir überlassen uns dir; mach mit uns, was dir gefällt.

Was du auch mit uns tun magst, wir danken dir.

Zu allem sind wir bereit, alles nehmen wir an, wenn nur dein Wille uns unsere Erfüllung gibt.

Unsere Seelen geben wir dir, Herr, mit der ganzen Liebe unseres Herzens, weil wir nach dir verlangen und weil diese Liebe uns treibt, uns dir hinzugeben, uns in deiner Umarmung wiederzufinden,

Denn du bist der Herr. Komm bitte, öffne unseren Leib für die Begegnung mit dir!

Herr, du bist die Sonne aller Leidenschaft, du bist die Erfüllung aller Begierde, du bist die Kraft aller Lust, du bist der Lehrer aller Liebe, du bist das Liebende in allem Leben, Amen.«

Claire musste während des Essens, das schweigend im Refektorium eingenommen wurde, an das Gebet der Äbtissin denken. Ihre

Gedanken kreisten um die einzelnen Sätze, an die sie sich erinnerte. Sie nahm sich vor, die Äbtissin zu bitten, ihr dieses Gebet aufzuschreiben.

Die Äbtissin hatte vorgeschlagen, dass Anna mit Sophia in das Lektorium, dem Studierzimmer, gehen sollte und sich von der Schwester dort zeigen lassen sollte, was die Schwestern alles machen. Auch dass es dort Kartenspiele gäbe, was Anna sehr erfreute.

Auf dem Weg zurück zum Äbtissinnentrakt sprach Claire: »Dein Gebet, Charlotte, war sehr ..., wie soll ich sagen, ausdrucksstark. Es gefiel mir außerordentlich.«

»Ja. Es ist explizit. Ausdrücklich und bestimmend. Das soll es auch sein. Es ist eines meiner Lieblingsgebete. Auch im Gebet kann man die Liebe und die Lust erwähnen, denn sie gehört im Leben allen und ist ein wichtiger Bestandteil.«

»Könntest du mir dieses Gebet aufschreiben?«

»Ja, gerne! Ich sehe, du magst solche einfühlsamen Sätze.«

»Ich gebe zu, ich bin nie sehr vertieft in Gebete. Mit Charles gehen wir etwa jeden Monat einmal in die Cathédrale Saint-Jean in Besançon. Daher kennen wir auch den Bischof de Beaupré. Charles unterstützt das Kranken-Hospiz in Besançon.«

»Oh, wie freut mich das zu hören. Ich kenne die Äbtissin, eine sehr fromme Frau. Claire! Ich habe eine Bitte. Wenn ihr, du oder dein Charles mit ihr zusammentrefft, dann erwähnt bitte nicht meinen Namen und mein Stift hier. Es ist dort unangebracht. Selbst der Bischof lässt dort nichts von dem Refugium hier verlauten. Nicht alle Menschen, auch in Kreisen der Geistlichkeit, haben Verständnis für meine Aufgabe.«

»Aber sicher, Charlotte. So viel ich weiß, hat Charles immer nur direkten Kontakt mit dem Bischof gehabt.«

Als Claire und die Äbtissin es sich nach dem Essen in deren Boudoir gemütlich gemacht hatten und ihnen ein Früchte-Tee von einer Schwester gebracht worden war, sagte die Äbtissin: »Claire. Was ich dir eben gesagt habe, ist mir sehr wichtig. Dieses Stift arbeitet im Stillen und dies soll auch so bleiben. Das Erleben einer freien Liebe und der Libertinage ist nichts für das gemeine Volk. Die sollen ihrem Tagewerk nachgehen und in ihren Familien ihre Kinder versorgen. Ich denke doch, so sieht es der Adel auch.«

»Selbstverständlich, Charlotte. Wir bemühen uns auch, dass das gemeine Volk nichts von unseren Lustbarkeiten mitbekommt und sind selbst bei der Auswahl unserer Bediensteten sehr wählerisch und halten sie sehr streng an eine Verschwiegenheit, wenn sie denn überhaupt etwas mitbekommen. Ich habe eine Hausdame, eine ältere, aber sehr kultivierte ehemalige Zofe eines Herzogs aufgenommen, die ein sehr großes Verständnis für meine Art der Ausbildung junger Mädchen aufbringt und mich tatkräftig bei der Erziehung unterstützt. Auch bei der Züchtigung. Sie ist sehr erfahren im Führen der Gerte. Sie hat bei dem verstorbenen Herzog sämtliches weibliches Dienstpersonal und auch seine Mätressen züchtigen müssen. Es ist natürlich für mich ohne Frage eine großartige Hilfe, eine solch verständnisvolle Frau im Haus zu haben. Sie ist zudem absolut verschwiegen. Wenn die Situation oder der hohe Herr nach einer Züchtigung verlangt, steht sie mir in aller Diskretion zur Seite, sodass nur wir beide eingebunden sind.«

»Das beruhigt mich, Claire.«

»Ich will es dir offen sagen: Ich erziehe eine einmal ausgewählte Luststute kompromisslos und entschieden. Bisher habe ich alle jungen Mädchen erfolgreich erziehen können. Nur dann können sie die außergewöhnlichen und extravaganten Wünschen der hohen Herrn bedienen. Sie werden von mir dazu erzogen, den Liebesakt im Mittelpunkt ihres Verlangens stehen werden. Dass es für sie nichts Schöneres gibt, als geliebt zu werden.«

»Oh, wie schön. Dies sind aber mehr als

galante Worte.«

»Charlotte, ich wollte dich nur wissen lassen, dass du mir vertrauen kannst und unsere beider Arbeit doch miteinander so sehr verwandt sind.«

»Ja. In der Tat. Das sind sie. Eine weise Feststellung. Und genau dies erfreut mein Herz. Finde ich doch in dir erstmalig jemanden Vertrauenswürdigen, mit dem ich persönlich über die Erziehung reden kann. Verwandt ist die Erziehung sicherlich, aber eben auch spezifisch anders. Meine ist natürlich streng eingebunden in ein klösterliches Leben und dem Glauben. Sag mir, Claire. Du weißt nicht viel über ein Leben im Kloster, nicht wahr?«

»Nein, du hast recht. Charlotte. Ich habe nie eine Berührung zu einem Kloster gehabt, deswegen ist dies alles hier neu für mich. Aber ich muss zugeben, es ist sehr interessant.«

»Claire! Wenn du mir beim Allmächtigen schwörst, dass du zu niemanden ein Wort unserer allzu fruchtbaren Konversation weitergibst, will ich dir mehr über das Leben hier in diesem Stift erzählen.«

»Charlotte. Selbstverständlich. Ich schwöre es bei dem Allmächtigen. Du kannst ganz auf mich bauen.«

Die Äbtissin stand auf und ging an das Fenster.

»Es regnet schon wieder. Schade. Wir hätten auch einen Spaziergang machen können. Aber andererseits sehe ich den Regen als ein Geschenk des Allmächtigen, der uns beide zusammen geführt hat.

Ich erkläre dir jetzt einige Besonderheiten des klösterlichen Lebens hier, die kein normaler Sterblicher je erfährt. In Epheser 5. 23-24 heißt es: *Aber wie die Gemeinde sich unterordnet dem Christus, so auch die Frauen den Männern in allem*. Eine Frau oder ein Mädchen, die in ein Kloster eintreten, verlassen sozusagen die Welt und schenken sich ganz Gott. Diese Hingabe wird bildhaft beschrieben und so sagt man von Nonnen eben, sie sind *Bräute Christi*. Dies ist ein ganz wichtiger Ausdruck. Was geschah denn in den letzten Jahrhunderten? Die Ehe der Geistlichen ward immer mehr bekämpft. Es entschlossen sich viele, mit ihren Schwestern in Christo eine *geistige* Ehe zu schließen, die den Genuss der Liebe nicht ausschloss. Rom akzeptiert dies, solange es nicht öffentlich kundgetan und keine rechtliche Ehe wird.

Was mache ich also hier? Der Weg in ein Kloster führt über eine Novizenzeit. Das Wort Novize leitet sich von dem lateinischen Wort novicus ab, was Neuling bedeutet. Die Novizenzeit ist ein Muss und wird vom katholischen

Kirchenrecht vorgeschrieben. Sie ist eine Zeit der Erprobung des Ordenlebens und des Kennenlernens. Sie dauert nach Kirchenrecht zwölf Monate. Hier ist das reine Noviziat etwa sechs Monate, da die Mädchen sehr speziell ausgesucht sind und auch schon einige Zeit in anderen Klöstern waren. In dieser Zeit lernen sie die Tagesabläufe, die sogenannten Stundengebete kennen, die hier im Gegensatz zu den normalen Klöstern nur drei am Tage sind. Die Laudes ist das Morgengebet, das bei Anbruch des Tages gebetet wird. Die Laudes loben und gedenken mit dem Symbol der aufgehenden Sonne an den auferstandenen Christus. Terz, Sext und Non fassen wir zusammen. Man betet sie meistens vor dem Mittagessen und nennt sie Mittagshore. Das, was du eben erlebt hast. Die sogenannte Vesper ist dann das zentrale Abendgebet. Sie lernen die Gartenarbeit im Kräuter- und Gemüsegarten kennen, die Wäscherei und eignen sich auch handwerkliche Fähigkeiten an - in der Küche, im Refektorium, im Lektorium zum studieren, nähen oder spielen. Und natürlich von Anbeginn an werden sie von mir in der Wundbehandlung und allgemeinen Medizin unterrichtet. In der Anfangszeit beginne ich schon mit der Erziehung der ganz jungen Novizinnen zur Förderung ihres Verlangens und der Lust. Ich zeige ihnen in den

Exerzitien auf, dass sie hier ihre unterschwellig verborgene Lust unter ganz strengen, von mir kontrollierten Vorbedingungen ausleben dürfen. Als Anerkennung, wenn sie brav waren oder sich mir in dem Gespräch bereitwillig geöffnet haben. Ja, und dies geschieht schon von Anbeginn mit einer gewissen Disziplinierung. Sollten sie sich einem offenen Gespräch gegenüber verbockt zeigen, so züchtige ich sie. Wenn ich ihre Ausbildung für soweit fortgeschritten halte, dass sie für die nächste Stufe der höheren Weihe bereit sind, dann legen sie das sogenannte Professgelübde ab. Zu diesem Gelübde führe ich sie, wenn ich die ersten Anzeichen eines größeren Verlangens in ihnen feststellen kann und sie auch schon willig und begierig lustvolle Orgasmen flehentlich herbeisehnten oder auch durch mich erlebten durften.

Als Profess bezeichnet man die festliche Ablegung des Gelübdes beim endgültigen Eintritt in den Orden. Das Wort Profess leitet sich vom lateinischen Wort professio ab, was Bekenntnis bedeutet. Beim Profess verspricht die Novizin in mündlicher und schriftlicher Form, dass sie ihr zukünftiges Leben dem Dienste an Gott und an dem Gehorsam zum Orden weiht. Eine wesentliche Rolle innerhalb des Ordenslebens, auf die die Profess Bezug nimmt, spielen die sogenannten Evangelischen Räte: Armut, Keuschheit und Gehorsam. Armut bedeutet, dass man nicht versucht, sich persönlich zu bereichern. Keuschheit heißt, dass man neben dem Orden nicht in eine Ehe eintritt. Gehorsam bedeutet, dass man bereit ist demütig und widerspruchslos den Anweisungen des Ordens und der Äbtissin Folge leistet. Der Profess, das Initiationsritual der einfachen Novizin zur Profess Novizin, erfolgt mit der Feier einer heiligen Messe und der Initiation hier in unserer Kapelle, also im liturgischen Rahmen. Das Ritual ist hier bei uns sehr aufwendig. Ich kann und darf dir nicht alles sagen. Die Profess-Urkunde der Kandidatin und ein Ring liegen auf dem Altar. Die Novizin wirft sich dabei vor dem Altar beim Chorgestühl flach auf den Boden und zeigt damit allen Anwesenden ihren Willen zu Demut und Gehorsam. Der Bischof liest ihr die Gehorsamspflicht unseres Ordens vor, er erklärt ihr, dass er nun die Gerichtsbarkeit über sie hat, von ihr bedingungslosen Gehorsam und Verschwiegenheit verlangt und sie bei Uneinsichtigkeit hart bestraft wird. Anschließend segnet er sie. *Der Herr behütet dich vor allem Bösen, er behütet dein Leben. Der Herr behütet deinen Ausgang und Eingang von nun an bis in Ewigkeit,* so heißt es im Psalm 121. Dieser Vers begleitet jede Novizin bei den Benediktinerinnen bis heute beim Ablegen des Gelübdes. Der Bischof hebt sie dann vom Boden auf und er und alle Schwestern geben ihr einen Willkommenskuss. Damit ist sie in der Kloster- und Ordensgemeinschaft aufgenommen.

An den Finger der zukünftigen Nonne wird ein Ring gesteckt, und aufs Haupt setzt man ihr einen Brautschleier. Eine ihrer Antworten, die sie geben muss lautet: *Ich liebe Christus, in dessen Bett ich eingestiegen bin*. Ich will es dir mit einfachen Worten erklären. Alle Sätze stehen sinnbildlich für die Vereinigung mit dem Leib Christi. Mit der Brautmystik, die ein wesentlicher Bestandteil der Erziehung am Beginn der Ausbildung ist, wird die Novizin von mir auf das Gelübde vorbereitet. Die *Braut Christi* Mystik schildert die *mystische* Vereinigung, die *unio mystica* der Braut Christi, als jungfräuliche Nonne mit ihrem Bräutigam, dem lieben Herrn Jesus.

Der Profess Novizin wird mit dieser zeremoniellen Initiation bewusst, dass sie mit ihrem Gelübde unwiderruflich kund getan hat, dass sie bereit ist, in Demut und Gehorsam als Braut Christi den Vertreter im Brautbett zu empfangen. Sie ist eine Braut Christi. Der Bischof ist Vertreter Christi auf Erden. Die Novizin ist sich also bewusst, dass sie vertretend durch das Glied des Bischofs oder eines entsprechenden geweihten

Vertreter des Glaubens, in Gehorsam den Heiligen Geist in ihrem Körper empfangen muss; dass sie in den Zustand der Erleuchtung, der *via illuminativa* versetzt wird, die schließlich in dem Einswerden mit Gott, der *unio mystica* endet. Die Einswerdung bringt ihr die Erleuchtung, eine Erkenntnis die nach dem Genuss verlangt, denn der Genuss ist das Endziel der Liebe. Der Bischof erklärt ihr, dass sie, als eine besondere und vom Herrn auserwählte Braut, von nun an den Genuss als Endziel der Liebe erleben darf und dass sie dabei ihre Keuschheit und ihre geistige Jungfernschaft nie verlieren wird, da der Liebesakt hoher geistiger Natur ist.

Anschließend geleiten ich und der Bischof sie hoch in das Boudoir zum Brautbett und der Bischof entjungfert sie und vollzieht mit ihr den Liebesakt.«

»Oh! Das ist wahrhaft ein schönes Ritual,« gestand Claire andächtig.

»Es ist eine besondere Initiation. Die Einführung einer Außenstehenden in eine Gemeinschaft und in einen anderen persönlichen Seins Zustand. Die Initiation folgt einem traditionellen Ritus, der ganz wichtig ist. Er setzt die Novizin in eine Trance des Verlangens. Sie weiß, was sie geloben wird, sie weiß, zu was sie sich hingeben muss. Sie weiß, dass sich ihr Leben von nun an ändern wird. Sie weiß auch, dass sie sich von nun an um ihre Zukunft keine Sorgen machen muss, da sie während der Erziehungszeit durch mich, zu dieser Erkenntnis geführt wurde.«

»Ist das richtig, was ich vermute, Charlotte? Sie weiß also den Satz im Gebet - ich habe ihn behalten - Herr, nun lass ich mich minnen, zu deuten?«

»Nicht nur zu deuten«, antwortete die Äbtissin energisch. »Der Satz bedeutet, Herr, nun lass ich mich begatten. Dies weiß sie und das gelobt sie. Sie weiß, sie ist die Braut Christi und hat sich dem Vertreter Christi hinzugeben, der die heilige Vereinigung mit ihr vollziehen wird. Die symbolischen Worte sind äußerst wichtig, denn sie machen es ihr einfacher, sie im Rahmen eines hochoffiziellen Rituals auszusprechen. Wenn der Bischof mit seiner erlösenden Stärke bereit ist, sage ich der Novizin: *Höre den Satz des französischer Abtes Bernhard von Clairvaux: Weil wir nun fleischlich sind und aus fleischlicher Begierde entstanden, so muss dein Verlangen und die Liebe beim Fleische anfangen*. Und im Moment der Entjungferung ist sie so sehr im Geist vereint mit dem Herrn, voller Verlangen nach der Lust, die ihr versprochen wird, dass sie den Schmerz nicht spürt. Sie ist eingetaucht in die Unio-Mystica, die mysteriöse Vereinigung zwischen dem Göttlichen und dem Weltlichen, symbolisiert durch die Vereinigung von Phallus und Vagina. Das Göttliche, der Akt der Anbetung, und der weltliche Akt, die Vereinigung, werden Eins.«

»Oh, wie schön. Wirklich einfühlend und rücksichtsvoll.«

»Ja, die eigentliche Entjungferung ist eine sehr einfühlende und ergreifende Zeremonie und lässt sie dann die Mystik des Liebesaktes erkennen.

Dazu gibt es überlieferte Beispiele. Die Nonne Theresia von Turin sagte, dass ihr als Braut Christi der Herr erschien mit Darreichung der Hand: *Hinfüro bin ich ganz dein und du ganz mein.* Nachdem sie von einem Priester entjungfert wurde, schrieb sie: *Ein Engel erschien, legte sich zu mir ins Brautbett und verwundete mich mit seinem glühenden Pfeil tief in meinem Leib. Der Schmerz war so süß, dass ich wünschte, er möchte nie aufhören.*

Der Nonne Rosa von Lime erschien nach dem Gelöbnis der schönste der Menschenkinder, der sich mit ihr am Palmsonntag in Gestalt eines Geistlichen im Brautbett mit den Worten vermählte: *Rosa, du Schatz meines Herzens, sollst meine Braut sein.* Die Mutter Jesu, die ihr erschien und während der Begattung zugegen war, sprach: *Siehe, was für eine große Ehre dir mein Sohn erweist.* Die heilige Rosa erzählte es so und das Kloster betete sie hernach als leibhaftige Braut Christi an.

Die ekstatische Erfahrung beim Liebesakt kann den Weg zu einer tiefen spirituellen Erfahrung eröffnen. Lassen wir beim Liebesakt diese Spiritualität zu und zeigen es der Novizin im Moment des Eindringens, kann die körperliche Vereinigung auch zu einem heiligen Moment, zu einem Sakrament werden. Dieses Sakrament, die Sichtbarmachung des unsichtbaren Gottes, erfährt die Novizin im Moment ihre Entjungferung.

Die Erziehung junger Novizinnen zu Liebesdienerinnen der Bischöfe und Kardinäle folgt einer uralten geheimen Konzeption und wird immer verfeinert. Ich bin in dieses Jahrhundert alte Wissen von der Priorin in Paris eingeweiht worden. Als mein Bischof erkannt hatte, dass ich mich für die Erziehung eigne, schickte er mich zur Vorbereitung auf dieses Stift nochmals einige Monate zu ihr in die Schulung. Ich habe jetzt leider nur sehr sporadischen brieflichen Kontakt mit ihr, auch können wir unsere Gedanken nur sehr vorsichtig und rücksichtsvoll formulieren, da man ja nie weiß, in wessen Hände die Briefe gelangen. Sie ist die einzige, die ich näher kenne, die es sich ähnlich wie wir beide zur Aufgabe gemacht hat, junge Mädchen zu Liebesdiensten für kultivierte Geistliche mit höchsten Ansprüchen zu erziehen. Ich hatte dir ja auch schon heute morgen von einigen Äbtissinnen in früheren Zeiten erzählt, die ganz in diese besondere Erziehung aufgegangen waren.

Ich will dich aber noch in ein weiteres Geheimnis der Symbolik einweihen. Eine mystische Symbolik, die bei der Erziehung hilft. Der Symbolik des Brautringes, den die Profess Novizin beim Gelöbnis auf den Finger gesteckt bekommt. Hast du schon einmal von der *sancta praeputia* gehört?«

»Sancta praeputia? Nein.«

»Bei dem sogenannten sanctum praeputium handelt es sich um einen jahrhundertelang verehrten, angeblich bei der Beschneidung des Knäbleins Jesus von Nazareth nach Lukas 2, 21 gewonnenen, als singuläre Herrenreliquie geltenden und entsprechend wundersam überlieferten Körperteil Jesu.«

»Ein Körperteil Jesu?«

»Du weißt sicherlich, dass bei den Juden ein junger Knabe beschnitten wird. Man beschneidet einen Teil der Vorhaut des Gliedes. So ist auch das Kind Jesu als Jude beschnitten worden. Auf wundersame Weise ist dieser Ring der Vorhaut als Reliquie in den Besitz der Königin von Byzanz gelangt und von ihr dem Kaiser Karl dem Großen geschenkt worden. Karl der Große höchstpersönlich soll sie den Mönchen der Abtei von Charroux bei Poitiers vermacht haben. Zu der in Charroux verehrten Reliquie, die sogar von Voltaire vor ein paar Jahren genannt wurde, pilgern seit Jahrhunderten vor allem Schwangere. Ihr wird eine günstige Wirkung auf den Verlauf der Geburt zugeschrieben. Die um 1350 geborene Nonne Katharina von Siena, gab dem Brautring eine neue symbolische Bedeutung, als sie ein mystisches Erlebnis hatte. Sie war eine italienische Mystikerin, Heilige und Kirchenlehrerin. Sie hatte großen Einfluss als Beraterin von Papst Gregor XI und folgte ihm nach Rom. Während einer Ekstase der heiligen Katharina, einem Orgasmus, soll ihr Jesus als Vermählungsring seine Vorhaut geschenkt und auf den Finger gezogen haben. Seither, so wie mich die Priorin von Paris in den geheimen Initiationsritus der Novizinnen eingewiesen hat, wird der zum Brautbett des Bischofs auserwählten Novizin beim Gelübde der Brautring symbolisch als der Ring vom Glied des Herrn aufgesteckt.«

»Mein Gott. Das wusste ich nicht.«

»Dies wissen nur Eingeweihte, die sich intensiv mit der Brautmystik beschäftigen. Hier in diesem Stift handle ich nach dem althergebrachten Ritus und erkläre es den Novizinnen beim Gelöbnis.«

»Und wie reagieren die Novizinnen, wenn sie sich der Bedeutung bewusst werden?«

»Sie sind stolz, diesen Ring empfangen zu dürfen und tragen ihn dann mit Ehrfurcht. Ich habe eine alte Federzeichnung auf Pergament, die ein pralles, steifes männliches Glied mit der Vorhaut zeigt und nach der Beschneidung. Dies zeige ich ihnen während einer der Exerzitien nach dem Gelöbnis und erkläre ihnen auch, dass sie von jetzt an dieses Glied in ihrem Innersten empfangen müssen. So bereite ich sie auf die weiteren Liebesakte vor. Mein Finger gibt ihnen dabei schon einen Vorgeschmack auf die Köstlichkeiten des Genusses, den sie erleben werden. Wenn sie das Gelübde ablegen, dann wissen sie um ihre zukünftigen Aufgaben und was von ihnen in Gehorsam verlangt wird. Der Ring soll ihnen täglich zeigen, dass sie einen Teil des Gliedes tragen und, dass sie verpflichtet sind, es in seiner ganzen Länge zu empfangen. Ich erziehe sie hier konsequent in Vorbereitung auf ihre Aufgabe. So wie du es vorhin unzweideutig und obszön formuliert hast, ihre zukünftige Aufgabe ist es, sich gehorsam und in Demut von einem hochstehenden Geistlichen zum Liebesakt führen zu lassen.«

»Ich staune immer wieder mehr über dich, Charlotte. Deine Art der Erziehung, so muss ich anerkennen, ist so viel tief greifender und mit welch einem Hintergrund! Da muss ich eingestehen, dass meine Erziehung einfacherer Art ist. Zwar mit dem gleichen Ziel, aber doch nicht so erklärend.«

»Claire! Das macht gar nichts. Du brauchst dich nicht zu verstecken. Auch deine Art Erziehung ist wertvoll. Dies habe ich dir schon gesagt. Sie ist vielleicht nicht so geistig, so erhaben. Das liegt eben daran, dass diese besondere Erziehung hier in einem Orden stattfindet. Aber auch deine Erziehungsmethode ist kultiviert, denn sie bringt den Mädchen höchstes Glück - und das willst du doch auch als erfahrene Erzieherin.«

Claire musste lächeln und ergriff Charlottes Hand. »Ich weiß gar nicht, wie ich dir danken soll. Du hast mir soviel offenbart, Zusammenhänge, von denen ich zuvor nie gehört habe und du hast es mir in einer wundervollen rücksichtsvollen Art und Weise gelehrt. Dafür danke ich dir. Ich denke auch, dass du es mit deiner hingebungsvollen Fürsorge und dem Hintergrund des Glaubens den Mädchen erleichterst, den ersten Schritt zur Frauwerdung in Lust zu erleben. Ist doch gerade die Entjungferung einer der wichtigsten Erlebnisse im Leben einer Frau.«

»Ja. Claire. Die Entjungferung ist das elementarste Ereignis. Sowohl physisch, als auch psychisch. Also körperlich und auch emotional. Physisch bahnt sich erstmalig ein hartes pralles

Glied mit Gewalt in den jungfräulichen Körper, mit mehr oder weniger Schmerzen und psychisch erlebt die Jungfrau zum ersten Mal die Einswerdung in Wollust, die durch den Liebesakt entsteht und ihr Empfindungen schenkt, die sie zuvor noch nie erleben konnte. Deswegen bereite ich meine Novizinnen in den Exerzitien umfassend vor. Die Entjungferung nach dem Gelöbnis kommt für sie nicht überraschend, sondern erwartet - und dieses macht es so einfach. Es besteht eine sehr große Temperament Verschiedenheit bei den Novizinnen; manche sind von einer Geilheit, für die man keine Worte findet und erwarten nicht sehnlicher als das Glied des Bischofs. Andere sind scheu, wie ein Reh, ängstlich, um das, was mit ihnen geschehen wird. Aber alle wollen die Braut Christi werden, das ist ihnen gemeinsam.«

»Wie schön sich das anhört.«

»Ja, es ist auch wunderschön zuzusehen. Ich weiß nicht, bei wie vielen Entjungferungen ich zugegen war, aber es war auch für mich jedes Mal ein emotionales, tief ergreifendes Erlebnis. Manches mal kam ich mir vor wie die Göttin Pertunda.«

»Pertunda?«

Die Äbtissin lachte laut. »Der Name stammt vom heiligen Augustinus. Der wurde 396 als

Nachfolger von Valerius Bischof von Hippo. Er hat mehr als 500 Predigten und Regeln hinterlassen. Durch ihre biblische Spiritualität, ihre Ausrichtung auf die Liebe und durch ihre von tiefer Menschenkenntnis und Diskretion geprägten Leitsätze haben die Regeln des Augustinus bis heute für viele Ordensgemeinschaften bleibende Bedeutung. Er lebte übrigens mit einer Frau zusammen und hatte einen Sohn. Der heilige Augustinus führte in langer Reihe die Gottheiten des damaligen Roms auf, die bei der Hochzeit den Vorsitz führen. Wenn ein Mädchen einem Manne versprochen wurde, führten die Matronen sie zum Gott Priapus und ließen die junge Braut sich auf das ungeheure Glied des Gottes setzen. Der Gott Subigus unterwarf das Mädchen nackt dem Entzücken des Gatten. Schließlich kam die Göttin Pertunda, was soviel wie die Durchbohrerin heißt, deren Aufgabe es war, so sagt Sankt Augustinus, dem Manne den Pfad der Wollust zu öffnen.«

»Das ist lustig. Die Durchbohrerin.«

»Ja, das ist es. Wie war das denn mit deiner Anna?«

»Oh, Charlotte. Ich muss gestehen, ich weiß es gar nicht. Ich war bei ihrer Entjungferung nicht dabei. Wir haben auch nie drüber geredet. Aber so wie ich meinen Schwager kenne, hat er nicht viel Federlesens gemacht. Wir können sie ja nachher fragen. Es würde mich auch interessieren.«

»Ja, das werden wir tun.«

»Sag mal, Charlotte, kommen die Novizinnen beim Gelübde schon zum Orgasmus?«

»Nein. Bei der reinen Entjungferung nach dem Gelöbnis in den seltensten Fällen. Aber das Professgelübde ist kein kurzer Festakt, sondern erstreckt sich über drei oder vier Tage, die der Bischof anwesend ist und die Braut Christi ihn während dieser Tage mehrmals empfangen muss. Offen gesagt, wenn sie zwei oder dreimal am Tag begattet wird und auch ich mit helfendem Fingerspitzengefühl beistehe, dann erreichen wir fast immer, dass sie auch den Orgasmus beim Liebesakt erleben kann.«

»Da ist wohl ein Unterschied in der Erziehung zwischen uns beiden zu erkennen«, warf Claire ein. »Bei mir beginnt die Erziehung mit der Entjungferung am ersten Tag. Abgesehen davon, dass Charles es außerordentlich zu schätzen weiß, ein unvorbereitetes junges Mädchen zu entjungfern, ist es für mich einfacher die Erziehung zu beginnen, da ihr nun bewusst ist, was ihre Aufgabe sein wird. Dann kann die eigentliche Erziehung beginnen, die eben auch eine gewisse Strenge benötigt, da es in dieser Anfangszeit für die Mädchen nicht immer leicht ist, die Vorteile der Fügsamkeit zu erkennen.«

»Sehr gut formuliert. Gefällt mir. Ja, das ist sicherlich ein Unterschied unserer Ausführung von Erziehung. Aber ich sage dir, Claire, dies ist marginal. Mir macht es unser Glauben einfacher zum Ziel zu kommen, daher halte ich es auch so. Du hast da vielleicht sogar eine schwierigere Aufgabe. Aber ich möchte, dass du weißt, dass ich vollstes Verständnis für deine Art und Weise der strengen Erziehung habe. Gerade der Erziehungsphase nach der Entjungferung kommt doch die höchste Bedeutung zu - und dazu bedarf es natürlich auch, dass sie so oft wie möglich den Liebesakt genießen können, um zu den höchsten Empfindungen zu gelangen. Mit der fürsorglichen Begleitung durch eine erfahrene Frau, beginnt dann erst die wahre Ausbildung zur hohen Kunst des Liebesspiels, welches sie beherrschen müssen. Sich deliziös, delikat, köstlich, exzellent, erlesen, appetitanregend, leidenschaftlich und begierig mit ihrem Körper und ihrer Fertigkeit einem anspruchsvollen Mann hingeben zu können, das ist doch das Ziel der Erziehung.«

»Wunderbare Worte, Charlotte. Ich liebe sie. Junge Luststuten müssen glühend, glutvoll, inbrünstig, leidenschaftlich, gar flehentlich und sehnlich das harte machtvolle Glied ihres Herrn empfangen.«

»Ja, Claire. Du weißt, genau wie ich, die Worte der Lust zu schätzen. Ja, so ist das Ziel unserer Erziehung zu beschreiben. Wunderbar. Ich verrate dir ein Geheimnis. Es gibt ein neueres verbotenes Buch, dass sich unter anderem mit der sinnlichen Erziehung beschäftigt. Es ist von La Mettrie und heißt: *Die Kunst, Wollust zu empfinden*. Julien Offray de la Mettrie war niedergelassener Arzt in St.Malo. Er ging 1742 nach Paris und wurde Militärarzt bei den königlichen Garden. Ich habe ihn während meines Medizin Studiums kennengelernt. Neben Vorlesungen an der Universität, war er philosophischer Autor und verwickelte sich in mehrere literarische Streitigkeiten. 1751 erschien unter dem Titel *L'art de jouir,* Die Kunst des Genießens seine Schrift *La Volupte,* Die Wollust. Das Buch wurde sofort verboten und alle Exemplare konfisziert. Der Bischof hatte eines erhalten und es mir überlassen. Hochinteressant. La Mettrie wird als materialistischer und atheistischer Philosoph zwar vom offiziellen Klerus und staatlicher Zensur verfolgt, genießt aber in aufklärerischen Kreisen hohes Ansehen. Er musste sogar vor der Verhaftung nach Holland fliehen, weil er auch den Glauben und dessen Feindlichkeit zur Lust kritisierte.

Er schrieb: *Die bestehende Kultur steht wahrer Wollust ebenso feindselig gegenüber wie der Vernunft. Wollust ist eine wahrhaftige Ekstase die nur der Wollüstige, nicht der Wüstling erleben kann.*

Damit meint er, dass es einen großen Unterschied gibt zwischen dem gebildeten Wollüstigen, der den Genuss in zivilisierter Art auf höchstem Niveau auskosten will, oder dem ungebildeten Wüstling, der in primitiver, verletzender Art und Weise seine Lust zu befriedigen sucht.

Das Glück des Menschen ruht auf dem Lustgefühl, schreibt Mettrie. *Da wir nur Körper sind, so sind konsequenterweise auch die höchsten geistigen Genüsse ihrer Substanz nach körperliche Lust, aber dem Werte nach sind die Lustempfindungen sehr verschieden. Das sinnliche Vergnügen ist intensiv aber kurz, das Glück, welches aus harmonischer Stimmung unseres ganzen Wesens fließt, ruhig aber dauernd. Dieselbe Einheit in der Mannigfaltigkeit, welche in der ganzen Natur herrscht, findet sich also auch auf diesem Gebiete, und jede Art der Lust und des Glückes muss daher als prinzipiell gleichberechtigt anerkannt werden, wiewohl edlen und gebildeten Naturen andere Sinnes und Lust-Freuden zukommen und zustehen, als dem niedrigen und gemeinen Volk.*

Er sagte ganz offen: Der Gebildete genießt ein höheres Glück als der Unwissende. Diese Haltung wiederum gefiel dem Bischof und er meinte sogar, dass man de la Mettrie's Werk gesamtheitlich hätte prüfen müssen.«

»Oh, Charlotte,« warf Claire ein, »das ist alles schwer zu verstehen. Ich gebe es zu.«

»Ja, Claire. Mettrie schreibt das alles sehr philosophisch hochstehend, aber es ist leicht zu begreifen. Wenn er sagt: *Die Lust des Wüstlings ist von minderer Qualität als die des Wollüstigen;* so könnte man einfach sagen, sie ist nicht Wohl-Lust, sondern Wüst-Lust. Der Wüstling ist ihr rücksichtslos verfallen. Seine Begierde, die einer übersteigerten Phantasie entspringt, ist nicht zu befriedigen. Der gebildete Wollüstige hingegen ist in seiner Fähigkeit zum Lusterleben seelisch unversehrt und erlangt daher immer seine Befriedigung. De la Mettrie vertritt hier klar die Meinung, dass der gebildete Mensch ein Recht darauf hat, den Liebesakt in einer Atmosphäre der hohen Kultur mit im Liebesspiel wohl ausgebildeten und mit besonders anmutigen jungen Liebesdienerinnen zu vollziehen. Er befasste sich auch mit der Ausbildung, der Erziehung. Er ordnet ausdrücklich der Erziehung die höchste Bedeutung für die hohe Gesellschaft zu, und zwar in zwei Stufen. Zunächst dient die Erziehung, wie ich schon erwähnte, zur Verbesserung des Verlangens und der Liebeskunst der jungen Frauen. Sodann aber schreibt La Mettrie auch der hohen Gesellschaft das Recht zu, um des Gesamtwohls willen, die Erziehung der jungen Frauen so zu intensivieren, sogar unter persönlichen Opfern, damit sie in der Kunst der Befriedigung hoher Ansprüche, einen Dienst für die Gesellschaft leisten können.

Hier haben wir auch den ersten Grund der Wichtigkeit unserer Erziehung, Claire. Zwar ist die natürliche Orientierung der Novizinnen die erste und wichtigste Quelle ihres Glücks, aber die Erziehung zur hohen Liebeskunst ist die zweite, ebenfalls höchst wichtige. Insbesondere würdigte Mettrie eine kultivierte Erziehung junger Frauen und Mädchen zur Wollust. Er sagte, *Ihre Triebe werden ihnen, wenn sie gefördert und ausgebildet sind, weisere Führer sein als die Vernunft, sodass sie nur dem sanften Drang der Natur folgen werden – und dieser kann, da man ihm nicht zu widerstehen vermag, gar nicht bösartig sein.*

La Mettrie wusste ja um die geheime Libertinage der hohen Geistlichkeit und der Angehörigen des königlichen Hofes in Paris. Er wusste auch aus eigener Erfahrung, da er ein sehr ausschweifendes Lebens führte und an etlichen Soirées der galanten Art teilnahm, dass die Wollust der gebildeten Herrschaft nur durch sorgsam ausgebildete jungen Frauen befriedigt werden kann.«

»Dann ist dies ja alles eine Bestätigung unserer Erziehungstätigkeit. Ich bin sehr erstaunt, dass sich solch weise Männer mit diesem Thema befassen.«

»Ja. Es ist eine Bestätigung. Aber es hat schon immer weise Männer gegeben, die über die Erziehung zu Liebesdiensten und deren Wichtigkeit für die Gesellschaft philosophiert haben. Auch über die Wichtigkeit der Züchtigung bei der Erziehung junger Mädchen. Es gibt immer wieder Novizinnen, die, zurückhaltend ausgedrückt, das Wohl ihrer Erziehung nicht sofort erkennen wollen. Da muss natürlich die strenge Erziehung verbunden mit einer maßvollen Züchtigung eingreifen. In der Bibel im Hebräer 12,7 steht: *Die Unterweisung muss jedoch mit Zucht in Form von Züchtigung verbunden sein. Züchtigung ist nicht immer leicht zu ertragen, aber wenn man sie annimmt, trägt sie eine friedsame Frucht ein, nämlich Glückseligkeit.* König Salomo schrieb unter göttlicher Inspiration: *Wer seine Rute zurückhält, hasst seinen Sohn und seine Tochter, wer sie aber liebt, der sucht sie sicherlich heim mit Züchtigung.* In Bezug auf Bestrafung heißt es in Sprüche 29:15: *Die Rute und Zurechtweisung sind das, was Weisheit gibt.* Und Paulus sagte: *Wenn du sie belehrst und unterweisest und über sie befindest, so züchtige sie durch Schläge. Es ist also eine Übung, die lehrt. Eine Übung also ist die Züchtigung, welche den Körper stark macht.*«

»Fahr nur fort, Charlotte,« meinte Claire lächelnd, als die Äbtissin eine Pause einlegte, »Ich lausche gebannt deinen Worten. Sie sind ein solches Labsal der Freude, dass ich es gar nicht anders ausdrücken kann. Dies ist ein Thema, was mir außerordentlich gefällt. Erzähl nur weiter, Charlotte.«

»Magst du über dieses Thema reden? Der Bischof hat mir so eine Andeutung gemacht, dass du einer disziplinierenden Erziehung sehr aufgeschlossen gegenüber stehst.«

»Charlotte, liebste Äbtissin. Es freut mich, dass du dieses Thema so offen aussprichst. Wir fordern doch Gehorsam und Ungehorsam muss bestraft werden. Maßvoll, aber konsequent. Ich halte die Züchtigung für ein außerordentlich wichtiges Erziehungsmittel.«

»Da bin ich jetzt glücklich, dies von dir zu hören. Der maßvolle, aber konsequente Einsatz der Züchtigung ist für uns Pädagoginnen sehr hilfreich.«

»Nicht nur hilfreich, Charlotte. Die regelmäßige Züchtigung ist absolut notwendig.«

»Lass dich küssen, Claire. Ja, so denke ich auch. Ich wollte es nicht so drastisch ausdrücken.«

»Es ist nicht drastisch. Es ist bei so jungen

Mädchen notwendig. Ich bin dir ja so dankbar, dass du es offen ansprichst. Es interessiert mich ungemein, wie du darüber denkst.«

»Es freut mich, dass dich das so interessiert. Beginnen wir aber mit den Begriffen *Züchtigung* und *züchtigen*. Das Substantiv wurde von dem griechischen *paideia* übersetzt und das Verb von dem griechischen *paideuo*. Daher stammt der Begriff Pädagogik, der soviel wie *Unterrichtung* oder *Schulung*, bedeutet. Im griechischen kommen wir der eigentlichen Bedeutung noch näher: *Erziehung, paideuo* bedeutet Schulung durch disziplinierende Zurechtweisung. Ein Mädchen zu erziehen, heißt, sie zu unterrichten und durch Züchtigung zu disziplinieren. Pädagogik ist also Schulung durch Züchtigung. Timotheus sagte, *... damit die jungen Frauen durch Züchtigung gelehrt werden, sich nicht zu verweigern,* er meinte damit, dass sich zeigt, dass die Züchtigung bis ins Innerste dringen und bewirken kann, dass sich die Gezüchtigte bessert. In den Sprüchen 26:3 heißt es: *... so dient die Rute zur Züchtigung der Uneinsichtigen und sie muss schmerzhaft sein.*

Die Züchtigung mit der Rute auf den entblößten Po muss kurzzeitig schmerzhaft sein und die Entblößung soll auch der Beschämung dienen. Das ist zum einen die Konsequenz der strengen Erziehung, um die jungen Novizinnen auf den rechten Weg der

Erkenntnis zu bringen.«

»Der rechte Weg der Erkenntnis. Charlotte, ich bewundere dich. Ach, wie liebe ich dieses Thema.«

»Bin ich froh, dass du so denkst, Claire. Gibt es mir doch Mut, dir das eigentlich Wichtige zu offenbaren. Ich deute es jetzt mal vorsichtig an: Die schmerzhafte Züchtigung hat natürlich auch noch eine andere wichtige Aufgabe. Die schmerzhaften Empfindungen sollen dabei nach und nach schließlich in reine Wollustgefühle übergehen.«

»Charlotte. Ja. Danke dir, dass du es so offen andeutest. Ich weiß, das ist sehr pikant, aber auch ich bin der Überzeugung, dass die Züchtigung der Erziehung zur Lust förderlich ist.«

»Da bin ich wirklich erleichtert, dass du so denkst. Es ist sehr pikant, aber eigentlich ist es das Hauptanliegen der Züchtigung. Ich kann dir gar nicht sagen, wie sehr es mich erregt, mit dir darüber reden zu können. Dieses Thema ist nicht nur pikant. Es ist, ich glaube für viele, obszön, unanständig, gar vulgär, aber für den Wissenden ist es eine Delikatesse, eine Köstlichkeit. Das Anerziehen der Wollust durch Züchtigung ist ein Hochgenuss und das zweite wichtige Ziel unserer Erziehung, nicht wahr, Claire?«

»Oh, Charlotte. Du sprichst mir aus der Seele. Deine Aussage lässt mir das Blut in den Kopf schießen. Es begeistert mich. Ja, es ist ein Hochgenuss und das eigentliche Ziel der Erziehung zu einer Luststute. Ich denke, da wir sind uns einig. Dass es ein ausgeprägtes Verlangen unserer hohen Herrn ist, die Mädchen zur Wollust zu züchtigen, damit sie ihrerseits ihre Wollust an ihnen befriedigen können, ist mir mehr als bewusst.«

»Ja, Claire. Ich war nicht sicher, ob ich es so andeuten konnte. Die Züchtigung ist nicht nur ein disziplinierendes Mittel, sondern richtig angewendet, fördert es die Wollust, die wir einfordern. Ja, Claire. Es klingt obszön und es ist obszön. Aber das ist der Hauptbestandteil meiner Erziehung hier. Die Mädchen lernen, dass die Peitsche die intensiven Lustgefühle erweitert.

»Oh, Charlotte. Ich bin so froh, dass du das sagst. Es ist so wundervoll obszön. Ich sage immer zu Charles, wir erziehen sie mit der Gerte, damit es für sie nichts Schöneres auf der Welt gibt, als gezüchtigt und gefickt zu werden.

»Das sind offene Worte, die ich liebe. Ja, Claire, du hast vollkommen recht mit deinen einfachen Worten, Wir erziehen sie dazu, Züchtigung und Lust zu vereinen. Genauso ist es. Beides hängt nun mal eng zusammen und erzeugt die höchsten Lustgefühle. Diese Erziehung dahin ist diffizil und delikat. Sowohl für mich als Erziehende, als auch für ein junges unerfahrenes Mädchen. Diffizil, also beschwerlich, ist es, sie zu der Erkenntnis zu erziehen, dass der Lustschmerz der Rute ihr die schönsten Momente des Glücksgefühls schenken kann und delikat, weil ich ihr auf den Weg dahin immer aufzeigen und erleben lassen muss, welche höchste Lust im Körper entstehen kann. Ich liebe die Delikatesse, ihnen die Wollust zu schenken. Diese geschlossene Welt hier im Stift und der Orden und seine Glaubenslehre sind dabei für mich eine großartige Hilfe, die, so glaube ich, die Erziehung recht einfach machen. Ich weiß, wie sehr auch unsere hohe Geistlichkeit es schätzt, einen anmutigen jungen Po zu striemen und Lust zu erzeugen. Beim Ablegen des Gelübdes lernt die Novizin hier schnell, dass der Bischof ihr mit der Rute aufzeigt, wie er den Gehorsam der Braut Christi im Brautbett erwartet.«

»Direkt nach dem Ablegen des Gelübdes?«

»Nein, nach dem Gelöbnis wird sie erst entjungfert. Das ist die eigentliche Initiation. Aber ich sage es dir im Vertrauen. Sie muss ja während der festlichen Tage mehrmals dienen. Es ist äußerst wichtig, dass sie in diesen festlichen Tagen mehrmals den Herrn empfängt, um nach und nach den Genuss zu erlernen.«

»Ja, so sehe ich es auch. In der ersten Woche

nach der Entjungferung muss eine junge Stute ausdauernd und mehrmals zugeritten werden, nur so erlernt sie die Lust.«

»Zureiten! Ein wahres Wort. Das stimmt, Claire. Der Terminus *Zureiten* ist wirklich vortrefflich und so außerordentlich deliziös.«

Claire kicherte: »Ja. Ich mag das Wort zehnmal lieber als Ficken. Drückt es doch auch die Zucht dabei aus.«

»Oh, Claire. Wie recht du hast. Jetzt wird es mir noch mehr bewusst. Ja, es ist wundervoll. Wird ein junges Mädchen durch einen Reiter mit der Peitsche in der Hand zugeritten, ist es Zucht auf höchstem Niveau.«

»Ach, ist das schön, zu hören!«

»Ja, das dachte ich mir, das dir dieser Satz gefällt«, schmunzelte die Äbtissin.

»Ja«, warf Claire lebhaft ein: »Wie beim richtigen Zureiten einer Stute, verhindert die Peitsche bei einem jungen Mädchen das Ausscheren!

»Das Ausscheren. Welch bildhafte Sprache. Ich bin entzückt. Auch wir verhindern bei der Erziehung damit ein Ausscheren. Erst recht, wenn die eigentliche Ausbildung nach dem Gelöbnis beginnt.«

»Ich stelle es mir lebhaft vor, Charlotte. Ich würde so gerne bei einem Gelübde dabei sein.«

»Tja, Claire. Da muss ich dich leider enttäuschen. Dies ist nicht möglich. Das Gelöbnis, wie wir es hier handhaben, verbunden mit der Initiation einer Nonne ist ein sehr geheimes Ritual. Ich sage dir, ich habe dir spontan zugesagt, euch mit dem Bischof zu besuchen, aber ich sehe da doch ein großes Problem. Meine Novizinnen dürfen ausnahmslos nur von durch das Priesteramt geweihte hohe Herrn beschlafen werden. Sie geben sich symbolisch als Braut Christi dem Herrn hin und nur die Priester sind die Vertreter des Herrn.«

Claire sprang auf. Aufgeregt sprach sie: »Charlotte. Ich habe es noch nicht erwähnt, aber Charles war als Junge in ein Kloster gekommen. Er war dort bis zu seinem zwanzigsten Lebensjahr, er war sogar Prior geworden, bis seine zwei älteren Brüder und sein Vater im Kriege starben und er zurück durfte, um das elterliche Gut und die Ländereien zu verwalten.«

»Mein Gott, Claire! Prior, sagst du? Dann muss er ja die priesterlichen Weihen empfangen haben.«

»Ja. Da bin ich sicher. Wir haben darüber nie ausführlich gesprochen. Der Schmerz für ihn war damals sehr groß.«

»Dann hat er wohl den offiziellen Dispens erhalten. Aber da die Priesterweihe unabänderliche Gültigkeit hat, ist dein Charles ein

Geweihter. Das ist ja phantastisch. Damit entlässt du mich aus meinen Bedenken, die ich hatte. Das ist mehr als erfreulich. Dann könnten wir eine Soirée der höchsten geistigen Kultur genießen. Claire, ich bin entzückt. Dann könnte ich eine Novizin mitbringen, die sich deinem Charles hingeben darf. Anna muss sich natürlich dem Bischof hingeben.«

»Ganz sicher, Charlotte. Anna wird sehr gehorsam sein und ich denke, dass es sie sogar sehr erfreuen wird, von einem Bischof persönlich gezüchtigt und zugeritten zu werden.«

»Claire, was sagst du da so offen! Lass mich dir einen Kuss geben. Ist das nicht wunderschön, dass wir beide uns so gut verstehen. Wie heißt es bei Jakobus 1:17,: *Die Sprache ist ein Geschenk von Jehova, von dem jede gute Gabe und jedes vollkommene Geschenk kommt.* Die Fähigkeit, sich verständlich auszudrücken, macht uns Menschen im Vergleich zum Tier zu etwas ganz Besonderem. Wir können mit unseren Worten nicht nur Gedanken, sondern auch Gefühle ausdrücken. Claire, ich bin so dankbar. Allein der Gedanke, dass der Bischof deine schöne Anna züchtigen und begatten soll, lässt in mir Gefühle der Erregung entstehen und ich möchte, dass du es weißt. Ich gönne es ihm von ganzem Herzen. Nur ein Mann, welcher den spirituellen christlichen Geist in sich trägt, ist fähig, die ganz besondere Handschrift zu besitzen, die er zur Disziplinierung eines jungen Mädchens benötigt. Nur dann kann er ihr seine ganze göttlich wahre Liebe beweisen, mit deren Hilfe er sie von ihrem sündigen Dasein reinwaschen kann. Und dein Charles, von solch hohem adligen Stande - und als ehemaliger Prior gehört sicherlich zu dem erlauchten Kreis der edlen Gebildeten und Wissenden, die sich so sehr vom gemeinen Volk unterscheiden. Ein Kreis, der ihnen das Recht gibt, ihre kultivierte Wollust mit Niveau und Anstand ausleben zu dürfen. Wie heißt es im lateinischen: *Quod licet Iovi, non licet bovi, Was dem Jupiter erlaubt ist, ist dem Ochsen nicht erlaubt.* Oder einfach ausgedrückt, was dem Gebildeten erlaubt, ist dem Unwissenden verwehrt. Das ist unser kleines gemeinsames Geheimnis, das bewahrt werden muss, Claire. Das keinem Unwissenden je zu Ohren kommen soll.«

»Ja, das schwöre ich dir, Charlotte.«

»Ach, ich stelle es mir schon lebhaft vor. Dein Charles züchtigt meine Sophia und der Bischof deine Anna ...«

»... und wir beide werden uns lustvoll an dieser Delikatesse ergötzen. Nicht wahr?«

»Ja, Claire. Wir beide werden uns an dieser edlen und würdevollen Darbietung von Disziplin und Genuss entzücken. Komm mit mir. Ich möchte dir etwas zeigen.«

*

Die Äbtissin stand auf und nahm Claire bei der Hand. Beide gingen sie gemeinsam in das Boudoir des Bischofs. Aus der verschlossenen Schublade einer Kommode entnahm sie ein Buch und reichte es Claire.

»Ich glaube, ich habe gestern Abend das Buch *Thérèse philosophe* erwähnt, das 1748 vom Marquis d'Argens verfasst worden ist und seit dem strikt verboten und von der Glaubenskongregation auf den Index gesetzt worden ist.

In diesen Geschichten wird erstmals der Zusammenhang zwischen der Züchtigung und dem sogenannten *Liquor genitalis* hergestellt, der analog zum männlichen Samen, von der Frau beim Orgasmus ausgestoßen wird und zu mehr Verlangen und schließlich zur geschätzten Nymphomanie, dem starken Verlangen nach Begattung, führt. Das Buch zeigt, dass durch die Züchtigung, junge Frauen schneller zur gewünschten Lust erzogen werden können.«

»Oh. Das ist aber ein außergewöhnliches Buch.«

»Ich gebe es dir, Claire, im Vertrauen darauf, das du es niemanden gegenüber erwähnst und mir zurückgibst.«

»Das verspreche ich dir hoch und heilig.«

»In einer der Geschichten verführt der Jesuitenpater Jean-Baptiste Girard die Bürgertochter Marie-Catherine Cadière im Beichtstuhl zum Begattungsakt. Durch eine Türöffnung beobachtet die junge Thérèse, wie der Jesuit sein ohnehin zu religiöser Trance neigendes Beichtkind unter dem Vorwand der Buße durch Züchtigung ihres nackten Hinterns in einen Zustand der Ekstase versetzt und ihr dann eine spirituelle Durchdringung ankündigt. Er täuscht das Mädchen, indem er ihr einredet, was sie erlebe, geschehe durch die Berührung mit einer Reliquie, nämlich dem Rest einer Kordel des Heiligen Franziskus. In Wahrheit ist es sein Glied, dass er einführt.

An einer späteren Stelle des Romans erläuterte der Autor, wie der Coitus interruptus vollzogen werden sollte: *Schon will das göttliche Elixier fließen – in diesem Augenblick zieht der weise Liebhaber, der seine Leidenschaft zu beherrschen versteht, den Vogel aus dem Nest heraus, und seine Hand oder die seiner Geliebten bringt durch eine leichte Bewegung die Ejakulation zustande oder er ergießt sich in ihren Hintern. Auf diese Weise sind keine Kinder zu befürchten.* Schließlich schilderte er auch, wie der Abbé mit seinen Fingern die Marie-Catherine zum Orgasmus masturbiert.«

»Mein Gott. Das ist ja sehr galant, fast obszön.«

»Es ist obszön. Der Autor von *Thérèse philosophe,* der Marquis d'Argens war lange Jahre in einem Kloster, bevor er zum Militär wechselte. Es ist anzunehmen, dass er das uralte Geißelung- und Züchtigungsritual *Confiteor* kannte.«

»Confiteor?«

»Das ist das Eingeständnis der persönlichen Schuld und es enthält die Bitte um Vergebung durch eine Züchtigung. Ein Ritual, das auch wir hier in diesem Stift praktizieren. Dieses alte Ritual vollzieht der Bischof am folgenden Tag, nachdem er die Novizin das erste Mal als Braut Christi begattet hat.

Die Braut muss sich vollkommen unbekleidet auf den Beichtstuhl niederknien. Dann betet sie dreimal das *Confiteor,* das Schuldbekenntnis. Während der ersten beiden Gebete antwortet der Bischof mit *Miseratur tui* und schlägt dreimal mit der Rute auf das nackte Gesäß. Beim dritten Mal spricht er das *Indulgentiam,* die Kurzformel der priesterlichen Absolution und abschließend das *Absolve Domine,* das ewige Licht wird auf dir leuchten. Danach folgen noch einmal drei Rutenhiebe.«

»Ach, ist das ein wunderschöner Ritus«, entfuhr es Claire in ihrer Begeisterung.

»Ja, die Rutenhiebe leuchten dann rot. Danach

fühlt er, inwieweit die Delinquentin durch ihre Erregung feucht geworden ist und mit ein paar weiteren Hieben und der Masturbation mit seinem Finger, bereitet er sie zum Eindringen des Gliedes vor. Es vollzieht nur einen Coitus Interruptus, um anschließend in ihren Anus den Heiligen Geist zu ergießen.«

»Ich bin ganz beeindruckt, Charlotte. Es klingt so ergreifend.«

»Es ist eine erhabene Handlung, die die ganze geistige Dimension des Liebesaktes sichtbar werden lässt.«

»Du bist dabei?«

»Beim Ritual des *Confiteor* immer. Meistens halte ich die Hände der Braut und spreche ihr Mut zu.«

»Mein Gott, wie rücksichtsvoll.«

»Es ist doch unsere Aufgabe, bei einer schweren Prüfung, Beistand zu leisten.«

*

Die Äbtissin steuerte auf einen hohen dunkelbraunen Schrank zu, der an der rechten Wand stand. Sie öffnete die beiden schweren Eichentüren und forderte Claire auf, hineinzuschauen. Der Schrank war gefüllt mit edler Männerkleidung. Aber an den Innenseiten der Schranktüren hingen auf beiden Seiten an Haken Unmengen

Peitschen und Stöcke und entlockten Claire einen Ausruf des Erstaunens.

»Ja, sieh nur, Claire. Wir sind gut ausgestattet.«

»Oh ja! Ich staune. Wie wunderbar. Das freut mich zu sehen.«

»Ja, du sollst es sehen,« erwiderte die Äbtissin, während sie eine von drei kurzen Peitschen von dem Haken nahm. »Dies ist eine Martinet. Die Martinet, diese kleine mehrriemige Peitsche, die in Frankreich traditionell vor allem zur körperlichen Züchtigung in der Erziehung von Ehefrauen und der Töchter benutzt wird, ist mein Lieblings Erziehungsinstrument. Hier hängen immer drei Stück. Eine weitere habe ich in meinem Schlafgemach. Meine Martinets bestehen aus einem Buchen-Holzstiel, der einen dickeren Durchmesser im Griffbereich zur besseren Handhabung aufweist. Sie sind handgemacht. Sieh nur Claire, wie gut sie in der Hand liegen« und sie reichte ihr die Peitsche.

Claire ließ die Peitsche ein paar mal durch die Lust sausen und reichte sie dann der Äbtissin zurück.

»Sie sieht sehr klein aus,« fuhr die Äbtissin fort, »aber die achtzehn bis zwanzig dünnen armlangen Lederriemen ermöglichen trotzdem eine wirkungsvolle Züchtigung. Trifft die Martinet auf Bekleidung, lässt die Schmerz- und

Strafwirkung stark nach. Im Gegensatz zum Rutenstock oder zur Reitgerte hat das Martinet den Vorteil, dass beim Schlagen die Haut nicht blutunterlaufen wird oder gar aufplatzt und es somit nicht zu äußerlichen Verletzungen kommen kann. Das Martinet bewirkt zwar auch eine Rötung der getroffenen Hautfläche, die aber sehr schnell verschwindet und keine körperlichen Schäden hinterlässt.«

»Ja, das weiß ich. Ich habe davon gehört, von diesen kurzen Peitschen. Wir haben auch einige Peitschen, aber die haben wesentliche längere Lederriemen. Ich benutze sie auch ganz gerne, weil man doch auch mal schärfer schlagen kann, ohne dass es zu Verletzungen kommt.«

»Ja, das ist mir ganz wichtig. Die schönen anmutigen Popos sollen ja nicht verunstaltet werden. Außerdem ist die Martinet so praktisch und leicht zu handhaben. Selbst wenn die Delinquentin mit ihrem nackten Popo über meinen Knien liegt, können die kurzen Schläge sehr schmerzhaft sein. Ich liebe die Martinet, es ist mein Lieblingsinstrument zur Lusterziehung. Pädagogik ist wie Medizin, sie muss bitter schmecken, damit sie wirkt. Damit befinde ich mich vollständig auf der Linie der pädagogisch fürsorglichen Züchtigung.«

»Das ist so köstlich und fesselnd, wie du das

ausdrückst, Charlotte«, ein Lächeln zog sich über Claires Gesicht, »Wirklich sehr fürsorglich. Ein kurzer scharf brennender Schmerz kann das glühende Verlangen entflammen.«

Die Äbtissin zog Claire zur Seite und zeigte ihr einen Gebetsstuhl, der rechts neben dem Schrank vor einem Wandbild mit der Mutter Maria stand. »Sieh, dieser Gebetsstuhl hier, mit der rot gepolsterten Leiste unten zum Knien und der ebenfalls dick gepolsterten oberen Stützfläche wird nicht nur zur Andacht, sondern auch bei der Bestrafung kleinerer Vergehen mit der Martinet benutzt. Einen solchen Gebetsstuhl habe ich auch in meinem Schlafgemach und während der Exerzitien lasse ich die Novizin, je nach Verhalten, hinknien und sie erhält eine Züchtigung.«

»Da nimmst du immer die Martinet?«, fragte Claire.

»Ja. Wie gesagt - bei kleineren Vergehen.«

»Charles und ich bevorzugen immer die Reitgerte. Sicherlich auch eine Hommage an die Liebe zu unseren Pferden«, Claire lachte und fügte hinzu:, »Ja, auch Ausdruck unserer Liebe zu jungen Stuten. Den größten Vorteil der Gerte sehe ich in der Möglichkeit der diskreten Anwendung. Beim Auftreffen des Hiebes auf den Po erzeugt dieses Instrument nämlich nur geringe Klatschgeräusche bei maximaler Wirkung. Egal ob bekleideter oder nackter Po, die Reitgerte zieht sehr wirkungsvoll. Die erzeugten Striemen verheilen selbst nach einer Züchtigung auf den nackten Po sehr schnell. In der Hand eines erfahrenen Herrn oder einer erfahrenen Erzieherin hat dieses Instrument fast nur Vorteile, während es der jungen Stute bittersüße Stunden beschert.«

»Ja. Bittersüße Stunden sind bei der Erziehung zur Lust absolut notwendig. Ich weiß. Wie der Rutenstock, ist die Gerte ein äußerst geschmeidiges Hilfsmittel und für Schläge daher bestens geeignet. Aber da wir nicht reiten, haben wir keine Reitgerte.«

»Ich bevorzuge die Reitgerte auch aus einem anderen Grund, Charlotte. Sie zieht abhängig von dem zur Umflechtung benutztem Leder enorm durch und verstriemt die Haut deutlich. Die Wirkung ist schmerzhaft, aber mit der Reitgerte kann ich einen nackten Po wunderschön striemen. Ich kann ihn zeichnen, kunstvoll zeichnen - und das liebe ich. Es ist ein Genuss, der jungen Stute nach der Züchtigung ihren Popo im Spiegel zu zeigen und sie die Erhabenheit, die in der Zeichnung liegt, nahezubringen, auch wenn es für sie eine schwere Prüfung darstellte. Ich habe mehrere Reitgerten. Auch zwei aus geflochtenem Ziegenleder aus der Auvergne, die etwas weicher und anschmiegsamer sind, aber dennoch zur Züchtigung ausreichen. Daneben habe ich Gerten aus Rinderleder, hart geflochten und diese benutze ich zur Zeichnung. Sie hinterlassen wunderschöne scharfkantige Striemen, die sich wohltuend auf der weißen Haut abzeichnen. Eine Zeichnung mit drei oder vier Striemen ist ein Kunstwerk und Kunst ist Genuss, Kunst stimuliert, Kunst ist sinnlich.«

»Ich höre die Begeisterung, die aus deinen Worten strahlt. Der Bischof hatte es mir ja angedeutet, dass du die erfahrenste Frau im Umgang mit der Reitgerte bist, die ihm je begegnet sei.«

»Oh. Danke für das Kompliment.«

»Einen gestriemten Po, ein solches Kunstwerk anzuschauen, die Details zu erkennen, die Botschaften aufzudecken die davon ausgehen und die vielfältigen Bedeutungsebenen zu verstehen, ist auch für mich als Betrachterin nicht nur Wissensbereicherung, sondern ein ästhetischer Genuss. Die ausgehende Botschaft, allein durch diese schmerzhafte Züchtigung die erotische Ausstrahlung einer schönen jungen Novizin zu veredeln, um das wollüstige Verlangen ihres Herrn zu steigern, ist für mich mehr als erregend. Umso mehr, als das Wissen um die geheime Bedeutung der Striemen die Gedanken beherrscht. Zu wissen, dass der Novizin durch diese Zeichnung ein besonders herrschaftlicher harter und kraftvoll ausdauernder Liebesakt durch ihren Herrn bevorstehen wird, der sie an den Rand ihrer körperlichen Erschöpfung führt.«

»Oh ja. Das nennt man einen herrschaftlichen Ritt. Der formvollendete zarte Po einer jungen Stute mit künstlerisch stilvollen Striemen gezeichnet, lässt die Glieder der hohen Herren äußerst prall und hart werden und steigert ihr Verlangen ins Unermessliche. Wenn sie dann ihr steinhartes Glied unerbittlich in sie stoßen - das ist es, was auch ich erwarte zu sehen.«

Die Äbtissin lachte: »Ja, eine harte Unerbittlichkeit des Gliedes beim Liebesakt. Aber damit müssen sie leben, denn dies ist ihre Aufgabe. Das Zeichnen ist auch ab und zu unsere Passion und zur Erziehung notwendig. Zum Striemen nehmen wir diese spanische Quirtpeitsche.«

Die Äbtissin ging zurück zu der offen stehenden Schranktüre, griff zu einer schwer aussehenden Peitsche, hob die Schlaufe am Griff vom Haken und gab sie Claire.

»Diese einschwänzig geknotete Peitsche ist aus rotem und schwarzem Rinderleder geflochten, was ihr eine eindrucksvolle Autorität verleiht und sie ist vier Fuß lang. Der Griff hat eine weite Schlaufe, um die Peitsche fest und gesichert in die Hand zu nehmen. Die Peitsche ist am Griff mehr als Daumen dick und der Länge nach wird die geflochtene Lederschnur immer dünner. Der letzte untere Teil ist so dünn wie ein Federkiel, extrem hart geknotet, und hat am Ende eine kleine Klatsche. Die Quirtpeitsche eignet sich wunderbar zum Striemen. Der Sinn der Klatsche ist, den Peitschenknall zu intensivieren. Aber die stark ziehenden Schmerzen kann die Novizin natürlich spüren und verinnerlichen, um die wohlverdiente Züchtigung geistig anzunehmen. Wenn der Bischof die Quirtpeitsche fachmännisch schwingt und das liebt er, wird er die Haut der Novizin nicht verletzen, aber er zeichnet wundervoll einen anmutigen zarten Po. Anschließend die junge Novizin zu penetrieren, ist sein höchster Genuss.«

»Eine spanische Quirtpeitsche. Welch ein extravaganter Name.«

»Ja. Sie stammt aus Spanien und dort wird diese Art, da der Schlag nicht sehr lang ist, hauptsächlich zur Züchtigung von Ehefrauen und Mätressen eingesetzt, auch bei Zofen am Hof des Königs. Die Züchtigung männlicher Delinquenten erfolgt natürlich dort mit den wesentlich längeren Bullenpeitschen.«

»Charles besitzt auch eine Bullenpeitsche aus Rindsleder, sechs Fuß lang, durchgehend achtsträngig geflochten, dadurch sehr gleichmäßig zulaufend. Sie besitzt einen gedrechselten, polierter Griff aus Walnussholz mit sehr schöner Struktur und in der Form eines männlichen Gliedes. Es ist ein wertvolles altes Stück.«

»Nein! Wirklich? Ach, wie amourös. Dann weiß man ja, wofür sie hergestellt worden ist.«

»Ja, es ist eindeutig. Man stelle sich vor, wie oft auch der Griff schon benutzt worden sei.«

»Claire! Wie obszön! Wie herrlich! Nein, welch eine genussvolle Konversation. Siehst du, hier auf der linken Seite, an den Haken, dies sind alles geflochtene Weidenruten. Die machen wir selber hier im Stift. Junge Jährlingstriebe schneiden wir unten am Bach, legen sie ein paar Tage in Wasser, schneiden sie nach dem Griffstück der Länge nach in drei oder vier Streifen. Dann werden sie eng geflochten, sodass sie noch etwa drei bis vier Fuß lang werden. Diese hier ist eine vierfach geflochtene. Sehr wirkungsvoll, auch geeignet zum Striemen. Aber meistens benutzen der Bischof und ich zur konsequenteren Züchtigung diese einfachen Rutenstöcke.«

Die Äbtissin hob den Köcher an, der der an einem Haken hing und voll gesteckt mit weißen Ruten war. »Die unterschiedlichen Züchtigungsinstrumente, sei es eine Peitsche aus weichem Leder oder auch der klassische Weidenstock, empfinde ich als aufreizende Stimulanz, die das eindrückliche Empfinden in gewissen Situationen nachhaltig verstärken. Ich liebe diese Instrumente, lassen sie mich doch immer wieder mit Erregung an zauberhafte Stunden der Züchtigung zurückdenken und damit verbunden, drücken sie doch die Allgewalt der Liebe und der Wollust aus. Der einfache Weidenstock ist bei uns deshalb so gebräuchlich, weil wir ihn in genügenden Mengen immer vorrätig haben. Die Empfindungen, die ein klassischer Weidenstock auslöst, sind sehr leicht zu beschreiben. Seine ureigene Ausstrahlung, die sehr spezielle Aura des weißen Weidenstocks ist von äußerst aufwühlender Intensität, schon vorher, wenn ich der Novizin nur die Rute zeige, sie vor ihren Augen durchbiege und in der Luft zischen lasse. Ein eindringlicher Blick von mir, der Griff zur Rute und der Novizin wird bewusst, was auf sie zukommt. Ich mag dann die ängstlichen Blicke, das Flehentliche in ihren Augen. Das beklemmende Gefühl wird noch intensiver, wenn sie den Rock hochheben, den Po freilegen und sich über den Gebetsstuhl beugen muss. Wenn ich ihr dann noch sage, dass sie ihre Beine weit auseinanderspreizen soll, damit ich ihr Kätzchen sehen kann, sehe ich, wie das Blut in den Kopf strömt und die Wangen erröten lässt. Trotz allem, sie soll sich geborgen fühlen - auch wenn sie mit nacktem Hintern auf die beißenden Hiebe des Weidenstocks warten muss. Eine unbeschreiblich intensive Situation, wenn die Novizin und ich um die besondere Verbindung zueinander wissen, die in dieser körperlichen Züchtigung begründet liegt. Mein Streicheln mit der Hand über ihre nackten Pobacken und die Berührung ihrer Schamlippen und ihres Kitzlers sollen ihr diese Geborgenheit, die ich ihr gebe, empfinden lassen. Im klassischen Sinne mit der Rute ausgepeitscht zu werden - allein die gedankliche Vorstellung löst ein aufwühlendes, unbehagliches und zugleich begehrliches Gefühl bei der Novizin aus. Das fauchende Geräusch des Weidenstocks ... und kurz darauf der alles durchdringende Schmerz, wenn der Weidenstock Strieme um Strieme über den nackten Po zieht. Dies ist erzieherisch sehr wertvoll und von äußerst nachhaltiger Wirkung, und der eigentliche Zweck. Der Weidenstock hilft außerdem am besten, die Lust zu erzeugen und erlaubt es mit der Zeit der Anwendung, dass die Novizin sogar den Orgasmus genießen kann. Sophia und Madeleine haben diese hohe Stufe der Erziehung bereits erlangt. Begleitet von der lustvollen Empfindung, mir gänzlich unterworfen zu sein, sich dem Takt meiner Peitschenhiebe hingeben zu müssen, so sehr es auch schmerzt, erlernen sie Schlag für Schlag die aufkommende Erregung und die Lustgefühle in ihrem Kätzchen.

Diese härteren Schläge zur Lusterzeugung führe ich natürlich nur bei den Profess Novizinnen Tage nach dem Gelöbnis durch. Dann erst beginnt die eigentliche Lusterziehung. Eine junge unerfahrene und jungfräuliche Novizin erhält von mir während der ersten vorbereitenden Exerzitien nur die Martinet. Aber diese bei Uneinsichtigkeit auch nachhaltig. Bei der eigentlichen weiterführenden Lusterziehung der Professnovizinnen halte ich mich dabei streng an die Erkenntnisse aus dem Buch *Therese Philosophie,* in der die Züchtigung explizit zur Förderung des Wollustverlangens beschrieben wird. Dies ist das Hauptaugenmerk, dass bei der Vertiefung der anschließenden Ausformung der Erziehung zum wahren Lustgenuss walten muss. Diese schmerzhafte Züchtigung steigert das Verlangen und lässt eine Novizin den anschließenden Liebesakt herbeisehnen. Dies wird ihr in den weiterführenden Lektionen verdeutlicht und demonstriert. Nur durch besondere Erfahrungen im Umgang mit Lust und Schmerz lernt die Novizin im Laufe der weiterführenden Erziehung, Schmerzreize als Lust umzudeuten. Man nennt dies Umkonditionierung. Wichtig bei einer solchen Umkonditionierung ist, dass nach der zugefügten Züchtigung eine positive Zuwendung von dem erfolgt, der den Schmerz zufügt. Durch meine Hand oder das Glied eines hohen Herrn. Schmerz wird dann als Ankündigung einer kommenden emotionellen Belohnung erfahren und verliert dadurch ihren aversiven Charakter. Daher ist es so wichtig, dass ich der Novizin die Geborgenheit und die unabänderliche Gewissheit gebe, anschließend einen Orgasmus durch meine Fingerfertigkeit oder durch den heftigen Liebesakt des Bischofs erleben zu dürfen.«

»Oh, wie fällt es mir leicht, dir zuzustimmen. Wirklich eine Erbauung, deinen Ausführungen zu lauschen.«

»Das freut mich sehr, Claire. Aber wie gesagt, dass ich dir dies offenbare, geschieht alles unter dem Mantel der Verschwiegenheit.«

»Charlotte! Natürlich, das weiß ich zu würdigen. Ich will dir auch etwas offenbaren. Für die weiterführende Erziehung zur Lust benutze ich gerne eine Springgerte. Du weißt, das sind die Gerten mit einer kurzen breiten Klatsche am Ende. Dadurch eignet sich diese Gerte weniger zum Striemen, sondern eröffnet ungeahnte andere Möglichkeiten. Es handelt sich hier um ein ausgezeichnetes Instrument, wenn es darum geht, die Brustwarzen, den Poansatz, oder die Innenflächen der Oberschenkel zu erregen. Ganz besonders lieb ich es, wenn die junge Stute mit weit gespreizten Beinen auf einem Bett gebunden ist und ich mit der Klatsche auch ihre Schamlippen, sogar ihren Kitzler in Erregung versetzen kann. Leichte Schläge natürlich, aber äußerst wirkungsvoll. Die kühle Gerte entfacht ein erregendes Prickeln im Zentrum der Lust. Die Stute stöhnt dabei leise auf, sie bebt vor Verlangen und Lust nach mehr. Eine ausgebildete Luststute kann ich nach einer intensiven Züchtigung mit ein paar kräftigeren Schlägen auf ihren Kitzler schnell zum Orgasmus bringen. Dieses Ziel ist es doch, was wir Erzieherinnen vor Augen haben. Nicht wahr, Charlotte?«

»Claire. Ja. Ich sehe, du hast den eigentlichen Zweck und die Tiefe der Erziehung erkannt. Junge Mädchen sollen durch die Züchtigung in reiner Wollust aufgehen, um sich freudig und verlangend begatten zu lassen. Sie sollen einzig und allein zu der Erkenntnis erzogen werden, dass Züchtigung und Liebesakt eins sind. Dass der Schmerz und die Lust sich vereinen, sie aufblühen lassen und es ihre zukünftige Aufgabe ist, mit dieser Blüte ihrer Lust ihrem hohen Herrn gehorsam zu dienen. Schon der griechische Philosoph Epikur sagte: *Schmerzen sind wichtig, wenn darauf eine um so größere Lust folgt*. Der Bischof sagte mal: *Die Züchtigung ist ein vergnüglicher Spaziergang durch den Garten der Lust.*«

»Mit bereits gerötetem Po vor dem hohen

Herrn zu knien und dabei sein bestes Stück liebevoll mit dem Mund zu verwöhnen, ist auch eine sehr reizvolle erotische Kombination. Wenn der Herr in einem solchen Augenblick voller Lust zur Gerte greift und seine Luststute mit gezielten Hieben auf den Po *motiviert*, ist das sehr vergnüglich.«

»Ohja! Motiviert! Wie erregend! Auch ich mag es, dieser Kombination beizuwohnen und dabei mit der Martinet die Novizin zu motivieren. Dabei schwinden die Grenzen zwischen bewusster Wahrnehmung und Ekstase und die Novizin kann sich ganz auf das Glied des Herrn konzentrieren. Komm mit mir, Claire, ich zeige dir etwas ganz Geheimes.«

Die Äbtissin führte Claire durch das weiträumige Boudoir an dem übergroßen Himmelbett vorbei zu einer schmalen Türe, die im Holz der sie umgebenden Täflung gehalten und kaum zu erkennen war. Hinter der Türe befand sich eine zweite, die von der Äbtissin geöffnet wurde. Als Claire nach der Äbtissin eintrat, entfuhr ihr ein Laut des Erstaunens. Es war ein kleiner Raum, ein Erker, mit zwei großen Fenstern zum Innenhof. In der Mitte des Raums stand auf einem Podest eine kurze mit dicken Leder gepolsterte Bank.

»Mein Gott, Charlotte! Das ist aber sehr speziell. Ich bin erstaunt. Ein extra Raum?«

»Ja, Claire. Dies ist das kleine *Chambre secrète,* wie es der Bischof nennt. Das geheime Zimmer.«

»Das geheime Zimmer! Wie würdevoll! Und dies ist euer Zuchtbock?«

»Ja. Der Bischof hatte ihn aus Paris kommen lassen. Im Grunde genommen ist es nur ein etwas verlängerter gepolsterter Hocker. Die massiven Seiten sind aus edlem Holz gefertigt und die Schnitzereien symbolisieren griechische Säulen. Die Polsterfläche ist gerade so lang, dass die vor den Bock kniende Novizin mit ihrem Oberkörper darauf liegen kann und ihr Kopf frei ist. Sieh hier, hier vorne sind unten zwei eiserne Ringe angebracht, an denen ich die Arme festbinden kann. Komm mit herum,« zeigte die Äbtissin, »hier hinten, ganz außen am Podest sind die Ringe angebracht, damit man die Beine weit auseinandergespreizt festbinden kann. Siehst du, wenn die Novizin ihren Kopf hebt, kann sie sich in den gegenüber an der Wand hängenden riesigen Spiegel sehen.«

»Nein, wie galant, dieser Spiegel. In einem wunderschönen goldenen Rahmen mit diesen zwei hölzernen Säulen. Und das Podest, sehr außergewöhnlich.«

»Ja, das Podest ist sehr hoch, aber wie du siehst, es nimmt auch fast die Hälfte des Raumes ein. Zum einen wollte der Bischof diese Höhe, weil er es liebt, wenn die Abendsonne durch das Fenster ihr Licht auf den hochgereckten weißen Po ihr Licht wirft und zum anderen ist es breit genug, dass er sich auch hinter die Novizin knien kann, um mit ihr den Liebesakt zu vollziehen. Vorne zum Spiegel hin ist das Podest ganz kurz, um es ihm zu ermöglichen, sich vor die Novizin zu stellen und ihr sein Glied in den Mund zu stecken.«

»Das ist sehr durchdacht und von ausgefeilter erotischer Stimulanz. Ich bin überwältigt. Eine äußerst raffinierte Anordnung.«

»Ja. Für raffinierte Genüsse. Du glaubst es nicht, welche Freude es macht, wenn die Novizin das Glied ihres Herrn mit dem Mund liebkost und ich sie von hinten weiter motivieren kann. Manches Mal wurde es dem Bischof so heiß, dass er die weißen Perlen seiner Lust auf die dürstenden Lippen der Novizin ergoss.«

»Die weißen Perlen auf die dürstenden Lippen. Nein, wie poetisch, Charlotte. Du bist eine wahre Meisterin der galanten Konversation. Herrlich.«

»Komm, wir verlassen diesen heiligen Raum.«

Als sie sich beide herumdrehten, sah Claire das große Kruzifix, das an der seitlichen Wand hing und wie die Äbtissin mit ihrer Hand andächtig das Kreuz schlug. Dann entdeckte Claire, dass die Türen innen von oben bis unten mit dick gepolstertem Leder bezogen waren. Die Äbtissin, die Claire's Verwunderung sah, meinte lakonisch: »Es muss nicht jeder hören, was in diesem geheimen Zimmer vor sich geht. Deshalb sind auch die Wände des Zimmers zur Gänze mit Holz und Leder getäfelt. Die Schreie der Lust sind nur für meine und die Ohren des Bischofs bestimmt.«

»Ein Ort der wahrhaftigen Züchtigung.«

»Ja, Claire. Hier wird wahrhaftig gezüchtigt. Hier wird manchmal während der weiterführenden Ausbildung sehr viel Disziplin von den Profess Novizinnen abverlangt. Nur das steigert ihre Wollust.«

Im Boudoir zurück, fielen sich die beiden Frauen in die Arme. »Ich bin dir so sehr zu Dank verpflichtet«, meinte Claire, »Komm zu uns. Besuche uns. Ich würde dir gerne alles zeigen, was ich zur Erziehung benutze. Es würde mir eine Ehre sein.«

»Ja, Claire. Ich verspreche. Ich werde kommen. Ich bin so dankbar, mit dir offen über die Züchtigung zur Lust sprechen zu können. Wir beide wissen, welche nachhaltige Kraft der Lustempfindung von der Rute ausgeht. Ich bin mir bewusst, das Auspeitschen junger Mädchen hört sich für einen Unwissenden schlimm an. Aber sie ist notwendig. Die richtige konsequente Erziehung mit der Peitsche beginne ich auch erst weit nach dem Gelöbnis und der Entjungferung. Die Bestrafung steht dann nicht mehr in dem Vordergrund, sondern einzig und allein die Züchtigung zur Lusterzeugung. Aber diese intensivere nachhelfende Förderung ist das unerlässliche moralische Gebot der Zucht, um ihre Wollust entstehen zu lassen.«

Claire umschlang die Äbtissin mit ihren Armen und drückte sie eng an sich. Ihre Münder fanden sich und sie gaben sich einen herzerfrischenden Kuss. »Charlotte! Du sagst es. Es ist das moralische Gebot der Dressur. Wir beide sind die Wissenden. Nur wir beide wissen um die heilsame Wirkung der Dressur, die den entzückenden Genuss der Wollust entstehen zu lassen. Es ist unbeschreiblich schön zu wissen, dass uns dieses geheime Wissen so sehr verbindet.«

»Ich gestehe dir, Claire, dass ich oftmals ob der exquisiten Situation und der spitzen Schreie selbst in wollüstige Entzückung gerate und ich denke, dir geht es genauso.«

»Charlotte. Ja, genauso ist es. Die Dressur mit der Gerte ist etwas Edles. Nicht nur bei Pferden, sondern ganz besonders bei jungen Stuten. Es ist so süß, sie zu erziehen. Und eine gewissenhafte Züchtigung der jungen Stuten auf ihre zierlichen Popos ist das Süßeste überhaupt.«

»Ach, welch schöner Satz.«

Die Äbtissin zeigte Claire im Boudoir auch noch diverse eiserne Ringe, die am Kopf des Bettes und am Fußende befestigt waren.

»Natürlich werden sie ab und zu auch hier in diesem Bett festgebunden, wenn der hohe Herr besondere Erfüllung wünscht. Habt ihr auch solche sehr speziellen Einrichtungen?«

»Ja, Charlotte. Nicht nur solche Ringe am Bett, wir haben auch massive Ringe an der Decke. Das hat auch seinen Reiz. Sag, Charlotte, hattest du auch schon mal ernsthafte Probleme mit einer Novizin?«

»Nicht ernsthaft. Ich hatte dir ja gestern Abend schon erzählt, dass wir die Novizinnen aus Klöstern auswählen und sie von daher ein strenges Reglement und regelmäßige Züchtigungen gewohnt sind. Die schwierigste Phase meiner Erziehung hier, ist aber rechtzeitig vor dem Gelöbnis zu erkennen, ob die Novizin überhaupt zu einer strengeren Ausbildung geeignet ist. In der Zeit zur Vorbereitung auf das Gelöbnis muss ich es herausfinden, inwieweit sie belastbar ist. Sollte sich zeigen, dass sie es nicht ist, dann entscheide ich schnell, dass sie zurückgehen muss. Ich kann es mir nicht leisten, dass eine Novizin von der weitergehenden Erziehung hier erzählt. Das hat es bei mir auch schon gegeben, vor knapp zwei Jahren. Nach zwei Wochen habe ich das aufmüpfige Mädchen zurückgeschickt. Die älteren hier haben das miterlebt und die Jüngeren bekommen es auch immer wieder erzählt. Nach dem Gelöbnis und der Entjungferung ist es natürlich nicht möglich, sie dahin zurückzuschicken, wo sie herkamen. In den Exerzitien mit den Profess Novizinnen mache ich sie aber immer wieder darauf aufmerksam, was mit ihnen passieren wird, wenn sie gegen die Ausbildung Widerstand leisten würden. Ich lasse sie im Detail wissen, dass sie dann in ein Trappistinnen Kloster nach Charmes kommen. Dies ist ein Orden der strengsten Observanz und in einer einsamen Gebirgsgegend in den Vogesen gelegen. Dort herrscht strickte Abgeschiedenheit von der Außenwelt, absolute Schweigeregeln, schmerzhafte Geißelung und harte mühsame Handarbeit in kalten düsteren Zellen, in denen sie über Tage eingeschlossen werden. Da wird ihnen schnell bewusst, welche Vorzüge das lustvolle Leben ihnen hier bietet und ich habe noch nie davon Gebrauch machen müssen. Sollte ich allerdings während der weiterführenden Ausbildung kleine Anzeichen von Unbehagen entdecken, erhalten sie eine umfangreichere Züchtigung. Dies bringt sie schnell zurück auf den Pfad der Tugend. Aber das passiert selten.«

»Der Pfad der Tugend,« lachte Claire.

»Ja! Tugend bedeutet Gehorsam und den muss sie zeigen.«

Claire räusperte sich: »Sag mal, Charlotte. Ich habe das beim Frühstück nicht so richtig mitbekommen. Unterrichtest du alle Novizinnen hier?«

»Ja. Nur die fünf Novizinnen, die auch hier in diesem Stift bei mir leben. Cécile, die Zierliche, sie ist die Jüngste und seit sechs Monaten hier. In den Exerzitien mit ihr bereite ich sie auf das beim nächsten Besuch des Bischofs stattfindende Gelöbnis vor.«

»Du meinst auf ihre Entjungferung.«

»Darauf, dass sie in das Brautbett steigen und den Herrn empfangen darf. So heißt es. Dies ist immer wieder für mich eine sehr erregende Phase der Erziehung. Cécile ist aber wunderbarerweise sehr leicht erregbar und sehnt sich förmlich nach Erfüllung. Es wird sicher ein köstliches Gelöbnis werden, auch für den Bischof. Danielle ist genauso alt. Sie ist seit etwa zehn Monaten hier und hat vor zwei Monaten dem Bischof von Dijon, Claude de Lantenay, das Gelöbnis geschenkt. Sie wird, wenn ihre weiterführende Erziehung weiterhin so gut vonstattengeht, in den nächsten Wochen von ihm abgeholt und seine Mätresse werden. Bischof Lantenay ist ganz begeistert von ihr, obwohl es bei ihrer Entjungferung einige Probleme gab.«

»Was für Probleme? Wenn ich das fragen darf.«

»Sie hatte in den drei Tagen bestimmt dem Bischof sechs oder siebenmal dienen müssen. Das war natürlich anstrengend für sie. Bei der Entjungferung war sie noch ganz gehorsam gewesen, aber als er sich ihr eine Stunde später wieder mit aufgerichtetem Glied näherte, floh sie. Selbst als sie aufgefordert wurde, wollte sie nicht zum Bett kommen. Dann hat er sie dreimal kräftig mit der Weidenrute gezüchtigt und sich sodann hinter sie gekniet und sie genommen. Sie musste dann dort so lange in dieser Postion verbleiben, bis sie sich am Abend auf Fragen bereit erklärte, gehorsam zum Bett zu gehen, um nochmal das Glied des Bischofs zu empfangen.

Ich sagte zu ihr: *Nun geh zu dem Bischof, küsse sein Glied und streichle es. Ich habe dir gezeigt, wie du es machen musst und dann lasse dich brav begatten. Es ist deine Verpflichtung den Herrn zu empfangen.* Zaghaft ging sie dann zum Bett und nahm das Glied des Bischofs in die Hand und streichelte es. Als es steif wurde, sagte ich ihr, dass ich sie doch auch gelehrt hätte, wie sie das Glied mit ihrem Mund streicheln soll. Das tat sie dann widerstandslos und wurde dann von dem Bischof aufgefordert, sich auf sein Glied zu setzen. Dort bekam sie dann auch dank meiner flinken Finger einen Orgasmus. Danach war sie wie ausgewechselt und gab sich dem Bischof jedes Mal mit voller Hingabe hin. Am dritten Tag hatte er sie nochmal auf den Bock gebunden und gezüchtigt, um ihr zu zeigen, dass sie jetzt ihm gehörte und sie sich gehorsam von mir weiter unterrichten lassen sollte. Jetzt bringe ich ihr während der Exerzitien einige der notwendigen Finessen bei, die den Bischof erfreuen werden.«

»Wie aufregend!«

Die Äbtissin musste lachen. »Ja, das ist es. Aber sie ist gehorsam und bemüht sich, obwohl sie ja so jung ist. Aber Bischof Lantenay will unbedingt eine so junge Novizin um sich haben. Na ja, dann ist da noch Eugénie. Sie ist ein Jahr älter, hat wunderschönes blondes Haar und ist seit über einem Jahr bei mir. Sie ist auch von unserem Bischof entjungfert worden, der auch ihre weiterführende Erziehung begleitet hat. Sie ist sehr belastbar und geht auf Empfehlung unseres Bischofs demnächst zu Bischof Raymond de Rouchon nach Chateaurouge. Ja und ich habe Sophie, du kennst sie ja schon. Sie ist seit zwei Jahren hier und auch Profess Novizin. Sie ist mir sehr ans Herz gewachsen und ich schlafe sehr oft mit ihr. Natürlich muss sie ihren Gehorsam auch ab und zu dem Bischof oder einem seiner

Freunde, die uns besuchen, zeigen. Aber das tut sie erfrischend gerne und bisher waren alle mit ihrem Ausbildungsstand sehr zufrieden. Es gab auch schon Anfragen hoher Geistlichen nach ihr, aber ich möchte sie noch ein wenig behalten.

Ich bekomme sehr wahrscheinlich demnächst eine neue junge Novizin. Der Bischof hat sie im Klarissenkloster Alspach bei Kaysersberg im Elsass gesehen und schon mit der Äbtissin dort gesprochen. Sie wird mir in den nächsten Wochen gebracht. Ich warte auf den Brief. Sie soll sehr schön sein und einen anmutigen zierlichen Körperbau haben.«

Die Äbtissin und Claire verließen das Boudoir und setzten sich nebeneinander auf das große Sofa bei der Äbtissin.

»Bist du damals in Paris schon gezüchtigt worden?«, fragte Claire.

»Zuerst nicht von unserem Bischof. Einige hohe Herren, denen ich bei der Priorin in Paris die Jahre dienen musste, die peitschten mich. Das war Anfangs sehr neu für mich. Aber ich sage dir, ich erkannte etwas sehr schnell. Wenn eine Frau sich einer ernsten Disziplinierung unterwirft, bestätigt sie damit ihre Akzeptanz der Autorität ihres Herrn als den Kopf ihres Daseins. Dies ist eine kraftvolle Bestätigung ihrer Liebe und ihrer Unterwerfung unter ihm, als ihren Herrn. In der

Einwilligung zur Disziplinierung möchte er, dass ich die Züchtigung akzeptiere. Ich signalisiere damit gleichermaßen meinen Willen, ihm in Gehorsam zu dienen. Genau wie der anschließende Liebesakt des Herrn der Weg ist, mir die Hand zu reichen, so ist meine Unterwerfung zur Hingabe meine Art, ihm die Hand zu reichen. Indem ich mich ihm zu all seinem Verlangen unterwerfe, zeige ich ihm, dass ich ihm gehöre und ihm total vertraue. Dieses Vertrauen und den Dank für meine Hingabe erfuhr ich dann durch manchen heftigen Liebesakt und einem hochgradigen Orgasmus. Erst als mein Bischof aus Rom zurückgekehrt war und seine neue jüngere Gespielin und ich ihm auch durch Züchtigung dienen mussten, erfuhr ich, dass er die Lust daran in Rom entdeckt hatte, als er dort mehrmals eingeladen worden war, in einem Kloster außerhalb Roms Nonnen zu züchtigen. Wenn der Herr dominant ist - und das nicht nur in einem Boudoir ..., wenn die Frau seine Autorität jederzeit spürt; wenn sie weiß, dass er nicht zögern würde, sie sofort zu züchtigen, wenn es notwendig wäre - dann ist der Wunsch der Frau nach dem Liebesakt mit diesem Herrn umso intensiver. Sicherlich fürchtete ich mich vor dem Augenblick, in dem die Peitsche durch die Luft pfiff und mein Hinterteil zum Zucken brachte.

Solch eine Situation löst sehr widersprüchliche und aufwühlende Empfindungen aus. Das wechselhafte Gefühl, dem Herrn gehorchen zu müssen, die Angst vor dem alles durchdringenden Schmerz - verbunden mit dem innigen Wunsch, trotz allem die Dominanz des Mannes fühlen zu wollen, das Verlangen begattet zu werden - das gab mir ein unglaubliches Gefühl von Frieden, Wohlbehagen, leidenschaftlicher Liebe und Wollust und das führte mich dazu, alles zu tun, was in meiner Macht steht, um ihm zu gefallen. Letztendlich jetzt bereit zu sein, ihm und seinen engsten Freunden junge Mädchen zuzuführen, die sie züchtigen und begatten können. Sich der übergroßen Autorität eines Mannes zu unterwerfen, ist eine Bestätigung der Liebe. Es drückt meine Liebe aus. Ich habe ihm verschämt gestanden, dass es mir ganz guttut, öfter von ihm die Züchtigung zu erhalten. Ich sei dadurch viel ausgeglichener und habe viel mehr Respekt vor ihm. Was ihn sehr erfreute. Ich war wie gefesselt von der Magie des Momentes und mir wurde schnell bewusst, dass meine Tränen nicht etwa den Schlägen galten ... ich weinte vor Glück ... vor tiefer Liebe zu meinem Herrn.

Es gibt eben zahlreiche Frauen, die diese erotische Dimension der körperlichen Züchtigung genauso erregend, luststeigernd empfinden und die den ehrlichen Wunsch und die Sehnsucht haben, sich einem Mann, der mit dieser Sehnsucht verantwortungsvoll umgehen kann, voll und ganz zu unterwerfen. Sich ihm zur Verfügung stellen, sich ihm lustvoll auszuliefern.«

»Wie recht du hast. Ich kann dir nur zustimmen. Die Hohe Schule der Dressur bei mir verlangt von einer Luststute eben genau die von dir beschriebene Strenge. Wie philosophisch, deine Gedanken. Deine Sätze verzaubern mich. Mein Gott. Es ist so erquicklich dies zu hören, Charlotte, und ich bin dir sehr verbunden, dass du mir das so offen und aufrichtig zugestehst, da ich auch nicht anders denke - und es auch nicht anders handhabe.«

»Ja, Claire. Es liegt in unserer Hand, die jungen Mädchen mit dem fürsorglichen Gebrauch der Peitsche zu ihrem Glück und der Erfüllung ihres Verlangens zu führen.«

»Wie gesagt, bei mir ist es nicht anders. Insofern unterscheidet sich unsere praktische Erziehung nicht. Die einfache Dressur vorher ist auf das Zureiten der jungen Stute beschränkt. Erst die Hohe Schule, die strikte Erziehung, lässt die Stute den höchsten Grad der Wollust empfinden und formt sie zu einer perfekten Luststute. Diese zweite Stufe der Erziehung, Lustempfinden auf höchstem Niveau zu erreichen, das allein nennen wir die Hohe Schule. Es ist bei mir genau wie bei dir, Charlotte. Die Hohe Schule, das allein sind die hochgradigen Lektionen, bei denen die Peitsche den Körper einer jungen Stute in den ekstatischen Taumel eines Orgasmus führt und sie während der unentwegt durch ihren Körper wallenden Höhepunkte gefickt werden kann. Das bezeichnen wir als die höchste Stufe der Ausbildung und diese Veranlagung wird von mir *herausgearbeitet*. Was du *Fördern* nennst, heißt bei mir Herausarbeiten.«

»So spricht die erfahrene Dressurreiterin! Ach, wie galant. Herausarbeiten! Und doch so leicht vorstellbar. Ich bin beeindruckt!«

»Charlotte! So wie ich es bei dir herausgehört habe, ist deine Art der weiterführenden Erziehung nicht anders, als die der Hohen Schule.«

»So wird es sein. Im sehr persönlichen Austausch mit dem Bischof, seinen wissenden Kollegen und einigen Äbtissinnen benutzen wir in aller Vertraulichkeit bestimmte Bezeichnungen der Ausbildungsstufen aus der Erziehungslehre des Ordens. Deine Erziehungsstufe der Hohen Schule entspricht unserer sogenannten *Suprema*. Die erste Erziehungsstufe, *Infima*, bezeichnet den Weg bis zum Gelöbnis, also noch jungfräulich, mit leichter Züchtigung. Also der Grad der Erziehung, den Cécile zurzeit genießt. Die zweite

Schulungsstufe, die *Media,* in der sich Danielle und Eugénie befinden, erfolgt nach der Entjungferung und mit den ersten Disziplinierungs-Lektionen des Rituals des *Confiteor*. Die dritte Stufe, die *Suprema,* komplettiert das Erlernte durch Einübung der raffiniertesten Liebesdienste und führt zum lustvollen Erleben einer Züchtigung. Manchmal führe ich sie auch beide in den Salon Secrete und lass eine zuschauen. Wenn der Bischof dann mit der Züchtigung beginnt, stelle ich mich dazu und rede zu der, die zuschaut *Siehst du es? Sieh genau zu. So wird eine Novizin zur gehorsamen Braut Christi erzogen. Sieh genau hin. Sieh, wie schön sich der Popo der Braut rötet. Sieh, wie die Rute sie vorbereitet, damit sie begattet werden kann. Hör ihre Schreie. Nehme das Bild in dich auf, wie eine Novizin geliebt wird. Dieses Bild der Schönheit. Die Schönheit, wie diese Novizin mit der Kraft des Herrn begattet wird. Dieses Bild der Harmonie. Die Harmonie der Lustschreie zu den Hieben und Stößen*. Ich will dann, dass sie diese erregende Worte von mir hört.«

»Oh, Charlotte. Das ist ja extraordinär.«

»Ja, das soll es sein. Diese Bilder setzten sich im Kopf fest und ich kann mit ihr dann in den nächsten Exerzitien darüber reden.«

»Wenn ich dich richtig verstehe, dann hat Sophie die Stufe der Suprema erreicht.«

»Sophie hat den Grad der Suprema erreicht - also deine Stufe der Hohen Schule abgeschlossen. Sie ist sehr belastbar und äußerst orgasmusfreudig. Dein Charles wird sich freuen, wenn ich sie mitbringe und vorführe. In ihrer Nacktheit ist sie bezaubernd und es ist ein Genuss zuzusehen, wenn sie dienen muss.«

»Wie wunderbar. Ich liebe Vorführungen. Ich bin fest überzeugt, wenn du in zwei oder drei Wochen zu uns kommst, werde ich dir den erfolgreichen Ausbildungsstand der Hohen Schule bei Anna vorführen können.«

»Oh, ich kann es gar nicht erwarten. Wie edel dein Angebot.«

Die Äbtissin erhob sich, ging zu einer Kommode und läutete eine Glocke.

»Sollten wir nicht Anna herkommen lassen, Claire? Ich würde sie mir gerne mal ansehen und wenn du es erlaubst, auch untersuchen.«

»Ja, Charlotte. Eine wunderbare Idee. Lass sie kommen.«

Eine Schwester erschien und sie verbeugte sich kurz.

»Äbtissin, Sie haben gerufen?«

»Eugénie. Das Mädchen Anna wird mit Sophie im Lektorium sein. Sag bitte beiden, sie sollen in das Boudoir des Bischofs kommen.«

»Äbtissin, ich möchte Sie noch wissen lassen,

dass die beiden Kutscher der Marquise zurück sind und zwei Rehe, ein Muffel und jede Menge Hasen und Fasane gejagt haben.«

»Was? Wirklich? Ach, das ist ja erfreulich! Claire, ich staune, deine Kutscher sind ja großartig.«

Claire zuckte mit den Schultern und staunte genauso. Als die Äbtissin dann erfuhr, dass die Tiere bereits aufgebrochen und ausgenommen im Schuppen des Jagdpächters hingen, sprach sie zu der Schwester: »Geh ins Refektorium. Wenn die Fasane schon abgezogen sind, dann bereite sie mit Cécile und Danielle für das Abendvesper vor. Deckt auch den großen Tisch für unsere Gäste ein. Auch für die beiden Kutscher.«

Zu Claire gewandt sprach sie: »Ich bin deinen Kutschern sehr dankbar. Zwei Rehe und ein Muffel, dass entlastet unseren Haushalt ungemein. Da haben wir ja für fast drei Monate Fleisch. Ach welch eine Fügung durch den Herrn.«

»Charlotte, ich weiß zwar nicht, wie die zwei gejagt haben, aber ich muss dir ein Geheimnis offenbaren. Alfonse und Jean-Claude sind keine Kutscher, sie sind Husaren. Alfonse de Dubois ist sogar Capitaine. Sie gehören zum Régiment de Hussards, den Hussards Royaux vom Baron Kronenburg. Der Baron ist ein Freund von Charles und hat sie mir als Schutz für die Reise zur Verfügung gestellt. Sie sind beide erfahrene Soldaten.«

»Oh, Claire! Was für eine honorige Begleitung. Auch noch adlig. Dann kann ich verstehen, dass du dich während dieser langen Reise so sicher fühlen konntest. Dein Charles hat sehr einflussreiche Freunde und scheint sehr besorgt um dich zu sein, nicht wahr?«

»Ja, das kann man so sagen. Baron Kronenburg war schon öfter bei uns zu Gast und Charles unterstützt sein Regiment, das dem König dient.«

»Ich hatte mich schon gewundert. So junge, kräftige und gutaussehende Kutscher, die sieht man nicht alle Tage.«

»Charlotte! Ich bitte dich! Sie sind beide sehr ehrenwert. Ich werde sie beim Abendmahl fragen, wie sie gejagt haben.«

*

Anna saß mit Sophie an einem Tisch im Lektorium und spielte mit ihr Karten. Sophie hatte es ihr beigebracht und Anna war begeistert. Schnell hatte sie sich in die Regeln eingefunden und so war die letzte Stunde im Fluge vergangen.

Schwester Eugénie trat ein und sagte zu Sophie: »Die Äbtissin lässt euch rufen. Ihr möchtet bitte sofort in das Boudoir des Bischofs kommen.«

»Anna auch?,« fragte Sophie.

»Ja. Sie auch.«

»Komm, Anna, lass uns gehen.«

»Schade, es war gerade so lustig. Ein wunderbares Spiel,« frohlockte Anna und folgte Sophie.

Kichernd und lachend traten die beiden jungen Frauen in das Boudoir und verbeugten sich dann kurz.

»Anna, Sophie. Schön, dass ihr gekommen seid. Wie ich sehe, habt ihr euch gut amüsiert.«

»Ja, ehrenwerte Äbtissin,« antwortete Anna, »Sophie hat mir das Kartenspiel Nain Jaune, den gelben Zwerg, beigebracht. Ein sehr lustiges Spiel.«

»Ja, das ist es,« sprach die Äbtissin einfühlsam, »Es ist schön zu hören, dass ihr euch versteht und euch beschäftigen konntet. Sophie, hast du Anna auch das Stift gezeigt?«

»Ja, Äbtissin. Die Schlafräume, die Küche, die Wäscherei, die Kapelle, auch das Hospiz und draußen den Kräutergarten. Aber es begann wieder zu regnen.«

»Na. Schön. Anna! Weshalb ich dich rufen ließ. Die Marquise hat mich gebeten, dich als Medicus der ich bin, kurz zu untersuchen. Ich möchte nur sehen, wie es mit deiner Gesundheit bestellt ist. Du brauchst daher keine Angst zu haben. Ich mache das auch mit meinen Schwestern jeden Monat.«

Anna war zuerst erschrocken. Eine Untersuchung? Aber an dem zustimmenden Blick der Sophie erkannte sie, dass es wohl hier so üblich war.

»Anna,« sagte die Äbtissin, »komm zu mir. Lass dich ansehen. Ich werde dir nicht weh tun. Es ist nur eine Untersuchung. Bist du schon mal von einem Docteur untersucht worden.«

»Nein, ehrwürdige Äbtissin. Noch nie.«

»Siehst du. Dann wird es Zeit. Lass dir gesagt sein, eine Untersuchung ist etwas Gutes. Nicht jedes Mädchen in deinem Alter hat die Möglichkeit von einer Medizinerin untersucht zu werden. Es ist also etwas Besonderes für dich. Lass mich sehen, öffne deinen Mund.«

Die Äbtissin strich zärtlich mit der Hand über Anna's Wange und berührte ihre Lippen. »Du hast sehr gesunde schöne Zähne. Das ist ein gutes Zeichen. Du musst sie pflegen. Wir machen das mit weichen Hölzern. Und jeden Tag einen Apfel essen!«

Sie ergriff Anna's lange schwarze Haare und zog leicht daran: »Du hast wunderschönes fülliges Haar. Jede Woche waschen, das ist wichtig. Claire! Da musst du drauf achten. Dreh dich einmal herum, Anna!«

Die Äbtissin ging einen Schritt zurück und betrachtete Anna, wie sie sich drehte. Anna begann Vertrauen in die Äbtissin zu gewinnen. Sie schien über eine große Erfahrung zu verfügen.

»Sophie,« sagte die Äbtissin in einem strengen Ton, »Zieh bitte Anna aus. Alles! Anna! Es ist nur zu deinem Guten.«

Anna war etwas verwundert, aber zugleich sagte sie sich, dass die Äbtissin weiß, was sie tut. Sie drehte sich zu Sophie und wurde von ihr entkleidet.

»Du brauchst dich nicht zu schämen, Anna,« erklärte die Äbtissin, »Auch Sophie wird jeden Monat so untersucht. Nicht wahr, Sophie?«

»Ja! Äbtissin.«

Als Anna nackt vor der Äbtissin stand, traute sie sich nicht ihre Hände, die sie schamhaft unten hielt, zur Seite zu legen.

»Anna. Lass dich ansehen. Hab keine Angst. So wie ich sehe, hast du einen wunderschönen Körper. Dreh dich mal herum!«

Anna drehte sich und hörte, wie die Äbtissin zu Claire sprach: »Ohja, sie hat einen sehr schönen Po. Auch ihre Lenden sind voller Anmut. Ich muss sagen, Anna, ist bildhübsch. Sie ist eine ausgesprochene Schönheit. Ein sehr edler Körper, ich beglückwünsche dich, Claire. Und so wie es aussieht, ist ihre Haut alabasterhaft rein. Sehr schön. Anna! Bitte komm zu mir. Näher!«

Anna stand direkt vor der Äbtissin. »Streck

mir bitte deine Hände entgegen,« die Äbtissin nahm sie in ihre Hände. Zärtlich strich sie über Anna's Handrücken und entlang der Finger. »Sehr schöne gleichmäßige Hände und herrlich zierliche Finger.«

Die Äbtissin umfasste Anna's Arme am Handgelenk und hob sie über ihren Kopf. Dann ergriff sie mit einer Hand die rechte Brust von Anna.

»Sehr schöne kleine Brüste. Fest. Sie werden sich weiterentwickeln. Anna! Du kannst stolz auf deine Brüste sein, sie sind bezaubernd und gut geformt.«

Noch immer mit hochgehobenen Händen stand Anna vor der Äbtissin und spürte, wie diese mit ihren Händen über ihre Brüste und weiter rechts und links über ihre Taille auf ihre Hüften strich. Zu Claire gewandt sagte sie: »Sie ist sehr zierlich gebaut, Claire. Sie hat eine exzellente Figur. Du musst darauf achten, dass sie nicht dick wird. Viel Gemüse, das ist sehr gesund.«

Claire, die in einem der Sessel Platz genommen hatte, nickte nur mit dem Kopf. Die Äbtissin reicht Anna ihre Hand. »Komm mit mir, Anna. Zum Bett und leg dich darauf. Ich möchte dich eingehender untersuchen.«

Als Anna sich hingelegt hatte, setzte sich die Äbtissin zu ihr auf das Bett. Sie strich wieder zärtlich über Anna's Brüste und dann über ihren

Bauch hinunter zu ihrer Scham. »Claire! So wie ich sehe, ist Anna vor einiger Zeit rasiert worden und das nicht sehr gut.«

»Ich denke, das hat meine Schwester gemacht. Ich werde Anna, sobald wir zu Hause sind wieder rasieren.«

»Claire. Da gibt es bessere Mittel. Sophie! Bitte hol mir die Honigpaste.«

Schwester Sophie reichte der Äbtissin ein Glas mit einer dunklen Paste. »Claire! Diese Paste entfernt alle Härchen und ist absolut problemlos. Sie ist schon von den Ägypterinnen verwendet worden und ich habe das Rezept von einem osmanischen Medicus bekommen. Soll ich es anwenden?«

»Charlotte,« hörte Anna Claire antworten, »tu, was du für richtig hältst. Du bist die erfahrene Medizinerin.«

»Gut. Es ist eine Paste auf Honigbasis. Ich werde sie auftragen und nach ein paar Minuten können wir alle Härchen abziehen. Der Vorteil ist, sie wachsen nur sehr wenig nach und wenn man es mehrmals, so alle zwei Wochen macht, dann versiegt der Haarwuchs ganz. Sophie, zeig der Marquise dein Kätzchen.«

Anna sah mit Erstaunen, wie sich die Schwester vor Madame stellte, ihren Rock hoch hob und ihr Kätzchen zeigte. »Ja, sehr schön. Sehr blank.

Machen Sie nur, Äbtissin. Das ist ja wunderbar.«

Anna fühlte, wie die Äbtissin eine weiche zähe Paste auf ihren Schamhügel auftrug. »Anna! Jetzt müssen wir einige Minuten warten. Diese Paste muss hart werden. Sie macht dich noch schöner.«

Dabei griff sie mit ihrer Hand zu Anna's Brust, nahm ihre Brustwarze zwischen zwei Finger und zwirbelte sie. Das Gefühl war Anna nicht unangenehm und schnell wurde die Brustwarze steif.

»Sehr schön Anna. Es ist gut, wenn die Brustwarzen auf Berührung reagieren. Steife Brustwarzen sind etwas Schönes.«

Diese Worte beruhigten Anna, obwohl sie sich nicht sehr wohl in dieser Situation fühlte. Auch als die Äbtissin ihre Brustwarze leicht zupfte, so wie es der Landgraf getan hatte, war Anna innerlich hin und her gerissen, ob es ein schönes Gefühl war oder die Anwesenheit der Schwester Sophie und Claire sie daran hinderte, es schön zu finden. Aber das aufreizende Gefühl überwog und erzeugte bei ihr ein leichtes Aufstöhnen.

»Sehr schön«, sagte die Äbtissin, »Ich sehe, du spürst erregende Gefühle in deiner Brustwarze. Das ist ganz normal und du brauchst dich dessen nicht zu schämen. Anna, dass Brustwarzen bei Erregung steif werden ist ganz normal und es ziert dich. Sophie. Hol bitte die Warzensalbe!«

Claire war interessiert aufgestanden und

zum Bett gekommen. Anna sah, wie die Äbtissin über das ganze Gesicht grinste und zu Claire sprach: »Ich will dir etwas zeigen, Claire. Anna hat wunderschöne Nippel, die auch schon steif werden können. Das kann man fördern. Steife Nippel sind etwas, was die hohen Herrn schätzen. Sie gehören nicht nur zu den reizbarsten erogenen Zonen des Körpers, sondern steife Nippel waren schon immer ein Schönheitsideal. Dieser osmanische Arzt hatte mir in Paris erzählt, dass die Haremsfrauen, bevor sie zu ihrem Herrn gebracht werden, eine Salbe auf ihre Brustwarzen bekommen, die sehr erregend wirkt und die Nippel lange Zeit steif hält. Er hat mir dann dieses Rezept gegeben und ich habe es verfeinert. Schau, ich werde jetzt etwas Salbe auftragen.«

Anna fühlte die zuerst angenehm kühl wirkende Salbe, die aber dann nach und nach ein leichtes Brennen erzeugte. Die kleinen Brustwarzen stellten sich auf und als die Äbtissin sie vorsichtig mit einem Finger berührte musste Anna vor Lust stöhnen.

»Siehst du? Claire! Wie sie sich aufrichten? Ist das nicht niedlich?«

»Mein Gott. Charlotte, was hast du da für wundersame Medizin?«

»Sie ist harmlos. Sie besteht aus Campher,

das eine kühlende Reizung bewirkt, konzentriertes Pfefferminzöl, das die Erregung aufrecht hält und Zimtöl, ein scharfes Gewürz aus dem Orient. Verfeinert habe ich die Salbe mit Lavendelöl, damit es gut riecht.«

»Charlotte! Ich bin begeistert.«

»Du solltest Anna's Nippel fördern. Ich werde dir nachher, wenn wir allein sind noch zeigen, dass es da ein wirksameres Hilfsmittel gibt.«

Diese Art der Untersuchung hatte Anna nicht erwartet. Die unbekannte Paste auf ihrer Scham und jetzt die Salbe, dann diese unverhohlenen Worte der Äbtissin, die ihr klar machten, dass die Äbtissin weiß, dass sie mit ihrem Körper einem Herrn Freude bereiten soll, machten sie mehr als unsicher.

Aber so unvermittelt, wie die Äbtissin begonnen hatte, Anna's Brustwarze zu streicheln, hörte sie auf und Anna war doch leicht enttäuscht. Es war ein angenehmes Gefühl gewesen.

»So, jetzt wollen wir mal sehen, was die Paste macht. Anna! Es wird jetzt etwas Zwicken, aber das ist ganz normal.«

Und mit einem Ruck zog die Äbtissin die ausgehärtete Paste ab. Anna stieß einen kurzen Schrei aus. »Ist schon vorbei, Anna. Jetzt hast du ein liebliches Kätzchen. Une jolie chatte rasée, Ein ganz liebliches rasiertes Kätzchen. Sophie, gib mir das Puder.«

Die Äbtissin schüttete aus einem Glas ein weißes Puder auf ihre Scham und verrieb sie. Dann nahm sie ein Tuch und wische es ab. »Voila! La plus belle chatte rasée. Claire, sieh! Ist das nicht ein wunderschön rasiertes Kätzchen?«

Claire beugte sich vor und sah sich Anna's Kätzchen an.

»Wunderschön. Ich hatte von dieser Paste schon gehört, aber ich wusste nicht, wo man sie bekommen kann. «

»Claire, wir stellen auch diese Paste selbst her. Ich werde dir ein Glas mitgeben und du kannst immer wieder neue Gläser von mir bekommen. Alle Novizinnen hier werden regelmäßig enthaart. Ein haarloser Körper ist Ästhetik pur und hat sich nicht nur zum Schönheitsideal am Hof des unseres Königs Ludwig XV. entwickelt. Es ist nicht nur ästhetischer, sondern es macht ein Kätzchen zur einer *chatte luxurieuse*, einer wollüstigen Muschi.«

Anna, die sich verwunderte, ob der außergewöhnlichen Sätze der Äbtissin, die Augen rieb, schaute auf sich hinunter und sah, dass ihre Muschi wirklich blank rasiert war. Der Satz der Äbtissin aber: *Ein haarloser Körper hat sich zum Schönheitsideal am Hof des Königs entwickelt* faszinierte sie. *Ist es wirklich so, dass Könige rasierte*

Muschis lieben?, fragte sie sich und zugleich war sie stolz. In diesem Moment der Träumerei hörte sie die Stimme der Äbtissin: »Anna! Bitte! Öffne deine Beine. Spreizte sie weit auseinander. Ich will dein Kätzchen sehen.«

Anna war erschrocken, aber gehorchte wie geheißen. Sie fühlte, wie die Hand der Äbtissin über ihre Schamlippen strich. Wie plötzlich deren beiden Hände ihre Schamlippen auseinandergezogen. Sie bewegte sich unruhig.

»Anna! Sei ganz ruhig und entspannt,« beruhigte die Äbtissin, »Ich möchte nur sehen, wie gesund du bist. Dazu muss ich etwas fühlen. Keine Angst.«

Anna fühlte, wie sich ein Finger der Äbtissin tief in ihr Kätzchen bohrte. »Du bist sehr eng gebaut, Anna. Das ist sehr gut. Und so wie ich fühle, hast du auch keine Narben oder Geschwüre. Dein Kätzchen ist sehr gesund.«

Anna erschrak, als die Äbtissin plötzlich ihren Kitzler berührte und zu streicheln begann. Sie wusste nicht, was sie machen sollte und nach und nach, als die Äbtissin ihren Kitzler immer heftiger streichelte, stöhnte Anna auf.

»Es ist gut, Anna, wenn du so empfindest«, flüsterte die Äbtissin in einer sehr einfühlsamen Art, »Das zeigt, dass du sehr gesund bist. Dein Kitzler, diese kleine Stelle ist nun mal das schönste Körperteil einer Frau und wird dir noch viel Freude bereiten.«

Laut aufstöhnend nahm Anna gewahr, dass die Äbtissin versuchte mit zwei Fingern ihren Kitzler zu umfassen. »Wunderbar, Anna. Du bist sehr leicht erregbar. Das zeigt, wie gesund du bist. Claire, sie hat einen wunderschönen süßen Kitzler, sie ist ein Goldkind, ein Engel. Anna! Sag mir, ist es schön?«

Unter lautem Stöhnen gestand Anna schamhaft und zögernd: »Ja, Äbtissin.«

„Sophie«, hörte Anna die Äbtissin sagen, »hol mir bitte das Glas mit der Kitzlersalbe.«

Nachdem die Schwester der Äbtissin ein dunkles Glas gereicht hatte und diese geöffnet hatte, hörte Anna: »Claire, dies ist eine besondere Salbe. Nur für den Kitzler. Darf ich?«

»Ja, mach nur«, antwortete die Comtesse. Anna traute ihren Ohren kaum.

Als wäre es das Natürlichste der Welt, erklärte die Äbtissin: »Die gesamte Klitoris, der Kitzler ist besonders berührungsempfindlich. Durch Stimulation der Klitoris gelangen die meisten Mädchen früh zum Orgasmus. Insbesondere die Klitoriseichel, ist hochempfindlich. Der Kitzler wird sehr schnell steif. Er bekommt eine Erektion. Man kann das auch erreichen, indem man den Kitzler mit einem Stück der Ingwer-Wurzel bestreicht.

Wird Ingwer auf den Kitzler angewendet, so richtet sich dieser blitzartig auf und schwillt stark an. Bestreicht man mit dem Ingwerstück dann noch die Schamlippen, so kommt manch junges Mädchen durch den schnellen Wärmereiz schnell an den Rande eines Orgasmus, ohne sich durch Finger zu stimulieren. Meist will sie dabei einen Penis in ihrem Kätzchen spüren und bettelt förmlich um einen Orgasmus.«

Mit diesen Worten steckte die Äbtissin einen Finger in das kleine Glas und bestrich damit vorsichtig Anna's Kitzler.

»Claire! Wir stellen für unsere Behandlungen eine Ingwer-Mousse her, welches aus zerkleinertem Ingwer besteht. Es wird wie eine Creme auf den Kitzler und den Schamlippen vorsichtig aufgetragen und besitzt eine noch intensivere und anhaltende Wirkung als das Bestreichen mit einem Ingwerstück. Sie besteht aus reinem Ingwer, Rosmarienöl, Campfer und Minz-Öl.«

Anna fühlte nach kurzer Zeit ein leicht brennendes Gefühl. Das Gefühl verstärkte sich und ließ sie laut stöhnen. Als sie den Finger der Äbtissin wieder auf ihren Kitzler spürte und dieser sich unaufhörlich hin und her bewegte fühlte sie, wie das unausweichliche erregende Gefühl ihren Körper gefangen nahm. Sie fühlte, wie feucht ihr Kätzchen wurde und war sich eine

Zeitlang mehr als unsicher, ob sie sich diesen berauschenden Gefühlen hingeben sollte. Fast unhörbar vernahm sie die Stimme der Äbtissin an ihrem Ohr. »Entspann dich, Anna. Alles ist gut. Du bist sehr gesund. Genieße das Gefühl. Es ist wundervoll. Ich weiß es.«

Anna gab sich den Wallungen in ihrem Körper hin und bekam nach kurzer Zeit einen Orgasmus, der sie durchschüttelte und aufschreien ließ. Ermattet ließ sie ihren Kopf in das Kissen fallen. In diesem Moment wurde sie sich bewusst, dass die Schwester Sophie zugeschaut hatte und sie schämte sich. Dann fielen ihr die Worte der Äbtissin ein. *Sollte es sein, dass auch Sophie öfters diese Salbe bekommt? Es war ein ganz seltsames Gefühl gewesen. So schnell bin ich noch nie zum Orgasmus gekommen. Ist das eine Zaubersalbe?*

»Claire«, vernahm Anna die Äbtissin, »deine Anna ist wirklich sehr orgasmusfreudig. Wirklich außergewöhnlich. Ein sehr gesundes Mädchen. Du wirst sie wunderbar erziehen können. Diese Kitzlersalbe ist bestens geeignet für weiterführende Erziehung. Du weißt schon, was ich meine. Die Lektionen des Ausarbeitens, wie du es nennst.«

Claire und die Äbtissin lachten lauthals und Anna konnte nicht verstehen, worüber sie lachten.

»Diese Salbe, oder diese Ingwer-Mousse,« fragte Claire, »was ist das? Die Wirkung ist ja einmalig.«

»Du wirst sehen, sie wird bei deinen Lektionen der Hohen Schule äußerst hilfreich sein. Du bekommst von mir ein kleines Glas. Sie wirkt wundervoll.«

Claire beugte sich über Anna's Gesicht und gab ihr einen Kuss. »War das schön? Bedanke dich bei der Äbtissin. Das war ein Geschenk, dass ich dir gerne gönne, weil du so brav warst.«

»Anna!,« erklärte die Äbtissin, »du brauchst dich nicht zu bedanken. Es ist etwas ganz natürliches, wenn einem diese Gefühle Freude bereiten und es ist schön zu sehen, dass du es genießen kannst. Das zeigt mir, dass du sehr gesund bist. Aber lass mich die Untersuchung zu Ende führen. Dreh dich bitte auf den Bauch.«

Als Anna sich herumgedreht hatte, spürte sie die Hände der Äbtissin auf ihrem Po und wie diese ihre Pobacken auseinander zogen.

»Ein wirklich süßer Po. Knabenhaft, zierlich und eine süße kleine und gut gewachsene Rosette. Fabelhaft.«

Anna erschrak wieder, als sie spürte, dass die Äbtissin einen Finger tief in ihren Po bohrte. »Nicht erschrecken, Anna! Ich muss nur fühlen.«

Der Finger glitt mehrmals hinein und dann

spürte Anna, wie die Äbtissin ihr einen festen Klaps auf den Po gab. »Du darfst aufstehen und dich anziehen, Anna. Ich danke dir, dass du so bereitwillig warst. Du bist nicht nur wunderschön, sondern auch kerngesund.«

Während sich Anna wieder ankleidete, wandte sich die Äbtissin an die Schwester: »Sophie, bitte richte ein paar Gläser für die Marquise her und beschrifte sie deutlich. Ein großes Glas Honig-Paste, die Nippelsalbe und das Kitzlermousse. Ach ja. Richte ihr auch ein Glas der Gleitsalbe, du weißt schon. Pack alles gut in einen Korb, damit die Marquise sie morgen mitnehmen kann.«

»Charlotte. Wie kann ich dir danken?«

»Das kommt von Herzen, Claire.«

»Aber ich darf dem Stift etwas spenden. Nicht wahr?«

Die Äbtissin lachte. »Ja, wenn du es unbedingt möchtest. Wir sind für Spenden immer sehr dankbar. Sophie! Du darfst jetzt gehen. Wir sehen uns nachher im Refektorium zum Abendvesper. Aber eins. Über das hier, wirst du, wenn du diesen Raum verlassen hast, kein Wort mehr verlieren. Ich verlange es. Anna! Mit dir möchte ich noch mal sprechen. Komm, setze dich zu mir auf das Sofa. Claire nimm im Sessel Platz. Ich darf mich doch mit Anna unterhalten. Ja?«

Die Comtesse machte eine Handbewegung

der Zustimmung und setzte sich.

»Anna,« begann die Äbtissin, »ich habe von der Marquise gehört, dass du mit ihr nach Frankreich gekommen bist, um eine Luststute der hohen Gesellschaft zu werden. Ist das richtig?«

»Ja, ehrenwerte Äbtissin.«

»Nenn mich nur Äbtissin. Das ist einfacher. Also, du möchtet gerne eine Luststute werden. Weißt du denn, was das bedeutet, eine Luststute zu sein?

»Ja, äh,« stammelte Anna, »Ich denke, ich muss einem hohen Herrn dienen.«

»Mmh. Ja, das stimmt. Weißt du denn, wie du einem hohen Herrn dienen musst?«

Anna blickte unsicher zur Comtesse und bevor sie etwas antworten konnte, sprach die Äbtissin: »Du weißt, dass du einem hohen Herrn nicht nur in Unterhaltung und Kurzweil dienen musst, sondern auch mit deinen Liebeskünsten.«

»Ja, Äbtissin.«

»Das ist gut, wenn du dir dessen bewusst bist. Du bist eine ausgesprochene Schönheit, bist intelligent und lernfähig. Aber du weißt, dass bis dahin noch ein langer Weg der Erziehung durch die Marquise ist.«

»Ja, Äbtissin.«

»Weißt du, Anna. Hohe Herrn des Adels möchten gut ausgebildete junge Mädchen als

Luststute, besser gesagt als Mätressen, die in allen Dingen des Lebens stilsicher und mit Eleganz auftreten können. Hast du davon gehört, dass alle hohen Herrn am Hof des Königs, der König selbst und alle hohen adligen Beamten eine Mätresse haben?«

»Ja, Äbtissin. Die Schwester der Madame hat mir viel über die Mätressen erzählt.«

»Ah ja. Dann weißt du sicherlich, dass Mätressen in herrlichen Häusern oder Chateaus leben, kostbare Kleider tragen und ihren Herrn zu gesellschaftlichen Veranstaltungen, wie in die Oper oder zu Empfängen begleiten?«

»Ja, Äbtissin.«

»Aber, bist du dir auch bewusst, dass diese hohen Herrn, die alle sehr reich sind, von ihren Mätressen nicht nur Schönheit, sondern auch alle Liebesdienste die sie wünschen verlangen?«

»Ja, Äbtissin, das ist mir bewusst. Die Schwester der Madame hat mir schon viel über die Liebesdienste erzählt.«

»Oh. Das ist ja hervorragend. Dann hast du bestimmt auch schon von einigen speziellen Liebesdiensten gehört, oder?«

Anna wurde wieder unsicher. Zaghaft antwortete sie: »Die Gräfin hat mir einige Beispiele erzählt.«

Die Äbtissin schmunzelte und ergriff Anna's

Hand. »Keine Scheu, Anna. Ich weiß, was die Aufgaben einer Mätresse sind. Sag mir ein Beispiel, was die Gräfin dir erzählt hat. Ich möchte es hören!«

Anna blickte die Äbtissin lange an, bis sie Mut fand. »Die Gräfin hat mir gesagt, ich müsse den Griff der Cleopatra lernen.«

Claire und die Äbtissin mussten spontan laut lachen. »Ach, Anna, das ist lustig. Aber du hast recht. Der Griff der Cleopatra ist sehr hilfreich, wenn eine Luststute es beherrscht. Nun denn, bis dahin ist es ein langer Weg der Erziehung. Ein Weg, der manchmal viel von dir verlangt. Bist du denn bereit dazu, auch wenn die Erziehung durch die Marquise sehr streng sein wird?«

Anna schlug die Augen nieder und sprach leise: »Ja, Äbtissin.«

Die Äbtissin klopfte Anna mehrmals anerkennend auf die Schenkel. »Das freut mich zu hören. Anna, höre mir jetzt genau zu. Ich finde es wunderbar, dass du dazu bereit bist. Ich denke sogar, dass du alle guten Voraussetzungen mitbringst eine begehrenswerte Luststute zu werden. Ich möchte dir für deinen Weg eine Emphehlung mitgeben. Auch wenn du manchmal Stunden der Verzweiflung hast, wenn du leidest, denke immer daran, der allmächtige Herr im Himmel hat deinen Weg vorbestimmt und er wird dich leiten und schützen. Deine Herrin habe ich hier kennen und schätzen gelernt. Sie ist eine außerordentlich erfahrene und rücksichtsvolle Erzieherin und sie erzieht im Geiste unseres Glaubens an den Herrn. Du kannst ihr vertrauen, denn nur durch ihre Erziehung kannst du aufblühen und später mal ein glückliches Leben als Mätresse führen.«

»Das hast du sehr schön gesagt, Charlotte. Ich danke dir«, warf Claire ein, » Anna! Behalte die Worte der Äbtissin in Erinnerung.«

»Ja, Madame,« antwortete Anna brav.

Die Äbtissin wandte sich wieder an Anna: »Die Marquise hat mir erzählt, dass du von dem Mann ihrer Schwester, dem Grafen, schon zur Frau gemacht wurdest und einige Lektionen des Liebesdienstes einer Luststute erlebt hast. Du hast dem Grafen mit deinen Liebesdiensten sicher viel Freude schenken können. Nicht wahr?«

»Ja, Äbtissin.«

»War die Gräfin zufrieden mit deinen Diensten?«

»Ja. Ich dufte zur Belohnung Reiten und Französisch lernen und sie hat mir schöne Kleider geschenkt.«

»Ja, schöne Kleider sind etwas Herrliches. Ich denke, so brav wie du bist, wirst du noch viele schöne Kleider tragen dürfen. Sag mir, Anna, wann hat der Graf dich zur Frau gemacht?«

»Am ersten Abend, nachdem ich im Schloss angekommen war.«

»So ganz überraschend für dich?«

»Ja.«

»Oh. Hat er dich nicht vorbereitet?«

»Nein. Er hat gesagt, dass er meine Blume pflücken will und ich jetzt seine Stute sei.«

»Ah. Die Blume pflücken, dich deflorieren. Ja, das sagt man. Hat es weh getan?«

»Ja.«

»Und danach musstest du ihm oft dienen?«

»Ja, Äbtissin.«

»Aber danach hat es nicht mehr weh getan, nicht wahr?«

»Ja, Äbtissin.«

»Anna! Hattest du dann auch mal die wunderschönen Gefühle erleben dürfen, die man Orgasmus nennt? Du weißt, was ich mit Orgasmus meine?«

»Ja, Äbtissin.«

»Aber sag mir, hat dich der Graf auch in deinem Popo geliebt?«

Anna war erschrocken. »Antworte der Äbtissin«, kam es umwendend von der Comtesse.

»Ja. Äh. Der Graf hat mich mehrmals in den Popo geliebt.«

»Anna! Sei unbesorgt, wenn ich dich das frage.

Ich weiß, dass der Liebesdienst mit dem Popo für ein junges Mädchen, wie du es bist, nicht immer einfach ist. Aber auch das musst du erlernen. Ich kann dir aber sagen, dass es von Mal zu Mal einfacher wird und auch dir dann große Freude bereiten wird. Du hast einen wundervollen Popo. Ein ganz süßer Popo, den dein neuer hoher Herr sicher über alles lieben wird. Ich möchte, dass du weißt, dass du darauf stolz sein kannst, einen solch süßen verlockenden Popo zu haben. Weshalb sag ich dir das? Die Liebe in den Popo ist für ein junges Mädchen von Vorteil, denn sie wird dadurch nicht schwanger. Es ist nicht gut, wenn ein sehr junges Mädchen schon früh ein Kind bekommt. Sieh es so, dann wird es dir in Zukunft leichter fallen. Denn eines musst du wissen, ein schöner Popo ist für die hohen Herrn das Begehrenswerteste an einer jungen Mätresse. Und du willst doch mal eine Mätresse werden. Nicht wahr?«

»Ja, Äbtissin.«

»Veronica Francho war eine der begehrtesten Mätressen Venedigs und wurde die absolute Luxusmätresse mehrerer hoher Herren. Und weißt du warum? Anna! Weil sie einen der süßesten Popos gehabt haben soll. Ihr Ruf als ausgesprochene Schönheit und hochgeistige Gesprächspartnerin und exzellente Liebhaberin der Liebe im Po verbreitete sich sehr schnell. Es wurde ausführlich beschrieben, dass sie die Liebe im Popo liebte. Veronica wurde die Luststute des berühmten Malers Tintoretto und danach des Herzogs von Mantua und schließlich die Mätresse des Erzbischofs von Padua.«

»Charlotte, was ist das für eine interessante Geschichte!«

»Ja, Claire. Ich möchte, dass Anna sie hört. Zeigt es doch, wie wichtig es ist einem hohen Herrn den lieblichen Po anzubieten.«

»Und wie ging es mit dieser Veronica weiter?«

»Ein paar Jahre später wurde Veronica Mätresse des Kardinals d'Este. Kardinal d'Este war nicht nur ein Geistlicher, sondern auch ein machtvoller Politiker, für den sie junge Luststuten ausbildete. Da die Liebe in den Popo so hoch im Kurs stand, lehrte sie den Mädchen insbesondere die Stellung: *il raffinamento andare al galoppo sodomizarre*, wie sie es nannte. Der Satz von ihr ist überliefert. Übersetzt heißt das *das perfekte anale Reiten des Gliedes*, wenn die Luststute sich mit dem Rücken zum liegenden Mann auf dessen Glied setzt und ihm so den Anblick des Eindringens in einen knabenhaften Po gewähren kann.«

»Nein, was für eine erbauliche Geschichte. Anna! Hast du gehört, was die Äbtissin erzählt hat. Ist das nicht interessant?«

»Ja, Madame. Ich habe es gerne gehört. Äbtissin! Bitte, darf ich eine Frage stellen?«

»Ja, mein Kind. Sicher, doch.«

»Sie ist sogar Mätresse eines Kardinals geworden? Haben Kardinäle denn auch Mätressen?«

»Anna. Das ist eine sehr gute Frage, die du stellst. Das zeigt mir, dass du aufgeweckt bist. Ja, auch Kardinäle oder Bischöfe haben Mätressen. Sie sind mächtige reiche Männer und bedürfen der Liebesdienste junger Mätressen. Da sie allerdings Männer des Glaubens und der Kirche sind, dürfen sie nicht heiraten. Aber wie ich sehe, Anna, interessierst du dich sehr für Mätressen. Nicht wahr?«

»Ja, Äbtissin. Ich finde das Leben sehr interessant.«

»Ich denke auch, dass du alle guten Voraussetzungen hast, einmal eine Mätresse zu werden. Deshalb, sei nicht verzagt, wenn die Marquise dir manch schwierige Finessen mit harter Hand beibringen muss.«

Anna senkte ihren Kopf und leise kam es aus ihrem Mund: »Ja, Äbtissin.«

Sie wusste, was die Äbtissin damit meinte und erinnerte sich daran, dass die Madame es ihr schon während der Reise erklärt hatte.

Es entstand eine Minute des Schweigens. Die

Äbtissin nahm wieder Anna's Hand. »Es wird immer wieder Momente während deiner Erziehung geben, da muss die Marquise dir den rechten Pfad der Tugend des Gehorsams zeigen. Ich bin stolz auf dich. Du bist ein begabtes Mädchen und ich denke, wir werden uns bald einmal wiedersehen und dann kannst du mir von deiner Erziehung berichten. Du darfst jetzt aufstehen, in das Refektorium zu den Schwestern gehen und deine Hilfe anbieten.«

Anna nickte und verließ schnell das Boudoir. Auf dem Weg dachte sie an die Worte der Äbtissin und an die Geschichte der Veronica. Sie ist sogar Mätresse eines Kardinals geworden. Anna schüttelte den Kopf. *Und was weiß die Äbtissin über die Rute? Hat die Madame ihr etwas gesagt? Dass sie im Schloss Ransdow gepeitscht worden ist?*

*

Als Claire mit der Äbtissin wieder allein war, setzten sie sich auf das Sofa.

»Charlotte, das war ein einfühlsames Gespräch, das du mit Anna geführt hast. Auch die Geschichte der Veronica. Herrlich.«

»Claire. Ich sage dir, was ich herausfinden wollte. Anna ist bereit. Du hast recht, sie hat die notwendige Veranlagung, die ich mir in den ersten Gesprächen herauszufinden, bemühe. Sie ist nicht dumm, man kann sogar sagen, sie ist intelligent. Das kann ab und zu Schwierigkeiten bringen, auf die du konsequent reagieren musst. Sie kann eine sehr devote Luststute werden. Aber eine Erziehung zur wahre Devotion kannst du bei ihr nur durch rücksichtsvolle Züchtigung erreichen.«

»Ja. Da freue ich mich auch drauf. Sie hat einen so süßen Popo. Und du hast mir einige sehr wundersame Hilfsmittel gezeigt. Alle Achtung. Du bist eine sehr erfahrene Frau.«

»Ich bin eine sehr erfahrene Erzieherin und diese Hilfsmittel braucht man zu einer zielgerichteten Ausbildung. Deine Anna ist gut. Ist denke auch, du kannst sie fördern. Sie hat einen wunderschönen Körper, himmlisch. Ein schönes zierliches Kätzchen mit einem süßen Kitzler. Und, Anna hat einen fantastischen Popo. Absolut hinreißend.«

»Du konntest dir den Klaps nicht verkneifen,« lachte Claire.

»Nein. Ein solch süßer Popo bedarf eines Schlages. Sie wird deinem Charles außerordentliches Vergnügen bereiten.«

»Oder deinem Bischof?«

Wieder lachte die Äbtissin schallend. »Ja, das denke ich mir auch. Diesen Popo wird er mögen. Ich werde ihm davon erzählen. Du weißt, wie ich, dass unsere Männer die süße Delikatesse eines knabenhaften Popos als das Köstlichste überhaupt schätzen. Die anale Penetration ist in den hohen Kreisen mehr als üblich, ja sogar bevorzugt, obwohl es die offizielle Lehre der Kirche dem gemeinen Volk verbietet. Aber nur der gebildete Klerus und einige wenige Äbtissinnen, die wie ich denken, kennen den alten vatikanischen Codex von 1412, der den analen Liebesakt als freie Lustbefriedigung wortwörtlich zuließ. Darauf stützt sich unsere hohe Geistlichkeit, da diese Art der Befriedigung auf einer höheren Ebene der Ethik, des sittlichen Verständnis, angesiedelt und nur dem Wissenden zugänglich ist.«

»Das klingt wieder sehr gelehrt, Charlotte!«

»Na ja. Diese höhere Ebene beruft sich auf den sokratisch-pädagogischen Eros. Du erinnerst dich, was ich dir über die Liebesschule der Aspasia in Griechenland erzählt habe. Sokrates, der große Philosoph hatte sie sogar als beste Erzieherin der Liebeskunst gerühmt und die Dienste ihrer ausgebildeten Mädchen genossen. Bei seinen Symposien trafen sich athenische Männer der Oberschicht mit jungen Schülern und Schülerinnen zu gemeinsamem Lektionen, die der geistigen und körperlichen Erziehung dienten. Der anschließend vollzogene Liebesakt geschah immer in den Po und er war nie allein

Ziel, sondern nur Mittel, eine treibende Kraft im Prozess der Erziehung. Das war für die alten Athener völlig in Ordnung, denn es geschah im Rahmen gesellschaftlich hochgeschätzter Symposien, die man mit heutigen Soirées vergleichen kann. In einem solchen Liebesakt, der mit beiden Geschlechtern immer anal stattfand, steckt auch ein Stück archaischer Magie: die Übertragung und Weitergabe männlicher Lebenskraft. Auch Sokrates schrieb, *die Werke des Eros entzünden ebenso sehr das Feuer der Liebe, wie sie das Licht der Erkenntnis bringen*. Dabei stand der Analverkehr ganz oben auf der Wunschliste der Männer, weil es eben nicht um Zeugung ging, sondern nur um Erziehung. Dies ist die Erziehungsgrundlage auf Basis des sokratisch-pädagogischen Eros, und die findet man durchgängig bis heute in den für das gemeine Volk verborgenen Ausbildungsstätten. Vor einhundert Jahren nahm die Herzogin de la Ferte, die auch Mätressen ausbildete, in Briefen Stellung. Sie schrieb: *Für die meisten Männer ist die Praxis der Sodomie junger Frauen eine echte Quelle der Freude und fördert zugleich deren Erziehung*. Ich hoffe, ich langweile dich nicht mit meinen Rückblicken in die Historie?«

»Nein, Charlotte, überhaupt nicht.«

»Weshalb ich soweit aushole, ist, dass ich dich auf einen wichtigen Aspekt bei der strengeren

Erziehung hinweisen will. Der Moment der analen Penetration ist jedes Mal eine besondere erzieherische Lektion für die Mädchen. Ich liebe es zuzusehen, wenn sie gezwungen werden, dem Glied eines hohen Herrn Einlass zu gewähren. Ein Akt, wo der Schmerz erst mit der Zeit dem Vergnügen weicht. Ich mag es, den langen Kampf zu beobachten, wie sich ein pralles Glied langsam nach und nach den Weg in einen zierlichen Popo bahnt, bis die totale Entspannung tiefe Stöße ermöglicht. Ich weiß, dass es jedes Mal eine schwere Prüfung der jungen Novizinnen bei Beginn der Media mit dem Ritual des *Confiteor* ist und sich ganz natürliche, unbewusste Widerstände aufbauen. Sie erkennt beim analen Liebesakt nicht sofort die hohen Lustgefühle. Das Ritual des *Confiteor* verlangt, dass es immer mit der analen Penetration endet. Die unbewussten Widerstände, die dieses Erkennen behindern, löst man nur durch die Züchtigung vor dem Liebesakt. Man lockert mit den Hieben die Anusmuskulatur und sie soll als erzieherische Maßnahme erlernen, dass die Widerstände nur den Genuss beeinträchtigen.«

»Da gebe ich dir recht. Auch ich sehe es jedes Mal mit Faszination und errege mich daran.«

»Ja, so ist es richtig. Nur so erlernt sie, gehorsam zu dienen. Sie soll allein einem hohen Herrn

Genuss ermöglichen, der ihrige entwickelt sich nach und nach. Die Erziehung gemäß dem sokratisch-pädagogischen Eros beinhaltet durch das Wort *pädagogisch* die strenge Ausbildung durch Züchtigung, wobei nicht nur die Rute, sondern auch ein schonungsloser unerbittlicher Liebesakt eine Form der Züchtigung darstellt - und damit, Claire, befinden wir beide uns auf dem Fundament der altehrwürdigen griechisch-philosophischen Schulung.«

»Das klingt sehr erhaben.«

»Ja, das ist es. Die Priorin in Paris, Schwester Genoveva, drückte es drastischer aus. Eine Novizin der Suprema muss mit der beißenden Rute geöffnet und hernach mit einem harten Phallus unerbittlich geläutert werden, - das ist sokratisch-pädagogischer Eros, zielgerichtete Ausbildung.«

»Oh! Nein, wie obszön!«

»Nun ja. Ich finde es sogar poetisch. Sie liebte offene Worte. Sie ist eine sehr gebildete Dame, die genau weiß, was die hohen Herren wünschen.«

»Hohe Herren, die alle süße Popos peitschen und ficken wollen!«

»Ja! Das ist das Recht des hohen Herrn, Le droit du Seigneur. Das, was die Novizin verinnerlichen muss. So hat die Priorin es mir gelehrt. Übrigens, ich habe Sophie aufgetragen, dir noch eine weitere Salbe zu geben. Es ist eine Gleitsalbe, duftet sehr gut nach Lavendel, und sie erleichtert das Eindringen eines dicken Gliedes in den Popo.«

»Ich bin dir so dankbar. Das sind wirklich alles sehr interessante Hilfsmittel.«

»Ja, ich weiß. Ich echauffiere mich.«

»Gestern Abend hast du mich noch zurechtgewiesen, ich solle mich nicht hinreißen lassen.«

Die Äbtissin musste lachend zugeben: »Ja, ich weiß. Aber gestern Abend hatten wir beide uns noch nicht so intim offenbaren können. Wir unterhielten uns ja auch mehr allgemein über die Notwendigkeit einer Züchtigung bei Fehlverhalten. Jetzt können wir uns so erfrischend offen über die Suprema, die finale, die schwierigste Phase der Erziehung austauschen - die gezielte und kompromisslose Förderung der Wollust. So wie es der Marquis d'Argens ausdrücklich in seinem Buch *Thérèse philosophe* empfiehlt. Ich bin so glücklich, in dir jemanden gefunden zu haben, mit dem ich darüber reden kann. Es ist doch unvorstellbar, sich sonst mit jemanden darüber zu unterhalten, wie man junge Mädchen durch Peitschen zum Orgasmus führen kann.«

»Ja, das stimmt. Wir beide können uns mehr als galant unterhalten. Ich hoffe, wir beide werden enge Freundinnen. Ich würde mich glücklich fühlen.«

»Natürlich, Claire. Du bist schon jetzt meine Freundin. Eine Freundin, die auch Verständnis für meine Lust aufbringt.«

»Dessen kannst du sicher sein, Charlotte.«

*

»Claire, gehen wir wieder in mein Boudoir. Möchtest du deine eigene Kleidung tragen. Sie wird jetzt trocken sein.«

»Nein. Ich bin zum Vesper bereit. Wenn es erlaubt ist, behalte ich diese Tracht an.«

»Ja. Es ist nur ein einfacher Habit und du trägst auch kein Kopfgebinde. Du wirst es gleich beim Vesper sehen. Cecilie trägt als einzige einen ganz weißen Habit und eine weiße Novizinnen Kopfbedeckung mit einem weißen Schleier, weil sie noch Jungfrau ist. Alle anderen tragen den schwarzen Habit des Gelöbnisses, der über dem Kopf reicht und darunter aber auch den weißen Schleier, der sich bis um den Hals legt. Das Habit ist die einheitliche Ordenskleidung der Profess Novizinnen. Nur ich trage eine sogenannte Kukulle darüber.«

Im Vorbeigehen entdeckte Claire etwas. »Oh, was hast du denn da für ein frivoles Bild hängen.«

„Ja, das ist es. Ist es nicht schön? Zwei nackte junge Mädchen auf einem Bett spielend mit ihren Hunden. Es ist von dem Maler Jean-Honoré

Fragonards. Ein bezauberndes Bild. Sehr gewagt. Der Maler ist bekannt für seine erotischen Bilder. Er verließ das Fach der historischen Malerei ganz und ward der Maler des Vergnügens, der Lust und des heiteren Lebensgenusses. Im Vertrauen, er soll die Mädchen als Modell gehabt haben. Der Bischof hat es mir von Paris mitgebracht.«

»Oh. Wie amourös. Meinst du, der Maler hatte etwas mit den Mädchen?«

»Hmm, man sagt es. Deshalb sind ja auch etliche Bilder von ihm verboten worden.«

»Es ist wirklich schön. Als Luststuten wären sie bezaubernd.«

»Claire!«

»Darf ich doch sagen, oder? Ich habe einen Kupferstich, der die Marie-Louise O'Murphy zeigt, die junge Mätresse Ludwigs, von der du ja auch erzählt hast. Es zeigt, wie sie nackt, breitbeinig auf einem Bett liegt. Wundervoll erotisch. Er wurde von dem Maler François Boucher gemalt, der sie in dieser Pose auch in Öl gemalt haben soll. Charles hatte mir zwei Exemplare des Stichs mitgebracht. Einen habe ich meiner Schwester geschenkt. Sie verehrt dieses Bild. Die junge Murphy muss auch eine Schönheit gewesen sein. Verständlich, dass der König, nach dem er das Gemälde von Boucher gesehen hatte, sie sofort zu seiner Mätresse gemacht hatte.«

»Oh ja, es gibt viele Maler in Paris, die nackte Frauen und Mädchen malen, selbst hochgestellte Damen der Gesellschaft lassen sich gerne unverhüllt malen. Es ist zurzeit eine richtige Mode.«

Claire schaute sich um. »Und über dem Bett hast du eine Peitsche hängen?«

»Eine alte Martinet. Sie hängt nur da, um den geforderten Gehorsam zu symbolisieren. Eine richtige Martinet, die ich benutze, habe ich in meinem Schrank. Und dort drüben auf diesem Sofa gegenüber dem Bett halte ich die Exerzitien mit meinen Nymphen ab.«

»Ich könnte es mir in Gedanken vorstellen. Mit einer nackten Nymphe...«

»Die Nacktheit ist wichtig. Auch ich bin dabei nackt. Wie der Allmächtige uns geschaffen hat. Dies soll eine Novizin verinnerlichen.«

»Galante Gedanken!«

»Die darfst du haben, meine Freundin. Ich werde Eugenie beim Vesper wissen lassen, dass ich sie um neun zu den Exerzitien bei mir erwarte.«

»Oh!«

»Du musst verstehen. Unsere Unterhaltungen heute haben mich so sehr in Wallung gebracht, dass ich sie diese Nacht bei mir haben möchte. Abgesehen davon, war sie gestern etwas vorlaut und deshalb wird sie das Martinet zu spüren bekommen. Ich werde sie darauf hinweisen, dass sie sich zu zügeln hat.«

»Charlotte!«

Die Äbtissin zuckte nur mit den Schultern. »Ach. Sie bekommt nur drei oder vier Schläge und nach jedem Schlag fühle ich nach, wie sehr sie schon erregt ist. Sie weiß, wenn sie sich gehorsam der Züchtigung hingibt, sie von mir einen Orgasmus geschenkt bekommt und wird sich darauf freuen.«

*

»Zum Wohle, meine Freundin«, sprach die Äbtissin zu Claire, als sie wieder in ihrem Boudoir zusammensaßen und ihr ein Glas reichte.

»Auf dein Wohl, liebe Charlotte. Auf diesen herrlichen Tag der Erleuchtung, die du mir gegeben hast. Ich hätte das nie erwartet, zumal der Bischof mir gegenüber nichts erwähnt hat.«

»Er ist eben sehr diskret.«

»Sag mal, Charlotte. Du hast eben erwähnt, dass diese Cecilie noch die weiße Kopfbedeckung trägt, weil sie noch Jungfrau ist und demnächst das Gelöbnis abhalten soll. Wird sie dann entjungfert?«

»Das ganze Ritual des Gelöbnisses, wie wir es hier handhaben ist sehr geheim. Ich hatte es dir ja heute Mittag schon angedeutet. Es ist immer sehr diskret und sehr feierlich - aber es endet mit der Entjungferung.«

»Dann ist das Gelöbnis eine Form der Entjungferung?«

»Das kannst du so sagen. Natürlich ist dieser Schritt ein Weg zum richtigen Glauben und ein Aufstieg in die höheren Weihen als Ordensschwester. Unterschwellig steht hier in diesem Stift von Anbeginn an das Erziehungsziel der ersten Stufe. Nämlich die Vereinigung im Liebesakt.«

»Weiß die Novizin das vorher?«

»Ja und Nein. Natürlich will sie Professnovizin werden. Das macht sie stolz und stellt sie mit den anderen auf eine Stufe. Dies wird ihr von mir in den vorher gehenden Exerzitien auch beigebracht, sodass sie sich auf das Gelöbnis freut und es herbeisehnt.

Ich denke, da du die Mätresse eines Prior bist, darf ich dir mehr erzählen. Abgesehen davon bist du eine gleichrangige Pädagogin, die sich der Erziehung junger Mädchen zu Liebesdiensten verschrieben hat, was, ich muss es zugeben, auch hier eines der Erziehungsziele ist. Es ist eben ein sehr exklusives Stift mit einer besonderen erweiterten Aufgabe. Daher weicht das hier vollzogene Ritual des Gelöbnisses doch sehr stark von gemeinen Gelöbnissen ab. Du verstehst, was ich meine?«

»Charlotte. Du kannst dich auf meine Diskretion verlassen. Ich gebe zu, aufgrund des besonderen Erziehungsauftrages, den du und auch ich habe, bin ich natürlich schon interessiert, wie du es handhabst.«

»Claire, schwöre beim Angesicht des Herrn.«

»Ich schwöre beim Angesicht des Herrn, dass ich mein Wissen nicht weitergeben werde.«

»Danke, das ist gut. Ich verrate dir, wie ich dieses Ritual des Gelöbnisses handhabe. Das musst du wirklich für dich behalten. Cecilie wird die nächste sein, sie ist die jüngste meiner Mädchen, sie hat einen traumhaften Körper. Sie durfte während der Exerzitien, die ich mit ihr abgehalten habe, schon mehrmals zum Orgasmus kommen. Sie weiß, dass sie beim Gelöbnis unserem Bischof ihren Gehorsam zeigen muss. Sie weiß auch, dass sie dabei vom Bischof leicht gezüchtigt wird, so wie ich es mit ihr während der Exerzitien gemacht habe. Zum Gelöbnis muss sie sich entkleiden und vor allen anderen auf ihre Kleidung vor dem Bischof auf den Boden legen. Es folgt dann ein Gebet und eine Ansprache des Bischofs, der ihren Gehorsam fordert. Als Zeichen seines zukünftigen Rechtes als ihr Richter, reichte ich ihm dann eine Rute und sie erhält drei feste Schläge auf den Po. Wenn sie ihren Schwur geleistet hat, wird sie aufgerichtet, kniet vor dem Bischof und spricht mit ihm ein Gebet. Dann überreicht der Bischof ihr den Ring, der sie als zukünftige Braut Christi auszeichnet und setzt ihn auf ihren Finger. Zu dem Zeitpunkt weiß sie aber noch nicht über die wahre Bedeutung des Ringes. Das kommt später. Ich habe da so meine besonderen Angewohnheiten, die es für die Novizin erleichtern sollen. Ist dieser erste Teil des Gelöbnisses beendet, erhält sie von mir ein volles Glas Rotwein und vom Bischof eine geweihte Hostie. Ausgehend vom letzten Abendmahl Jesu werden nach katholischer Lehre in der Liturgie Brot und Wein in den Leib und das Blut Christi verwandelt. Hier wird der Novizin schon aufgezeigt, wie wichtig der Begriff Leib Christi ist. Es ist alles sehr festlich und ich achte auch darauf, dass sie das dargebotene große Glas Rotwein auch ganz leer trinkt. Aber nicht nur durch den Wein, den sie nicht gewohnt ist, sondern auch das überaus festliche Zeremoniell, versetzt es sie in eine Art Trance. Sie ist emotional hochgradig erregt, spürt vielleicht noch die drei Hiebe auf ihrem Po, auch der Wein zeigt schnell seine Wirkung und ihre Nacktheit zeigt ihr, dass sie im Mittelpunkt steht und von allen ihr sichtbarer Gehorsam verlangt wird.«

»Das hört sich sehr schön an.«

»Während ihr der Brautring auf dem Finger

gesteckt wird, muss sie ein Gelöbnis der Mechthild von Magdeburg aufsagen:

Der Herr umarme mich im edlen Wohlgefallen seiner Liebe,
Er grüße mich mit seinen seligen Augen,
Wenn sich die Liebenden wahrhaft schauen.
Er durchküsse mich mit seinem göttlichen Munde,
Wohl mir ob der überherrlichen Stunde!
Er liebe mich mit Macht auf dem Bett der Minne.
Tief in mir spüre ich seiner recht inne,
Und zeiget mir die höchsten Wonnen
Herr, nun lass ich mich minnen,
Und gelobe mit allen Sinnen.

Wie gesagt, alles sehr festlich und stilvoll. Dann wird ihr von mir verkündet, dass sie nun als Braut Christi die Einswerdung mit dem Leib des Herrn erfährt.«

»Oh. Die Einswerdung. Was für ein Wort.«

»Das ist noch mystisch gemeint. Um sie in den hohen Zustand ihrer emotionalen Trance zu halten. Sie erhält als einziges Kleidungsstück einen kleinen weißen Brautschleier auf den Kopf und ich sage ihr dann, dass ich sie als zukünftige Braut Christi ins Boudoir führen werde. Sie wird von allen anderen Novizinnen mit Küssen und segensreichen Wünschen verabschiedet.«

»Aber die wissen, dass sie entjungfert wird.«

»Ja. Natürlich. Sie haben ja alle das gleiche Zeremoniell des Gelöbnisses mitgemacht. Aber, lass mich erzählen. Also, ich führe sie in das Boudoir. Es ist abgedunkelt und nur einige Kerzen spenden wohliges Licht. Ich geleite sie dann zum Gebetsstuhl und lass sie hinknien und vornüberbeugen. Sie muss die Hände falten und wir beten gemeinsam und bitten um Erfüllung. Dann erkläre ich ihr, dass ich jetzt ihren ganzen Gehorsam einfordern muss und schlage ihren Po mit der Hand. Recht kräftig und immer wieder streiche ich über ihre Schamlippen, um zu fühlen, wie weit sie ist. Dann erst erkläre ich ihr die große Symbolik des Brautrings, den sie jetzt trägt. Sie erfährt, dass er symbolisch für die Vorhaut des Gliedes des Herrn steht und dass sie zukünftig durch den Ring zeigt, dass sie seinem Glied dienen wird und dass dieses Glied sie eins werden lässt mit dem Leib des Herrn. Ich erkläre ihr, dass die zwei gefalteten kleinen Wellen an der Oberseite des Silberringes ihre zwei Schamlippen bedeuten, die von Glied des Herrn durchbohrt werden. Sie wird dann vollkommen in wilden Gedanken sein, weshalb ich sie auffordere, das zur Begattung durch den Herrn erlernte

Gebet aufzusagen. Es lautet:

Meinen Leib gebe ich dir, Herr, mit der ganzen Liebe meines Herzens, weil ich nach dir verlange und weil diese Liebe mich treibt, mich dir hinzugeben, mich in deiner Umarmung wiederzufinden.

Denn du bist der Herr. Komm bitte, öffne meinen Leib für die Begegnung mit dir!

Herr, du bist die Sonne aller Leidenschaft, du gibst die Erfüllung aller Begierde, du bist die Kraft aller Lust, du bist der Lehrer aller Liebe, du bist das Liebende in allem Leben, komm in meinen Leib.

Amen.

Dieses Gebet und das Streicheln ihres Kitzlers, verbunden mit weiteren Schlägen lässt sie hochgradig nass werden. Der Bischof hat sich während der Züchtigung ausgezogen und sein Glied in einem prachtvollen Zustand gebracht.«

»Oh. Jetzt wird es spannend.«

»Ja. Er tritt von der vorderen Seite vor ihren Kopf und sie erblickt zum ersten Mal das dicke Glied des Bischofs.«

»Erschreckt es sie?«

»Etwas schon. Aber ich rede unentwegt auf sie ein. Ich erkläre ihr, dass sinnbildlich für das Glied des Herrn, der Bischof, als Vertreter des Herrn auf Erden, mit seinem Glied die Einswerdung mit der Braut Christi vollziehen wird. Ich verlange dann, dass sie sein Glied ergreift und es ehrfürchtig küsst.«

»Nein, wie zeremoniell!«

»Ich verlange dann von ihr, dass sie mehrmals den Satz wiederholt: Mein Bischof, ich trage die Vorhaut des Gliedes Christi als Ring. Macht mich an seiner Stelle mit eurem Glied zur seiner Braut.«

»Oh. Welch wunderbarer Satz.«

»Ja. Und sie muss ihn immer wieder aufsagen, während der Bischof und ich die Stellung wechseln. Ich stelle mich vor sie und halte ihre Arme in festem Griff und der Bischof streicht mit seinem Glied ein paar mal ihre nasse Spalte auf und ab. Dann soll sie laut sagen: Kommt mit dem Glied des Herrn in meinem Leib. Ich gehöre euch als Braut Christi. Das ist dann das Zeichen für den Bischof, mit seinem steifen Glied unaufhaltsam und kraftvoll zuzustoßen und sie zu entjungfern.«

»Oh, wie schön.«

»Wunderbar. Wenn dieser entsetzte Aufschrei der Jungfrau kommt, erfasst es mich jedes Mal und es bewegt mich. Ich rufe laut Halleluja und während sie kraftvoll die Liebe erfährt und wimmert, sage ich zu ihr, dass sie nun Eins geworden ist mit dem Leib des Herrn und tröste sie mit Küssen. Ich sehe dann im Gesicht des Bischofs, wie sehr es ihn erregt und befriedigt, sein pralles Glied in eine Jungfrau zu stoßen. Er mag es zu gern, ein enges jungfräuliches Mädchen zu lieben und genießt es sehr ausgiebig.«

»Eine sehr würdevolle Zeremonie.«

»Ja, das ist es. Sie müssen lernen, dass der Liebesakt und die Rute zusammen gehören. Danach führe ich sie zum Bett und lass sie sich hinlegen. Ich ziehe mich dann auch nackt aus und lege mich zu dem Bischof auf der anderen Seite. Wir loben sie ausgiebig, dass sie jetzt zur Frau geworden ist und als Braut Christi dienen kann. Meistens schlafen die Novizinnen dann vor Erschöpfung ein, sodass der Bischof und ich uns sehr offen über ihre Vorzüge beim Liebesakt unterhalten können. Wenn ich bemerke, dass das Glied des Bischofs wieder unter meiner zärtlich Hand zu seiner gewohnten Härte kommt, wecke ich die Novizin und sage ihr, dass sie erneut mit ihrem Leib dienen muss. Während sie erneut vom Bischof bestürmt wird und ich ihre Brustwarzen zitzel, erkläre ich ihr, dass es von nun an ihre Aufgabe ist, als Braut das Glied des Bischofs immer zu empfangen, wenn er es verlangt. Ihr muss schnell klargemacht werden, was ihre zukünftige Aufgabe ist. Ich erkläre ihr auch, dass sie während der drei Tage, die das Gelöbnis dauert, mehrmals täglich das Glied des Herrn empfangen wird.«

»Das ist auch meine Meinung, Charlotte. In den Tagen nach der Entjungferung muss ein junges Mädchen möglichst oft gefickt werden, damit sie früh die Lust kennenlernt.«

»Da hast du recht, Claire. Der zweite Liebesakt dauert immer recht lange und fordert viel Demut von der Novizin. Um so mehr erfreut es sie dann, wenn ich ihr sage, dass der Bischof ihr jetzt den Heiligen Geist in ihren Leib übergeben hat und sie wieder schlafen kann.«

»Den Heiligen Geist übergeben?«

»Das ist die würdevolle Umschreibung, dass die Novizin als Braut aus dem Glied ihres Herrn den Samen in ihrem Lieb erhält. In den Mund, in ihre Vagina oder in ihren Anus. Ich lasse es die Bräute wissen, dass im Samen der Heilige Geist enthalten ist und ihr nur im Vollzug des Liebesaktes übergeben werden kann. Das ist sehr hilfreich und steigert das Verlangen einer Braut, dass steife Glied des Bischofs zu empfangen und lässt sie sehnsüchtig den Erguss des Samens erwarten.«

»Mein Gott, was für eine würdevolle Erklärung.«

»Da auch der Bischof einen sehr guten Schlaf hat, sind die Novizin und ich meisten sehr früh wach und ich unterhalte mich mit ihr ausgiebig über die Übergabe des Heiligen Geistes. Über die Gefühle, die sie erlebt hat, wie der Heilige Geist in ihrem Körper ihren Glauben stärkt und was ihre zukünftigen Pflichten sind. Manchmal kommen da ein paar Tränen und dann rede ich ihr gut zu, streichel zärtlich ihren Kitzler und bringe sie zum Orgasmus. Als Geschenk sozusagen, für ihre Pflichterfüllung.«

»Das ist sehr fürsorglich. Ich bin begeistert, Charlotte.«

»Ja. Zumal der Bischof, wenn er erwacht und das zierliche nackte Mädchen neben sich sieht, sehr schnell wieder ein steifes Glied bekommt und erneut den Liebesakt vollziehen will.«

»Oh. Interessant. Meine Anna hat mir erzählt, dass mein Schwager, der Graf sie auch immer früh morgens schon zugeritten hat.«

»Es ist für die Erziehung sehr vorteilhaft, dass die Männer früh morgens beim Anblick eines schönen jungen Mädchen und dem Wissen, dass sie das Recht und die Pflicht haben, den Liebesakt zu vollziehen, sehr schnell geil werden.«

»Und du bist immer ganz nah dabei?«

»Ja. Ich genieße es. Ich liebe es, zuzusehen, wie meine jungen Novizinnen bestürmt werden, kann gar nicht oft genug sein. Ich verrate dir, ich errege mich sehr beim Anblick und streichel mich bis zum Orgasmus. Es hat etwas Würdevolles, wenn der füllige Bischof auf einer schlanken zierlichen Novizin liegt, sie kraftvoll als seine Braut liebt und ich ihre schrillen Schreie höre. Der Bischof ist ein reiner Genussmensch. Er liebt sehr ruhig, sehr gleichmäßig und vor allen Dingen sehr ausdauernd. Aber er stößt immer tief bis ans Heft in die junge Braut. Man sieht, wie er die Gefühle in seinem Glied genießt, bei jedem Stoß.«

»Hmm. Das kann ich mir bildhaft vorstellen, wie erregend es ist zuzuschauen. Ich genieße es auch, wenn mein Charles sein opulentes Glied in meine Mädchen hämmert.«

»Haha. Hämmern ist gut. Du freust dich wahrscheinlich darauf, wenn du zu Hause bist und deiner Anna zusehen kannst.«

»Und ob. Während der ganzen Reise, als ich abends immer mit Anna im Bett lag und wir uns gegenseitig gestreichelt haben, habe ich mir immer vorgestellt, wie schön es sein wird, wenn sie von Charles gefickt wird. Ich habe es sie auch wissen lassen, wenn sie mich richtig in Erregung gebracht hatte. Ich habe ihr mehrmals geflüstert, dass sie zu Hause vom Marquis sehr regelmäßig gefickt wird und ich mich daran erfreuen werde.«

»Erfreute sie das auch, das zu hören? So obszön.«

»Ich habe sie regelmäßig zum Orgasmus

gebracht, wenn ich ihr ins Ohr flüsterte, dass sie gefickt wird. Es ist für die Erziehung der jungen Mädchen zu Luststuten von äußerster Wichtigkeit, dass die sehr regelmäßig, mindestens einmal am Tag heftig gefickt werden. Ich habe ihr mehrmals gesagt, dass es ihre Pflicht ist, sich brav ficken zu lassen.«

»Nein, wie obszön. Herrlich. Nur, dieses Wort darf ich nicht benutzen, da ich ein Vorbild für meine Novizinnen sein muss.«

»Ach, liebste Äbtissin. Die vornehme Komtesse von Antremont, eine gute Freundin von munterer Laune und gewandter Zunge, erzählte mir bei einer Soiree, wie sie nach ihrer Hochzeit kränklich wurde und ihr Arzt sagte, es würde niemals mit ihr besser werden, wenn sie nicht der Liebe pflege. Sie beichtete ihm, ihr Gatte sei als Seneschall des Königs sehr oft länger abwesend und bat den jungen Arzt, sie zu behandeln. Sie und der Arzt vergnügten sich mit Leib und Seele. Sie führte nun immer das galante Wort im Munde, das mit f. beginnt. *Ich werde so oft ficken wie möglich, denn meine Gesundheit hängt davon ab*, sagte sie mir. Ihrem Gatten hatte sie berichtet, dass der Docteur eine langwierige Behandlung ihrer Schwernot gefunden hätte, die sie heilen könnte und sie jede Woche zu ihm hin müsse. Ihr Gatte war erleichtert und bestärkte sie und mir erzählte sie im Vertrauen, dass sie sich so wohlfühlte und sich deshalb jede Woche vom Docteur kraftvoll ficken ließ. Ficken sei die beste Medizin.«

»Ja, ich gebe dir recht.«

»Die Komtesse ist nach dem frühen Tod ihres Gatten eine enge Freundin geworden. Wenn sie mich besucht, redet sie unentwegt über das Ficken. Sie hat mir gestanden, dass sie einen jungen Jagdaufseher hat, der mit einem kräftigen Glied ausgestattet ist und von ihm lässt sie sich täglich ficken. Auch von ihrem Beichtvater hat sie sich schon ficken lassen.«

»Nein. Wie schamlos. Wie herrlich. Ja, der Liebesakt fördert die Gesundheit. Leider ist dies bei mir ja nur begrenzt möglich, da der Bischof immer nur ein paar Tage hier ist. Nur, wenn kein Gelöbnis stattfindet, dann schafft er es meistens in den drei oder vier Tagen, mit allen meinen Novizinnen und mir den Liebesakt zu vollziehen.«

»Dauert das Gelöbnis denn mehrere Tage?«

»Ja, natürlich. Es ist nicht mit der Nacht der Entjungferung zu Ende. Der zweite Tag ist der eigentliche Tag der Profess-Prüfung. Ich lasse ein kleines Frühstück kommen, das wir gemeinsam einnehmen und dann werde ich mit Cecilie in mein Zimmer gehen. Zwei weitere Novizinnen werden dazu kommen und gemeinsam kleiden wir sie in der ihr neu zustehenden Ordenstracht ein. Der Bischof bereitet sich auch für einen festlichen Tag vor und gemeinsam fahren wir mit allen Novizinnen in unseren Kutschen nach Belford zur Heiligen Messe in der großen Stadtkirche. Der Bischof hält die Predigt und stellt dabei auch die Novizin als jetzt neue Ordensschwester der Kirchengemeinde vor. Das ist sehr feierlich und wird für Cecilie tief beeindruckend sein. So sehr, dass sie alle ihre zukünftigen Pflichten vergisst. Deshalb muss ich ihr auch sagen, dass wenn es durch die Handauflegung des Bischofs zur Segnung, der Consecratio virginum, der Jungfrauenweihe kommt, soll sie in aller Demut auf ihren Brautring schauen. Ich sage ihr dann, die Vorhaut Christi erinnert dich an deine Pflichten.«

»Aber sie ist dann doch keine Jungfrau mehr.«

»Leiblich gesehen, ja. Die körperliche Entjungferung hat nur mystischen Charakters, sie hat keinerlei Einfluss auf ihren geistlichen Stand der Reinheit und Jungfräulichkeit. Die körperliche Entjungferung und die demütige Hingebung der Novizin als Braut Christi zum leiblichen Akt der Vereinigung mit Männern des hohen geistlichen Standes ist nur Ausdruck ihres unbedingten Gehorsams, den sie immerfort zeigen muss. Ich mache den Novizinnen immer klar, dass ihre geistliche Jungfräulichkeit beim Vereinigungsakt nicht befleckt wird, da sie nicht heiraten können. Aufgrund ihrer Weihe durch den Diözesanbischof erwerben sie eine besondere Bindung an die Kirche, deren Dienst sie sich widmen, auch wenn sie weiter in der Welt bleiben. Sie sind dann für alle Bürger sichtbar Profess-Novizinnen, also noch keine Nonnen. Als Profess-Novizin beginnt dann ihre eigentliche Ausbildungszeit, die bis zu zwei Jahre dauern soll. Dann erst legt sie das ewige Gelöbnis ab und tritt in die Dienste eines hohen Geistlichen. Meistens werden meine Profess-Novizinnen aber schon vorher Mätressen«, lachte die Äbtissin.

»Das glaube ich gerne.«

»Aber zurück zum Gelöbnis. Allein oder in Gemeinschaft stellen die von mir erzogenen Bräute Christi ein besonderes eschatologisches Bild von der himmlischen Braut und dem zukünftigen Leben dar, wenn die Novizin endlich die Liebe zu ihrem Bräutigam Christus in Fülle erleben wird. Eschatologie ist ein theologischer Begriff, der die Lehre von den Hoffnungen auf Vollendung des Einzelnen offenbart. Letztendlich geschieht die Vollendung mit Erreichen des himmlischen Orgasmus durch das Glied ihres Herrn. Und das vollzieht in Vertretung unseres Herrn der Bischof. Dies erkläre ich der Novizin, wenn wir sie für die heilige Messe vorbereiten.

Sie wissen also um ihre besondere Aufgabe und Stellung innerhalb des Ordens und akzeptieren dies in hohem Glauben. Aber es wird so feierlich und ergreifend während der Messe sein, dass sie wieder in einer Art Trance ist und voll des Glaubens sein wird.«

»Oh, ja. Das kann ich mir vorstellen.«

»Ich werde euch Bescheid geben, wann das Gelöbnis der Cecilie sein wird und vielleicht kannst du ja zur Messe kommen.«

»Das ließe sich machen. Ach, ist das spannend, was du erzählst. Wie geht es dann weiter?«

»Nach der Messe fahren wir zurück zum Stift. Die Novizin darf dann in der Kutsche des Bischofs neben ihm sitzen. Der Bischof wird schon voller Freude auf den nächsten Höhepunkt des Tages warten und genussvoll sein Glied in der Hose reiben. Für ihn ist die hohe Prüfung der eigentliche Höhepunkt.«

»Was ist denn diese hohe Prüfung?«

»Letztendlich die anale Entjungferung.«

»Aha. Habe ich mir fast gedacht.«

»Hmm, ja. Sehr amüsant. Im Stift stehen wir alle im Refektorium im Kreis und die frische Profess-Novizin muss sich vor dem Bischof hinknien. Es wird gebetet und nachdem sie den Friedenskuss erhält, wird sie ermahnt, sich und die Welt gänzlich zu vergessen, in glühender Liebe ihren Geliebten Jesus Christus zu empfangen und umarmen, der vom Himmel hernieder in ihren Leib kommt und ihn solange festhalten soll, bis er ihr den Heiligen Geist gegeben habe, was sie sich wünsche.«

»Ein schöner Satz.«

»Ja, finde ich auch. Er zeigt ihr und den anderen Novizinnen recht klar, welche Aufgaben sie zu erfüllen hat. Sie weiß es und sie ist sich bewusst, dass sie ihren Gehorsam beweisen muss. Sie muss deutlich den Bischof bitten, ihren Glauben zu prüfen und bietet ihm dazu ihren gesamten Leib an. Sie wird dann in den Boudoir geführt, entkleidet und kommt zum ersten Mal in das Turmzimmer. Dort sieht sie dann den Bock und wird von mir darauf festgeschnallt. Ich erkläre ihr, das es notwendig ist, obwohl ich sicher sei, dass sie standhaft die Prüfung über sich ergehen lassen wird. Das macht ihr Mut. Der Bischof mag es außerordentlich gerne, diese Züchtigung zu vollziehen. Diese Züchtigung hat nämlich allein den Zweck, die Novizin durch den Schmerz zu öffnen. Sie wird das Ende über alles herbeisehnen, da sie weiß, dass sie danach das Glied des Herrn empfangen wird und das wird sie als Erlösung betrachten. Allerdings wird es sie überraschen, dass der Bischof mit seinem überaus prallen Glied den anderen Weg wählen wird. Wenn die

Züchtigung durch den Bischof vollendet ist, sage ich zu ihr, dass sie es überstanden hat und den Bischof jetzt bitten soll, ihr seine Liebe zu zeigen. Sie soll mit Freude das steife Glied des Bischofs empfangen und mit Genugtuung sehe ich dann die Dankbarkeit in ihrem Gesicht.«

»Du erregst mich zusehends, Charlotte.«

»Ich bin dabei furchtbar erregt und genau wie der Bischof auch schon nackt. Dann gehe ich nach hinten, streichle ihre Schamlippen und ihren Kitzler bis sie nass ist und stopfe ihr sehr viel Salbe in den Po - und mit großer Freude führe ich dann das Glied des Bischofs zu ihrem zierlichen Schließmuskel.«

»Mein Gott, was für ein Ritual.«

»Ja. Die erfahrenen Novizinnen wissen natürlich, dass am zweiten Tag immer die anale Entjungferung stattfindet. Die junge Braut erfährt damit auch, dass die anderen Bescheid wissen und das hat sehr gute erzieherische Wirkung. Sie erkennt dann schlagartig, dass alle Novizinnen hier in den Po penetriert werden und dass es ihre ganz normale Bestimmung ist, so zu dienen. Wenn sie sich dann später zwischen mir und dem Bischof an den Tisch setzen darf, dann sage ich zu ihr, dass sie sich nicht schämen muss. Ich sage ihr auch, dass jetzt alle wissen, dass sie nicht mehr Jungfrau ist und wissen, wie sie entjungfert wurde, da sie selbst alle das Glied des Herrn empfangen haben. Wenn sie das hört, dann erröten die Wangen schlagartig und ich küsse sie. Ich finde es prickelnd, sie erkennen zu lassen, dass es auch an diesem besonderen Mittagsmahl unterschwellig um den Liebesakt geht. Den anderen Novizinnen erzähle ich dann ein paar Einzelheiten aus dem Boudoir, ich lobe die Novizin, wie mutig sie bei der Züchtigung war und, ganz offen, wie sie brav das harte Zepter des Herrn und die Ausschüttung des Heiligen Geistes empfangen hat. Ich erwähne bewusst nicht, dass sie geschrien und geweint hat, sondern hebe hervor, wie mutig sie war.«

»Wie rücksichtsvoll.«

»Erzieherisch! Lob muss auch sein. Denn dieser Prüfungstag ist schwer genug und geht weiter.«

»Oh!«

»Nach dem Mittag ziehen wir uns wieder zurück in das Boudoir, weil der Bischof ein Mittagsschläfchen halten will.«

»Mein Gott, Charlotte. Wie aufregend deine Schilderung. Ich pflichte dir bei. Ich ergötze mich auch daran. Mir geht es genauso.«

»Das ist natürlich für die Erziehung sehr förderlich. Ich denke, dass es auch den hohen geistlichen Herrn sehr gefällt, den jungfräulichen

Popo einer jungen Stute zu genießen.«

»Claire! Dies ist das A und O der Erziehung. Der griechischen Erziehung.«

»Der griechischen Erziehung?«

»Ja. Claire. Wir beide waren uns ja gestern Abend schon einig, wohin die Erziehung der jungen Mädchen führen muss. Schon im antiken Athen und Rom hieß es, die jungen Kallipygen sollen ihrem Liebhaber den vollendeten *Coitus in anum feminae* anbieten können. Den Namen *Venus Kallipygos* erhielten die ausgebildeten Liebesdienerinnen in Griechenland, wenn sie einen ausgesprochen schönen knabenhaften Popo besaßen und im vollendeten Liebesspiel mit diesem ausgebildet waren. Ich habe dir von der Liebesschule der Hetäre Aspasia in Athen erzählt. Was ich nicht erwähnt hatte, war, dass sie ihre jungen Nymphen ausschließlich zu Kallipygen ausbildete. Kallipygen wurden ausschließlich in den Po penetriert. Diese *kallipygischen Reize* standen bei den gebildeten Griechen immer an erster Stelle des Verlangens und waren in der Antike zwischen Mann und Frau nahezu ebenso häufig wie der Vaginalkoitus, genauso wie der Analkoitus zwischen Männern und Knaben. Das Christentum gab es noch nicht, und der anale Liebesakt war für die Griechen keine Sünde. Er war nicht einmal mit schuldhaften seelischen Beiwerk belastet. Jede Art Liebesakt war für sie ein Genuss wie Essen und Trinken, zutiefst befriedigend. Ein Vergnügen, das Athens kulturelle Elite nach den hochklassig besetzten Diskussionsabenden schamlos und unschuldig genießen konnte. Diese philosophischen Soirées wurden ein wichtiger Bestandteil in der Geschichte des Abendlandes und endeten immer damit, dass sich die hohen Herren ihrer pädagogischen Aufgabe bewusst wurden und die Popos der jungen Nymphen und Knaben liebten. Mit der Rute und dem Glied - so, wie es die damalige Auffassung von Pädagogik verstand.«

»Oh, wie schön sich das anhört, Charlotte.«

»Es gibt eine lateinische Abschrift der Weisheiten der Aspasia, die *Sapientia Aspasia.* Das Buch steht auf dem Index Librorum Prohibitorum, dem Verzeichnis der verbotenen Bücher. Es befindet sich in einem streng geheimen Archiv des Bistums Paris. Aber der Bischof hat es mir in Paris zu lesen gegeben. Er ist ein großer Verehrer der Aspasia. Du hast in unserem Salon Secréte die Säulen um dem großen Spiegel bemerkt, nicht wahr? Es sind nachgebildete griechische Tempelsäulen. Der Bischof ließ diesen Salon bewusst im griechischen Stil dekorieren, da in ihm ausschließlich die griechische Pädagogik und Liebe praktiziert wird. Also die Züchtigung und der griechische Liebesakt. Daher rührt auch die Bezeichnung *griechisch* für den analen Akt. Die Bischöfe und Kardinäle bevorzugen fast ausschließlich zur Erziehung junger Novizinnen die griechische Lehre. Mit der analen Penetration würdigen sie die griechische Schule der Pädagogik und verherrlichen die hohe Kunst dieser althergebrachten Erziehung. Darüber hinaus lehrt es jungen Mädchen, die, wenn überhaupt, vorher nur vom vaginalen Coitus gehört haben, dass Männer von solch hoher Kultur, ihnen mit der griechischen Erziehung ein völlig neues Stilempfinden und Verhältnis zu der hohen ästhetischen Kultur des Liebesaktes aufzeigen können.«

»Ich bewundere den Bischof. Er zeugt von soviel Stil.«

»Ja, das besitzt der Bischof. Er besitzt auch das Buch *DIE KALLIPYGEN* oder *DIE WONNEN DER RUTE*. Darin wird von einer noblen Gesellschaft berichtet, die sich nur dem analen Vergnügen in Verbindung mit der Züchtigung durch die Rute verschrieben hat. Das Pikante ist, dass dieses Buch unter dem Pseudonym der Gräfin Madeleine La Fayette geschrieben worden ist.«

»Wirklich?«

»Eine sehr aufgeschlossene Dame. Die griechische Pädagogik lautet, den Mädchen die enge Verbindung von Schmerz und das damit verbundenen Erwecken ihres Verlangens anzuerziehen. Der Bischof verlangt von mir von Anfang an die Erziehung der Novizinnen auf der Basis der griechischen Pädagogik. Entsprechend erziehe ich. In den ersten Exerzitien beginne ich schon, sie maßvoll mit der Martinet zu peitschen. Drei leichte Hiebe, Kitzler massieren, drei Schläge, Kitzler massieren, immer abwechselnd, bis ich sie zum Orgasmus bekomme. So lernen sie schnell, dass Schmerz und Lust zusammenhängen. Wenn ich eine Jungfrau dann so zum Orgasmus bekomme, stecke ich dann auch öfter meinen Finger in ihrem Popo, um das erste anale Lustgefühl zu lehren. So bekomme ich sie dazu, sich daran zu gewöhnen. Der Bischof liebt das Buch der Aspasia, die *Sapientia Aspasia* und hat es von einem verschwiegenen Mönch im Skriptum handschriftlich kopieren lassen. In dem Buch beschreibt der griechische Feldherr und Staatsmann Alkibiades einen Besuch bei der Aspasia. So heißt es: *Im kahlen Raume befand sich ein einziges Möbelstück, ein gut gepolstertes Ruhelager, etwa zwei Spannen über dem Fußboden, das in der Mitte quer über eine wulstige, starke Erhöhung aufwies. Als ich meinen Blick erstaunt erst über dieses Einrichtungsstück und dann fragend auf Aspasia gleiten ließ, erklärte sie lächelnd: "Dies ist ein für Jungfrauen gar gefährliches Lager. Du wirst schon sehen und deine*

Freude daran haben."

Alkibiades berichtete weiter:

Es war ein herrlicher, anmutiger Körper, auf die die unbarmherzigen Rutenreiser trafen, - eines jener tadellos geformten Frauenpopos, wie sie selten und nur bei jungen Mädchen zu finden sind. In verführerischer Reinheit der Linien leuchtend, schweiften die kernigen Backen nach beiden Seiten in sanfte Rundungen aus, die allerliebste, verlockende Grübchen sehen ließen. Schon nach den ersten Rutenstreichen waren die makellos reinen Formen wie mit Morgenröte übergossen. Die Lilien verwandelten sich in Rosen. Aspasia wandte sich zu mir und sagte: 'Sieh, ein Kunstwerk der Schönheit. Erfreue dich an ihr und an den anmutigen Popo.«

»Das hat der geschrieben?«

»Es ist überliefert, dass er es berichtet haben soll. Ist es nicht wunderschön poetisch beschrieben - und das vor zweitausend Jahren.«

»Diese Aspasia gefällt mir. Wirklich erstaunlich, was du mir erzählst.«

»Ja, das stimmt. Diese Frau gefällt mir auch außerordentlich. Hat sie doch schon Jahrhunderte vor unserer Zeitrechnung gewusst, wie man die Lust eines Mannes durch das Zeichnen des Popos mit der Rute erhöhen kann und gleichzeitig die Lust der Mädchen steigert. Aspasia sagte auch zu Alkibiades: *Nach der Rute erzieht der Genießer die jungfräuliche Nymphe mit seinem langen Penis möglichst tief und ausdauernd in ihren Po.* Die Besessenheit der Griechen für den Analverkehr, eine Libidofixierung, drückt sich hier ganz eindeutig im ästhetischen Ideal aus und hat eine lange Tradition in der griechischen Literatur. Schon Hesiod beschrieb die analen Reize der jungen Frauen. In wie hohem Maße die Griechen den Analverkehr mit der Frau als Ersatz für das Pedizieren eines Knaben betrachteten, geht ebenfalls aus dem folgenden Zitat des Markos Argentarios hervor. »Wenn du dich nach Knabenliebe sehnst, so weiß ich ein Mittel, mit dem du deine Leidenschaft befriedigen kannst: *Drehe die schönarschige Menophila um und du wirst glauben, den Knaben Menophilos in den Armen zu halten!*

Photios zitiert Aristarchos als Zeuge, dass auch Theseus, der andere große Held der Griechen, mit Helena nur anal verkehrt habe: *»wie mit einem Knaben« Dioskorides preist die kallipygischen Reize seiner Doris und bestätigt ihr, dass sie den Analverkehr »beinahe« so gut betrieben habe wie ein Knabe.* Dass die Griechen, zumindest die herrschende Klasse der Athener, den Analverkehr so darzustellen versuchten, als sei er *ästhetischer, edler,* ja sogar *tugendhafter* als der Koitus, geht aus Hunderten von Zeilen hervor.

»Du magst es galante Bücher zu studieren, nicht wahr?«

»Und ob. Schon als Studentin habe ich solche erotische Literatur verschlungen und mich erregt. Man sagt, die Pompadour besaß eine ganze Bibliothek von Erotica und bekannte selbst in ihren Briefen, dass sie bei der Lektüre die stimulierende Wirkung solcher Schriften angenehm an sich erfahren hat. Auch hat mir der Bischof erzählt, dass unsere frühere Königin Katharina von Medici ein Exemplar der Weisheiten der Aspasia besessen haben soll und deshalb ihre Zofen entsprechend zu Mätressen erzogen hat. Mit ihren Worten, dass sich ihre Zofen nicht willig genug der Sodomie hingeben, hat sie offen erkennen lassen, dass sie höchsten Wert darauf legte, dass sich die jungen Zofen auch in den Po penetrieren lassen und mit der strengen Handhabung der Rute dazu erzogen werden müssen. Du siehst, seit Jahrtausenden von Jahren war es schon immer die höchste Kultur für die gebildete Männerschicht einen engen Popo zu penetrieren.«

»Ich weiß. Es ist in Adelskreisen ja auch so. Die Männer mögen es und darum müssen wir die Mädchen dazu erziehen.«

»Stimmt, Claire. Ich hatte dir ja erzählt, dass der Bischof nach seiner Rückkehr aus Rom nach Paris mit mir und einer sehr jungen zweiten Mätresse zusammenlebte. Diese junge Novizin hatte ausgesprochen große Probleme, sein mächtiges Glied in ihrem Po zu empfangen und ich versuchte ihr damals schon dabei zu helfen. Mit Salben und Übungen. Als der Bischof meine diesbezüglichen Qualitäten erkannte, gab er mit einige Bücher, die diese Art des Geschlechtsaktes behandelten. Sehr geheime Bücher. Einmal das Buch *Le Rideau levé, ou l'Education de Laure, Der gelüftete Vorhang oder Lauras Erziehung'*, des Marquis de Mirabeau, in dem ein Vater seine junge Stieftochter nach der eigentlichen Entjungferung mithilfe seiner Mätresse in die analen Freuden einführt. Sehr rührend das Buch. Dann gab er mir auch ein ganz brisantes Buch. Ein kleiner Privatdruck von einem Kirchengelehrten aus Rom. Es ist in lateinischer Sprache und heißt typischerweise *Coitus in anum feminae*, übersetzt: das Penetrieren des weiblichen Po's. Es ist eine Anleitung für Männer des gehobenen Standes des Klerus und beschreibt Schritt für Schritt die Hinführung, Vorbereitungen und Vollziehung des analen Aktes mit jungen Mätressen. Ein sehr gewagtes Buch, aus dem ich viel lernen konnte. Zeigte es mir doch, wie Männer die größte Lust bei der analen Penetration erreichen können. Auch dort in Italien wurde für die Erziehung die vorbereitende Züchtigung mit Rutenschlägen ausdrücklich empfohlen. Es wurde darauf hingewiesen, dass gerade bei sehr jungen unerfahrenen Novizinnen in der ersten Zeit nur mit der Züchtigung eine Heranführung an die hohen Lustgefühle und die Steigerung des Gehorsams erreicht wird. Es ist ein sehr exquisites Büchlein. Ein darin beschriebenes Kloster bei Siena, das unter der Leitung einer Äbtissin steht, wird als hohes Kulturgut bezeichnet und die von dort für den hohen Klerus stammenden Novizinnen werden als perfekte anale Liebesdienerinnen gelobt.

Erzählt wird auch, dass es in Rom den vatikanischen Sekretär Pietro Bembo gab, der anfangs mit seiner Kurtisane Faustina Morosina, die er als sechzehnjährige zu seiner Mätresse gemacht hatte, zusammenlebte und mit ihr drei Kinder gezeugte hatte. Nach dem Tod seiner Geliebten ging er nach Rom und wurde Kardinal. Er umgab sich in seiner Residenz mit unzähligen jungen Mätressen die ihm von seiner Freundin Elisabetta Quirina, einer verheirateten Dame, zugeführt wurden. Es gibt einen Brief des Kardinals an den Bischof Luigi Pisani in Padua, einem engen Freund mit dem er auch Mitglied eines geheimen Zirkels war. Darin schrieb er: Auf dem Dach meines Palazzos befinden sich seit Alters her auf der Mauerbalustrade eingelassene eiserne Ringe an denen eiserne Armreifen befestigt sind. Hierhin führe ich in trauter Runde unseres Bundes eine der ausgewählten schönsten Nymphen Roms, kette sie an und öffne ihr Kleid. Sodann erhält sie die herzlichsten Hiebe mit der Peitsche auf ihren köstlichen Hintern, verglichen mit dem Harfenspiel Davids und muss dabei im Angesicht des gegenüber liegenden Templum Vaticanum, die Geißelung für ihre Sünden erbitten. Gottes Ohr öffnet sich bei dem Klang der Peitschenhiebe und der geschlagene Körper entfaltet sich zum Resonanzraum der heiligen Schrift. Sodann erhält sie mit langen Kraft spendenden Gebeten meinen harten Stab in ihre lieblichste hintere Pforte und erfreut mich mit ihrem lauten Flehen nach Vergebung. Die Schmerzensschreie, die sich in Lustschreie verwandeln, hallen über den Tiber und wenn sich das Glied lange genug kraftvoll in ihrem Hintern bewegt, weiht es den Ort mit diesem pädagogischen Liebesakt zu voller Eleganz und Würde - bis ich bei Ertönen der Glocken von St.Peter meinen Segen der Absolution in sie ergießen kann. Ist das nicht schön?«

»Wunderbar. Wie pikant. So romantisch. Ich stelle es mir vor. Eine Dachterrasse mit Blick auf St.Peter ist natürlich ein würdevoller Ort für eine Erziehung.«

„Aspasia wurde von dem damaligen Zentrum des Sklavenhandels, der Insel Delos, mit den schönsten und jüngsten Sklavinnen versorgt, die sie nach der Ausbildung an die hohen Herren verkaufte. Sie erwählte die Sklavinnen nur nach einem möglichst schlanken zierlichen Körper und einem anmutigen knabenhaften Popo aus. Daher fühle ich mich manchmal wie die Aspasia, wenn ich in anderen Klöstern eine Novizin für meine Abtei auswähle und bei der Examination meinen Finger in deren Po stecke, um die Enge des Schließmuskels zu prüfen.«

»Oh, wie schamlos, Charlotte.«

Die Äbtissin kicherte: »Ja, schamlos, aber himmlisch. Der Gedanke, dass ich sie nur nach diesem Kriterium auswähle und das Mädchen nicht erfährt, warum ich sie auswähle und was sie mal erwartet, begeistert mich immer wieder.«

»Mein Gott, ist das obszön. Charlotte! Ich staune!« Claire begann hinter ihrer Hand zu kichern. »Nein, wie schamlos und doch so prickelnd. Dieser Gedanke, nein, ich kann es noch gar nicht glauben. Dies hat natürlich Esprit vom Feinsten. Aber, das ist lustig. Meine Schwester hatte Anna vom Griff der Cleopatra erzählt und die Kleine war fasziniert davon, als sie hörte, dass die Königin Cleopatra damit einen Kaiser gewinnen konnte. Wie alle jungen Mädchen träumt sie davon, als Prinzessin von einem Prinzen geliebt zu werden. Wir haben darüber gesprochen und ich habe ihr gesagt, dass ich es ihr beibringen werde - und stell dir vor, Charlotte, sie will es. Sie denkt natürlich, dass sie es nur mit ihrer Scham lernen soll. Aber jetzt weiß ich, dass ich ihr auch den Griff der Cleopatra mit dem Popo beibringen werde. Sie hat eine wundervollen knabenhaften Popo, wie Alabaster. Ich werde mich sicherlich auch daran ergötzen.«

»Welch ein Vergnügen. Was für schamlose Gedanken sprichst du da aus.«

»Darf ich das?«

»Claire! Wie mag ich solch amouröse Konversation! Schließlich wird dies Annas zukünftige Bestimmung sein. Das ist das wichtigste Kriterium, denn damit sollen sie dienen.«

»Das klingt bezaubernd.«

»Die höfische Kultur unserer Epoche, ist gezeichnet von einer stark ausgeprägten Kultiviertheit. Wir hier in Frankreich haben sicherlich den höchsten Grad an Kultiviertheit erreicht von allen zivilisierten Ländern. Im Allgemeinen wird das Adjektiv *kultiviert* nur für Erwachsene gebraucht, da sich junge Mädchen noch mitten im Prozess der Erziehung und Reifung befinden, die sie an die vorherrschende Kultur anpassen sollen. Kultiviertheit bezeichnet eine verfeinerte, gepflegte Lebensweise, die sich an den Wertvorstellungen einer bestimmten hoch stehenden Gesellschaftsschicht orientiert. Dieser Begriff drückt klar eine nahezu vollendete Weiterentwicklung durch Erziehung von bestimmten erwünschten Kunstfertigkeiten aus, die über das übliche Maß hinausgehen. Außerordentlicher Stil und Eleganz beim Liebesakt und demütige Hingabe an die Züchtigung sind ein Mindestmaß, die diese Kultiviertheit von unseren ausgewählten Mädchen verlangt, um im gesellschaftlichen Leben der hohen Aristokratie und des Klerus anerkannt zu werden. Die freiwillige Entscheidung der Novizinnen hier zu sein für die Erziehung zu kultivierten Verhalten geht sicherlich mit einem Verlust an persönlicher Freiheit einher, da die Erziehung sich darauf ausrichtet, hohen Herren zu dienen. Deshalb erfordert sie ein gewisses Maß an Demut und Selbstaufgabe und in der strengeren Erziehung Disziplin und Gehorsam. Daher ist die regelmäßige Züchtigung junger Mädchen mit der Peitsche ein Kultivieren.«

»Mein Gott, Charlotte! Wie sich das anhört! Mit der Peitsche kultivieren! So pikant.«

»Ich gebe dir recht. Es hört sich schamlos an. Aber wir beide verstehen uns, daher kann ich so offene Worte benutzen. Die jungen Novizinnen sollen sich widerspruchsfrei begatten lassen, in allen ihren Öffnungen, die sie bereitwillig von sich aus und ohne Aufforderung anbieten müssen. Wir beide sind uns doch einig, was die Erziehung für ein Ziel hat. Ich wünsche es sogar ausdrücklich, dass meine Novizinnen ausschließlich in den Po geliebt werden. Nicht nur wegen der Verhinderung der Schwangerschaft, die für diese jungen Mädchen zu früh käme. Nein, insbesondere weil allein der anale Akt ihnen mit der Zeit die ganze Ästhetik des Liebesaktes offenbart. Sie muss lernen, dass, wenn sie sich als Mätresse in einer kulturell hochstehenden Gesellschaftsschicht des Klerus sicher bewegen will, der anale Liebesakt die Krönung des Liebesspiels ist, der bei ihrem Herrn und dessen Freunde den höchsten Stellenwert besitzt und sie ihre ganze anerzogene Kunstfertigkeit anbieten muss. Die jungen Novizinnen sind sinnlicher, als man denkt; aber sie wissen weniger um ihre Sinnlichkeit. Sinnlichkeit ist ein wertvolles Gut; nur die ausgedehnte und erschöpfende Läuterung mit der Rute kann sie entwickeln und aus dem Verborgenen herausführen. Sinnlichkeit ist das Entrée in den Garten der Lust. Man veredelt Blumen durch die Zucht und junge Mädchen durch die Rute. Diese Veredlung gibt ihnen Sinn und Sinnlichkeit zugleich. Es gibt nichts Göttlicheres, als bei dieser langwierigen erzieherischen Veredelung dabei zu sein.«

»Oh, das kann ich mir lebhaft vorstellen.

Veredeln - allein die Bedeutung des Wortes ist erregend.«

»Durch Erziehung wird der Mensch erst wahrhaft Mensch. Dies sagte auch schon Platon vor 2000 Jahren. Es dauert halt manchmal sehr lange, bis meine Novizinnen den wahren Wert dieser strengen Erziehung ermessen können und dann erst nach und nach lernen, diese Art der Veredelung zu würdigen. Eine Novizin, die sich dieser Veredlung unterwirft, kann nicht gedemütigt werden. Sie hat sich ihrer Bestimmung unterworfen und wird dadurch unverletzlich. Ich will, dass du weißt, dass ich mich dafür nicht schäme, sondern ganz im Gegenteil, ich diese Art der Erziehungsphase für die auserwählten Novizinnen für den richtigen Weg halte. Du siehst, damit sind wir auf der gleichen Stufe der Pädagogik.«

»Ja, das stimmt. Diese immerwährenden Prüfungen sind ein Muss und formen ja auch.«

»Es ist ein Gütesiegel für sie, wenn sie den beschwerlichen Weg der Veredelung am Schluss besteht. Wenn sich ein hoher Herr für sie interessiert und ich ihn wissen lasse, dass sie nicht nur zum absoluten Gehorsam erzogen worden ist, sondern eine besonders formende Veredelung erfahren hat, dann erhöht dies das Verlangen und die Begierde auf ihre Anmut und ihren

Körper. Ein demütiges Wesen, die mit ihrem zierlichen Körper die Kunstfertigkeit der Befriedigung selbst höchster raffinierter und belastender Forderungen erfüllen kann, macht sie als Gespielin mehr als attraktiv. Das wollen doch unsere hohen Herrn, spielen und immer weitere ungewöhnliche und gar bizarre Formen der Lustbefriedigung ausprobieren. Auf diese Belastungen muss ich sie sorgsam vorbereiten. Ich sage ihnen: *sei standhaft und begegne den Prüfungen in Demut. Zeige Geduld in den Prüfungen des Lebens! Die Geduld gehört zu den höchsten Tugenden. Zeige Geduld bei der Verrichtung der dir auferlegten Pflichten, da Du verpflichtet bist, den Geboten des Ordens zu folgen. Zeige Geduld, wenn die Hingabe deines Leibes gefordert wird. Die Geduld verleiht Ausdauer und eine ungeheure Stärke, die inneren wie äußeren Belastungen durch den Herrn in Dankbarkeit annehmen zu können.*«

»Da stimme ich dir zu. In meinen Kreisen des Adels ist bei der Übernahme einer Luststute Bedingung, dass sie in der großartigen Lustbefriedigung ausgebildet ist.«

„Das kann ich mir sehr wohl denken. Ach, wie ergänzen sich doch unsere Erfahrungen, nicht wahr Claire? Aber sag mir, wie ist es bei dir zu Hause? Ich glaube, ich habe den ganzen Tag nur von mir und meinem Weg der Erziehung geredet.«

»Nein, Charlotte. Das war mehr als interessant und es hat sich doch gezeigt, wie sehr wir beide die gemeinsamen Ziele verfolgen. Es war nicht eine Sekunde langweilig. Ganz im Gegenteil. Ja, was soll ich von mir erzählen. Ich bin als junges Mädchen mit meiner Schwester von unserem Vater einem Marquis übergeben worden, bei dem er verschuldet war. Der hat uns beide entjungfert und durch seine Mätresse sehr streng erziehen lassen. Dann hat er uns weggegeben, meine Schwester Isabelle zu einem Marquis in der Lorraine und mich als fünfzehnjährige an einen Freund. Meine Schwester ist dann später an einem Kriegskameraden, an den Grafen von Ransdow, als Dank, dass er ihren Marquis im Krieg das Leben gerettet hat, abgegeben worden, der sie dann geheiratet hat. Der Freund meines ersten Marquis, an den er mich verkauft hatte, war der Comte Louis de Vaudreuil in Chalon. Er war ein Großgrundbesitzer und hatte zwei weitere Mätressen. Er war ein alter Mann und er ließ uns kräftig im Haus arbeiten. Seine Vorlieben waren einfacher Art und eigentlich war das Leben dort sehr langweilig. Nach fünf Jahren traf ich bei einer Soirée auf Charles. Ich war sofort verliebt in ihm. Ein richtiger Marquis, mit Eleganz und Stil. Er erlöste mich von dem Comte. Ich war froh, zu Charles gekommen zu sein. Charles ist sehr edel, streng, aber nachsichtig und ausgesprochen großzügig. Allerdings ließ Charles mich von Anfang an die Reitgerte spüren und brachte mir bei, sie zu lieben. Er ist jetzt 52 Jahre alt, sehr vital und potent. Ich bin jetzt 18 Jahre bei ihm. Seit etwa zehn Jahren erziehe ich für ihn junge Mädchen zu Luststuten, an denen er sich erfreut und die wir dann innerhalb seines Freundeskreises weitervermitteln.«

»Welch schöne Vita.«

»Ja, ich habe es überaus glücklich angetroffen und bin dem Herrn sehr dankbar dafür.«

»Siehst du. Ich wusste, dass du stark im Glauben bist. Danke dem Herrn immer wieder für dein Glück und dass du durch ihn die Reitgerte hast lieben gelernt. Hat sie dich doch zu dem gemacht, was du heute bist. Ohne diese Erfahrung könntest du heute deine Mädchen nicht erziehen.«

»Ja, dafür bin ich auch dankbar. Angefangen hat die Erziehung zu Luststuten aber ganz anders. Charles wollte immer nur weibliches Dienstpersonal. So haben wir auch jetzt nur Pierre, unseren Kalfaktor, ein Bediensteter, der aber nicht nur einfache Arbeiten verrichtet, sondern sich um alles wesentliche des Chateaus, den Stallungen, dem Wasser, den Kachelöfen und so weiter kümmert. Er lebt mit seiner Frau, die bei mir als

Mamsell in der Küche arbeitet, in einem kleinen Haus nahe beim Chateau. Wie gesagt, ich habe dann immer Mägde für uns gesucht und in der Hauswirtschaft ausgebildet. Da ab und zu auch ein besonders hübsches Mädchen dabei war, habe ich sie auch öfter Charles ins Bett gelegt und wir haben uns gemeinsam mit ihr amüsiert. Und zur Erziehung zur Hauswirtschaft musste die Reitgerte eben auch eingesetzt werden. Nach und nach bekamen wir aber einen guten Ruf als Schule für Dienstmägde, sodass etliche Familien oder Mütter mir ihre Töchter anboten. Mit den Jahren hatte sich herausgebildet, dass es sehr praktisch für uns war, immer sechs oder acht Mägde zu haben. Wir brauchten dadurch kein männliches Dienstpersonal. Wenn dann ein oder zwei sehr junge und besonders hübsche dabei waren, haben Charles und ich sie von den anderen abgesondert und zu Luststuten erzogen. Ich habe dir erzählt, dass ich seit ein paar Jahren die Baronin Belmont bei mir habe, die vorher die Hauswirtschaft eines Herzogs geleitet hatte. Sie ist bei mir in erster Linie für die Ausbildung des Dienstpersonals verantwortlich und macht dies hervorragend. Du glaubst gar nicht, wie viele hohen Damen aus unserem adligen Freundeskreis eine Dienstmagd von uns haben wollen, weil es sich mittlerweile herumgesprochen hat, dass sie sehr gut ausgebildet sind und stilvoll dienen können.«

»Aber nicht als Luststuten?«

»Nein. Sie sind in erster Linie in der gesamten Hauswirtschaft ausgebildet. Natürlich werden sie auch dazu erzogen, sich gehorsam einem Herrn und dem Liebesspiel hinzugeben. Sie sind durchschnittlich zwischen sechzehn und vierundzwanzig Jahre alt. Du glaubst ja nicht, wen wir alles für die Hauswirtschaft angeboten bekommen. Fast immer sind es die Mütter, die uns ihre Töchter anbieten, auf dass sie eine Ausbildung in einem hohen adligen Hause bekommen sollen. Es ist für die Mädchen auch von großem Vorteil. Entweder bekommen sie eine gute Anstellung in einem gut situierten Haus oder werden sogar geheiratet. Ja, zurzeit haben wir sechs Mägde und zwei junge Stuten. Anna und Louise sind die jungen Stuten, die die gesonderte Erziehung erhalten. Nein, nur wenn wir außergewöhnliche Mädchen bekommen, sehr jung, jungfräulich, außerordentlich gut gewachsen, dann werden sie von den anderen getrennt und erhalten von mir die Erziehung zu Luststuten.«

»Jetzt verstehe ich. Die schönsten Mädchen suchst du dann aus. Wer ist Louise?«

»Ja, Charlotte. Wir waren mit unserer so intensiven Unterhaltung vom Thema abgekommen,

Ich hatte dir angedeutet, dass ich von Madame Gourdan in Paris eine bildhübsche Jungfrau mitgebracht hatte, bevor ich auf die Reise ging. Sie ist wohl etwas jünger als Anna, genauso zierlich und anmutig wie sie, wunderschöner Körper, niedliche Brüste und einen ganz süßen Popo. In den zwei Wochen, die ich noch zu Hause war, hatte ich mit der Erziehung begonnen. Charles hat sie entjungfert.«

»Du warst dabei? Das hört sich wirklich köstlich an. Wurde sie auch schon gezüchtigt?«

»Ja, von mir und auch von Charles. Seit der Entjungferung. Es war ein köstliches Erlebnis.«

»Oh, Claire. Erzähle es mir. Bitte, ich bin ganz aufgeregt. Wann bekomme ich schon mal aus erster Hand von einer weltlichen Entjungferung zu hören. Das ist ja nicht alltäglich. Oh, wie gerne möchte ich mehr hören. Erzähl mir von dieser Louise.«

»Wir haben da ein spezielles Lustgestell. Ähnlich wie dein Fickbock. Es ist schräg und besteht aus zwei dick gepolsterten Brettern, die nach unten weit auseinander laufen. Darauf kann sie auf dem Bauch liegend, vorne mit den Armen und nach hinten extrem breitbeinig mit Lederriemen festgeschnallt werden und ihr Kätzchen und ihr Popo sind wunderbar hoch gestreckt. Charles konnte sich dann zwischen ihre Schenkel stellen und sie entjungfern.«

»Ich stelle es mir vor, herrlich. Festgeschnallt ist gut.«

»Ja. Weil sie dort das erste Mal die Gerte erleben musste. Als ich mit Louise ankam, war Charles mit Freunden auf der Jagd. Die zwei Tage, wo ich mit ihr allein war, habe ich sie erst mal das luxuriöse Leben bei uns im Chateau erleben lassen. Sie wurde richtig gebadet, mit duftenden Seifen aus der Provence, hatte für sie schon mal schöne Kleider ausgesucht und tragen lassen und immer wieder darauf hingewiesen, dass sie dies alles nur bekommt, wenn sie sehr gehorsam ist. Und ich habe ihr zu verstehen gegeben, dass der Marquis sie zur Frau machen wird. Als Charles dann kam, habe ich sie ihm vorgestellt, nur in einem hauchdünnen kurzen Seidenhemdchen, das ihr Kätzchen und ihren Po nicht bedeckte. Charles war begeistert. Wir haben dann mit ihr ein fürstliches Diner genossen, gebratenen Fasan und haben uns mit ihr unterhalten. Sie sagte uns, dass sie glücklich sei hier zu sein und es ihr bei der bösen Madame Gourdan gar nicht gefallen hätte. Wir haben sie dann auch Wein trinken lassen und Charles hat ihr beim Dessert offen gesagt, dass er sie entjungfern muss, damit sie in unserer Familie eine gute Erziehung bekommen kann.«

»Wie hat sie darauf reagiert?«

»Ich weiß nicht, ob ihr die Bedeutung klar genug war. Ich habe ihr gesagt, dass sie versprochen habe, sehr gehorsam zu sein und jetzt ihren Gehorsam zeigen müsse - oder wir sie sonst zurückschicken müssten. Dies wollte sie auf keinem Fall und dann durfte sie sich auf den Schoß von Charles setzen, der ihr das Hemdchen auszog und ihre zierlichen Brüste streichelte.«

»Das ließ sie widerstandslos geschehen?«

»Ja. Es war wirklich süß anzusehen und sie erwiderte sogar Küsse, die Charles ihr gab. Ich hatte mich dann auch entkleidet und zu ihnen gestellt.«

»Oh. Du? Ganz nackt?«

»Ach, Charlotte. Du glaubst ja nicht, wie sehr ich schon erregt war, ob der Dinge die da kommen werden. Ich habe auch ihre Brüste gestreichelt und geküsst, habe auch ihre Hand zu meinem Kätzchen geführt, damit sie fühlen konnte, wie feucht ich schon war. Sie durfte zum ersten Mal das Kätzchen einer Frau streicheln.«

»Mein Gott wie obszön.«

»Ja, das stimmt. Man konnte sehen, wie verwundert sie war. Charles hatte seine Hand zwischen ihren Schenkeln und streichelte vorsichtig ihr Kätzchen, was sie schon ab und zu aufstöhnen ließ.«

»Oh, welch einfühlsame Vorbereitung. Erzähl weiter!«

»Als Charles mir zunickte, nahm ich Louise bei der Hand und führte sie in das Turmzimmer, das nebenan liegt. Dort sah sie dann das Lustgestell und war sehr irritiert, aber ich führte sie hin und bedeutete, ihr sich daraufzulegen. Zuerst gehorchte sie, aber als sie auf den Bauch lag, ich ihre Arme schon festgebunden hatte und dann ihre Beine weit auseinander spreizte, da zögerte sie. Erst recht als ich ein Bein mit dem Lederriemen fest hatte und ihr Kätzchen druckvoll streichelte, da wollte sie nicht mehr. Ich zeigte ihr dann meine Reitgerte. Meine weichere Peitsche aus Auvergner Leder. Ich peitschte sie nur kurz, aber ohne sie zu striemen und ließ sie dabei wissen, dass sie von nun an absoluten Gehorsam zeigen muss und dies ihre Erziehung sein wird. Nach nur ein paar leichten Hieben auf diesen wunderschönen Popo ließ sie mich dann auch das andere Bein festschnallen.«

»Es erregt mich, Claire. Eine wundervolle Geschichte. Ich bin dir so dankbar, dass du sie mit solch offenen Worten erzählst.«

»Charles zeigt sich ihr dann und erklärt ihr, dass sie ihm gehört und entjungfert wird.«

»Charles zeigte sich?«

»Ja, Charlotte. Ich muss etwas gestehen.

Charles mag es ganz besonders, vor einem jungfräulichen Mädchen sein steifes Glied zu präsentieren. Er möchte, dass sie weiß, womit er sie entjungfern wird und sagt es ihr auch.«

»Ja, das mögen etliche der hohen Herren. Ihre Stärke und ihre Geilheit offen zeigen zu können.«

»Da sich ihr Kopf genau auf der Höhe seines Gliedes befand, hab ich sie nochmals die Peitsche spüren lassen und verlangt, dass sie den Mund aufmachen soll. Charles mag es, erst mal einen jungfräulichen Mund zu ficken. Es macht ihn noch härter. Während sich Charles Glied in ihrem Mund hin und her bewegte, flossen die ersten Tränen.«

»Das glaube ich. Die Arme, wie rührend.«

»Aber das ist nun mal Erziehung.«

»Ja, ich weiß, Claire. Bei uns gibt es beim Gelöbnis auch manchmal Tränen. Erst recht, wenn die Novizin während der weiteren Erziehungsphase belastet wird.«

»Du sagst es und hältst es auch für notwendig.«

»Oh ja. Es ist sogar äußerst notwendig. Nur so entsteht Gehorsam. Aber erzähl weiter. Ich bin gespannt.«

»Bei mir ist es der Beginn der Erziehung und nur die Peitsche verdeutlicht, was ich fordere. Als Charles dann bereit war, übernahm er die Peitsche und schlug ein mal leicht zu. Dann stellte er sich zwischen ihre Schenkel, setzte an, entjungferte sie mit einem tiefen Stoß und fickte sie heftig.«

»Welch schöne Beschreibung. Wie obszön!«

»Dieser erste Stoß, der Aufschrei der jungen Stute und anschließend das energische Ficken, das erregt mich immer zutiefst. Ich stellte mich dann vor Louise's Gesicht und verlangte von ihr, sie solle aufhören zu schluchzen und mir zusehen, wie ich mein Kätzchen streichele. Ich komme dann regelmäßig zu einem wunderbaren Orgasmus und möchte, dass die junge Stute dies sieht. Eine junge Stute zu entjungfern, zuzusehen, wie sie erstmalig ausdauernd zur Frau gefickt wird, die Schreie bei den wilden Stößen, das ist eines der erregendsten Momente bei einer Erziehung.«

»Claire, ich werde feucht, wenn ich das höre. Es ist herrlich. Ja, sie muss hart geliebt werden. Ich liebe diese offenen Worte. Ach, wie wühlt mich dies auf. Auch den Bischof stachele ich an, kräftig zu stoßen. Nur so lernt eine Novizin ihre Aufgabe der Demut. Nur das lässt sie devot werden und macht den Tag des Gelöbnisses zu einem unvergesslichen Erlebnis. Du sollst ruhig wissen, Claire, dass ich mich beim Zusehen genauso errege und komme.«

»Es ist das schönste auf der Welt, zuzusehen

wie eine junge Stute kraftvoll gefickt wird.«

»Ja. Der Akt ist etwas Erhabenes. Ich gestehe dir, das macht mich mehr als geil.«

»Du magst es auch, deine Erregung zu zeigen.«

»Ja, ja. Die Novizin soll sehen, wie ich komme, sie soll meine Schreie der Verzückung hören - dann erfährt sie, was wahre Wollust ist. Meine Erregung steigert sich noch, wenn ich zusehe, wie sich ein dickes Glied erstmalig den Weg durch die verschlossene Öffnung eines zierliches Popo's bahnt.«

»Oh ja. Louises Popo ist am Tag danach von Charles entjungfert worden. Am Tag nach ihrer Entjungferung habe ich sie getröstet, aber auch wissen lassen, dass sie von nun an jeden Tag gefickt wird und dass dies ihre Bestimmung ist. Es gab wieder manche Träne, aber sie hat es schließlich akzeptiert. Am späten Nachmittag haben wir sie dann wieder in das Turmzimmer geführt und auf das Lustgestell geschnallt. Ich habe sie rücksichtsvoll mit der Reitgerte gepeitscht und ihr nicht gesagt, dass gleich ihr Popo entjungfert wird. Charles verlangt, dass eine junge Stute unvorbereitet erstmalig penetriert wird. Sicher, es war schwierig für ihn einzudringen, es dauerte sehr lange bis er tief in ihr steckte. Es entlockte Louise herzerweichende Schreie, aber ich kann es nun mal nicht ändern, mich daran zu ergötzen.«

»Das ist fürwahr ein sehr hochgestecktes Ziel. Ich sehe, du strebst auch nach Perfektion in der Erziehung. Ist deine kleine Anna schon in diese Mythen eingeweiht?«

»Ja, aber es ist erst der Beginn. Wie meine Schwester mir sagte, erfuhr Anna die erste Lektion der analen Freude zwei Tage, bevor ich ankam. Da war sie noch Jungfrau im Popo gewesen.«

»Oh, wie schön zu hören. Wie aufregend. Lass mich mehr wissen. Was hat deine Schwester dir erzählt. Wie hat Anna es überstanden?«

»Ja, es war eine anale Entjungferung und Anna hat bei allen Schwierigkeiten, die sie dabei erfuhr, es sehr geduldig und gehorsam über sich ergehen lassen.«

»Das ist allgemein nicht so üblich.«

»Meine Schwester bereitet die Mädchen auch entsprechend vor. Übrigens genauso, wie ich bei einer analen Entjungferung verfahre.«

»Oh, ich bin gespannt. Erzähle.«

»Meine Schwester hat sich vorher intensiv mit Annas Kätzchen beschäftigt und es in heiße Wallung gebracht. Dann ist sie fest und so lange gestreichelt worden, bis sie einen Orgasmus bekam und erst in diesem Moment hat sie das Glied meines Schwagers eingeführt. Anna muss zwar aufgeschrien haben, was allgemein ja stattfindet, aber die nachträglichen Kontraktionen ihres Orgasmus haben den Schmerz sehr schnell beiseite treten lassen, sodass sie sich nur noch mit Wimmern und kleinen Lustschreien den Stößen des Gliedes hingab.«

Die Äbtissin fasste sich nachdenklich mit der Hand an das Kinn. »Orgasmus kurz vor der Penetration. Siehst du, meine liebe Claire. Ein guter Hinweis. Natürlich, während eines Orgasmus und der Nachwirkung wird das Mädchen von den starken Gefühlsausbrüchen in ihrem Körper abgelenkt und der Schmerz der Entjungferung wird zweitrangig wahrgenommen.«

»Charlotte, deshalb ist es auch wichtig, dass man mit der analen Entjungferung so lange wartet, bis die junge Stute schon mehrere Orgasmen kennengelernt hat und dementsprechend leichter zu erregen ist.«

»Claire, ich hätte nie erwartet, dass wir beide uns so innig und offen über den Liebesakt unterhalten können. Es ist so ermunternd und erquicklich.«

»Ganz meinerseits, liebe Charlotte. Denk nur, dein Bischof darf zwischen zwei solch bildhübschen Stuten sitzen und sich an ihren himmlischen nackten Körpern ergötzen. Bis ihr kommt, werde ich Anna und Louise dazu bringen, ihre Kunstfertigkeiten gehorsam darzubieten.«

»Er wird nicht lange zwischen beiden sitzen wollen.«

»Das soll er. Charlotte! Nur dazu sind Luststuten da. Es wäre mir eine große Genugtuung, wenn wir seine hohen Erwartungen mit den beiden Stuten zufrieden stellen können.«

»Du bist so großzügig.«

»Er kann sie nach seiner Façon hernehmen, wie er will. Ich will es sogar, da sie nur so zu einer Soirée vorbereitet wird. Dein Bischof soll nur an seine Lust denken. Er braucht keine Rücksicht zu nehmen. Dies kannst du ihm sagen. Ich will es ihm schenken - und meine beiden Stuten sollen lernen, wie sie einem solch hohen Gast zu befriedigen haben. Das ist nun mal das, wozu sie erzogen werden, Luststuten werden vorgeführt und zur Benutzung übergeben.«

»Wenn ich ihm das sage, wird er ganz wild werden. Ja, und dein Charles darf sich an Sophie erfreuen. Sie ist eine vollendete Suprema und hat einen wundervollen Körper. Du hast ihr Kätzchen gesehen, nicht wahr?«

»Ja. Wirklich süß. Sie hat es mir sogar recht stolz gezeigt.«

»Sie weiß, dass sie sehr schön und gepflegt ist. Seit knapp zwei Jahren wird ihr Kätzchen enthaart und die Härchen wachsen kaum noch nach. Aber sie hat auch prachtvolle Brüste mit großen Nippeln, die sich wunderbar aufstellen und steif werden, wenn sie geil ist. Und das ist sie wirklich gerne, obwohl sie so jung ist. Bei ihr ist es mir mit der Erziehung durch die Rute wirklich perfekt gelungen, ihre Geilheit beim Akt zum Aufblühen zu bringen. Sie ist ja auch sehr schlank und hat einen süßen knabenhaften Popo, den sie gerne geil emporstreckt. Ach, sie ist ein Engel. Du würdest sie sicherlich auch als perfekte Luststute bezeichnen. Und - sie leckt hervorragend. Du wirst es genießen können. Sie wird nicht aufhören zu lecken, bis du kommst. Deswegen will ich sie auch nicht so schnell weggeben. Selbst der Bischof erfreut sich oft ihres Mundes und an ihrer ausdrucksstarken Geilheit beim Züchtigen.«

»Einfach köstlich, das aus dem Mund einer Äbtissin zu hören.«

»Claire!«

»Ich meine es ehrlich - und es ist absolut nicht abwertend gemeint, Charlotte. Du weißt, wie sehr ich dich schätze. Auch ich erfreue mich maßlos daran, mich mit dir über die Wollust unterhalten zu können. Du kannst nicht ermessen, wie mich das erregt. Mein Gott, du bist eine ganz besondere Frau und es ist eine Ehre für mich, dass ich mich mit einer so edlen und hochgebildeten Dame, so intim unterhalten kann.«

»Claire. Jetzt übertreibst du.«

»Nein. Du hast mir mit deinem Wissen heute eine Lehrstunde, ach, was sag ich, Lehrstunden erteilt, über die Kulturgeschichte der Menschheit. Die mir offenbart haben, dass es schon immer so war, dass erfahrene Frauen junge Mädchen zur Liebe erzogen haben. Das ist mir heute bewusst geworden und dafür bin ich dir dankbar. Und nicht nur das, du bist so verständnisvoll.«

»Ja, sei versichert, dafür habe ich vollstes Verständnis. Ich kann ermessen, wie bittersüß diese Stunden für ein junges Mädchen sind, deshalb muss es auch nicht nach außen breitgetreten werden. Es bleibt innerhalb unserer Mauern.«

»Was ich gerne wissen würde, Charlotte. Wenn du dich mit deinen Novizinnen in den Exerzitien unterhältst, redest du mit denen auch offen über den Liebesakt?«

»Ja. Und zwar sehr offen. Natürlich mit den Novizinnen in der Supremastufe. Also nach dem Gelöbnis.«

»Was mich interessieren würde. Was sagen die Novizinnen? Was empfinden sie?«

»Das ist ganz verschieden. Sophie zum Beispiel mag es. Sie hat mir offen gestanden, dass sie sich gerne in den Po penetrieren lässt. Dass sie dabei sogar zum Orgasmus kommt, erst recht nach einer Züchtigung. Aber das mag daran liegen, dass sie schon in der Erwartung, sich unheimlich erregt und hochgradig geil wird. Sie kann es dann kaum erwarten, als Braut begattet zu werden.«

»So ist es mir auch nach etwas mehr als einem Jahr der Erziehung ergangen. Ich war verrückt nach meinen Herrn. Fieberte schier danach, ihn in mir zu spüren.«

»Ja. Sophie muss ich manchmal bremsen. Ich habe ihr schon mal während der Exerzitien gesagt, dass sie sich zügeln muss. Dass sie zeigen muss, dass sie sehr devot ist und in aller Demut ihren Herrn empfangen möchte. Die hohen Herren wollen damit ihre Macht über sie ausdrücken und deshalb ist so wichtig, vielleicht etwas Zögern zu zeigen. Ein bisschen Widerstreben, um dann gewaltsam genommen zu werden. Diese Beherrschung muss eine Novizin der Stufe Suprema beherrschen, umso freudiger wird sie dann von dem hohen Herren geliebt. Nun hat Sophie keine Probleme, sie mag es auch ausdauernd geliebt zu werden, weil sie dann sicher ihren Orgasmus erreicht. Anders ist bei der jungen Danielle. Sie hat mir gesagt, dass es für sie sehr schmerzhaft ist, wenn sie den Bischof in ihren hinteren Eingang empfangen muss. Ich habe ihr danach in den Exerzitien gut zugeredet, dass es alles nur eine Frage der Übung ist. *Exercitatio artem parat.* Übung führt zur Kunstfertigkeit. Sie wird sich schnell daran gewöhnen müssen, wenn der Bischof von Dijon öfters ihre Hingabe fordert. Ich weiß, was seine Passion ist, der Bischof ist ein sehr gut gebauter Mann mit kraftvollen Armen. Es wird für sie wahrscheinlich am Anfang sehr anstrengend werden. Aber, was soll ich ihr sonst sagen? Sie weiß um ihre Aufgabe und ist auch bereit gehorsam zu dienen. Also hab ich ihr gesagt, sie muss mit ihrem ganzen Körper dienen, egal welchen Weg der Bischof nehmen wird. Sie muss die täglichen Prüfungen ihres Gehorsams in Demut ertragen und wird sich daran gewöhnen müssen.«

Die Äbtissin lachte: »Es obliegt allein der Novizin, zu wollen, ob sie hier glücklich ist und wahres Glück genießen will. Glück wird ihr hier während einer ethischen Erziehung mit dem Erreichen von Sorglosigkeit, gewissen Reichtum und Erfüllung ihrer körperlichen Begierden aufgezeigt und von ihr dann als Lebensziel angenommen. Der Maßstab ihres ethisches Wollens, die Freiheit ihres Willens, zeigt sich, inwieweit sie bereit ist, sich Höherem zu unterwerfen: erstens, dem Willen Gottes. Zweitens dem Willen des Souveräns, des Königs, bei uns dem Willen des Bischofs. Drittens ihrem vorhandenen Willen nach Befriedigung des Verlangens und dem Erleben der Wollust, und viertens, ihr Wille selbst, wenn sie sich mit dem Gelöbnis den Regeln des Ordens unterwirft. Um der Novizin die Freiwilligkeit ihrer Entscheidung immer unterschwellig zu verdeutlichen, frage ich sie öfter während einer Züchtigung, ob sie denn jetzt zu einem Orgasmus kommen möchte. Es ist herrlich, dann zwischen ihrem Schluchzen zu hören, wie sie kaum hörbar sagen, dass sie es sich wünschen. Diese Antwort verlange ich auch mit Nachdruck.«

»Ich staune, Charlotte, wie verständnisvoll du dieses schwierige Thema behandelst. So niveauvoll und geistreich.«

Die Äbtissin lachte. »Es war ein kurzer, aber mit aller sittlich moralischer Vornehmheit ausgestatteter Exkurs. Ach, Claire. Es ist so wundervoll, dass ich mich so schöngeistig mit dir über solch galante Themen unterhalten kann. Selbst mit der Priorin in Paris konnte ich nicht eine so umfassende und offen gepflegte Vergeistigung der Konversation über literarische oder zwischenmenschliche Themen, geschweige denn über schöngeistige Pikanterien, Erotik und dem Liebesakt führen. Ich freue mich unsagbar darauf, dich besuchen zu dürfen und dass wir vielleicht Gelegenheit haben unseren Dialog fortzuführen.«

»Ich bin gespannt, wie sich Louise während meiner Abwesenheit entwickelt hat.«

»Wenn ich dir noch einen guten Rat geben darf. Claire! Rede mit deinen Mädchen täglich einmal möglichst offen. Sage ihnen immer wieder, dass sie sich freiwillig hingeben müssen. Mach ihnen klar, dass sie ein schönes sorgloses Leben an der Seite eines Mannes haben werden, aber nur wenn sie sich gehorsam hingeben. Lass sie die Konsequenzen wissen, was sie für ein armseliges Leben führen müssten, wenn sie sich nicht bereitwillig hingeben und verweigern. Sage ihnen offen, dass du dann gezwungen bist, sie wegzugeben. Zeige ihnen, dass der Liebesakt der Quell aller Lust ist und je intensiver du dich mit ihnen darüber unterhältst, desto leichter werden sie es verinnerlichen. Lass sie wissen, dass es einen Gott gibt, der jedes Leben vorherbestimmt. Dass sie auserwählt sind, die schönsten Seiten des Lebens kennenzulernen, wenn sie sich brav lieben lassen. Dass es etwas ganz Besonderes ist, eine solche Auserwählte zu sein und sie dem Allmächtigen und ihrem jeweiligen Herrn Dankbarkeit zeigen muss. Ich sage das auch immer wieder während der Exerzitien zu meinen Novizinnen. Man kann es gar nicht oft genug wiederholen. Von einem Bischof geliebt zu werden ist die Unio Mystica, der heilige mystische Liebesakt, der nicht nur den Körper erfasst und der Novizin ungeahnte Wonnen erleben lässt. Sondern sie erhält als Auserwählte ein tägliches Leben in Schönheit, Luxus und Sorglosigkeit von Gott geschenkt. Stelle die große Bedeutung heraus, die Eros und der Liebesakt für eine lebendige Beziehung zu Gott haben kann. Eros ist das starke Begehren oder Verlangen, dass durch die Erziehung gefördert werden muss. Eros kann die Erfahrung beim Liebesakt weiten, den jungen Mädchen die Penetration als Schöpfungswonne erfahren lassen. Die belebende und sinnliche Erfahrung, die in das Leben tritt, wenn wir Eros in unser Leben hereinlassen, gilt es zu bejahen. Sie ist ein Geschenk. Sie ist Gnade. Eros schenkt und ermöglicht uns Lebendigkeit, intensives Erleben, tiefe Leidenschaft. Eros will uns zum Göttlichen hinreißen, uns über uns selbst hinaus führen. Lasse ich in meiner Beziehung zu Gott auch mein Verlangen, mein Sehnen und Brennen zu, dann kann das zu einer Vertiefung meiner Beziehung zu Gott beitragen. Mit diesem Bewusstsein wird eine Novizin bereitwillig ihren Herrn empfangen und sich dem Akt hingeben.«

»Ja. Ich glaube, das sollte ich von dir annehmen. Deine Ratschläge sind weise. Ich war mir gar nicht bewusst, wie viel ich von dir lernen kann. Sieh mich als deine dankbare Schülerin. Vielleicht erleichtert es wirklich die Erziehung, wenn ich sie auch dem Glauben zuführe.«

»Claire, das würde mich mehr als glücklich machen.«

»Gebe mir deine Gebete mit. Ich finde sie wunderbar und würde sie gerne mit ihnen beten und ihnen aufzeigen, dass sie vom Allmächtigen dazu auserwählt sind, ein wundervolles Leben genießen zu können. Ich würde dich zu gerne bitten, mich dabei zu unterstützen.«

»Aber, Claire. Selbstverständlich. Nichts wäre mir befriedigender, als dass ich weiß, dass auch du deine jungen Stuten zum Glauben bringen kannst. Du kannst das. Du wirst sehen, es erleichtert die Ausbildung und lässt sie schmerzvollen Prüfungen leichter ertragen. Du wirst ihre Dankbarkeit in ihren Augen sehen.«

»Charlotte, ich liebe dich. Ich weiß gar nicht, wie ich das gut machen kann. Wie kann ich mich für deine Gastfreundschaft und all den weisen Ratschlägen bedanken?«

»Du brauchst dich nicht zu bedanken, Claire. Ich bin dir so dankbar für unseren offenen Austausch der Gedanken.«

*

Novizin Sophia klopfte an der Türe und trat herein.

»Ehrwürdige Äbtissin, die Bäuerin Marie und

ihre Tochter Catherine haben die Milch gebracht. Wollen sie noch mit ihnen sprechen?«

»Ja, Sophia. Schick sie zu mir, hierher.«

Als die Schwester gegangen war, überlegte die Äbtissin sehr lange.

»Claire. Ja. Du könntest mir doch einen Gefallen tun, der mir sehr helfen würde«, sagte sie dann. »Etwas, um das ich dich herzlich bitten würde.«

»Ja, gerne. Sag es mir.«

»Du hast erwähnt, dass du auch Mädchen in der Hauswirtschaft bei dir unterrichtest. Ich habe gerade so einen Gedanken. Eine Bauernfamilie, eine Meile von hier, hat eine junge Tochter. Ich kann sie nicht aufnehmen, da sie nie in einem Kloster war, noch nicht einmal die heilige Kommunion erhalten hat. Der Bauer und seine Frau Marie sind mir sehr lieb und nah, weil sie uns mit Milch und Mehl und anderen Sachen versorgen. Die jüngere Tochter, Catherine, wäre es wert, dass man sich um ihren weiteren Werdegang kümmert.«

»Ja, liebste Äbtissin, das würde ich machen.«

»Ich bin von dem Mädchen begeistert, aber ohne Grundlage im Glauben würde sie nicht hierher passen. Sie ist bildhübsch, sehr jung, einen alabasterhaften schlanken Körper. Ich habe sie untersucht. Sie ist gesund. Sie ist lieb. Die

Bäuerin hat mir ihre Sorgen ausgedrückt, dass jetzt, wo sie geschlechtsreif ist und ihre Brüste sich bilden, es in dem engen Hof zu einer Belastung in Hinblick auf die vier Brüder und einigen Knechten kommen kann.«

»Ich verspreche dir, das werde ich machen. Im Chateau können wir sie bestimmt gebrauchen. Du scheinst sie zu mögen.«

»Ja, das stimmt. Ich verrate dir, was ich denke. Sie hat das gewisse Etwas. Ich denke, du wirst sehr schnell erkennen, dass sie zu mehr als nur der Hauswirtschaft erzogen werden kann.«

»Ich verstehe dich. Du meinst, ich könnte sie zu einer Luststute erziehen?«

»Claire! Davon bin ich überzeugt. Sie ist hübsch, eine Schönheit, eine Nymphe. Dein Charles wird begeistert sein. Wenn sie uns die Milch bringt, lade ich sie immer zu einem kurzen Gespräch und einer Zitronade ein. Sie träumt von einem anderen Leben, als das auf diesem Hof. Ich hatte auch schon überlegt, den Bischof zu fragen, ob wir sie in ein Kloster zur geistigen Ausbildung geben und in zwei Jahren von dort abholen. Aber warte«, sagte die Äbtissin, als die Bäuerin mit der Tochter eintraten.

»Liebe Maria«, begrüßte die Äbtissin die Bäuerin, die sich staunend über der Luxus im Salon der Äbtissin umsah. Sie war recht einfach gekleidet, eine gestrickte dicke Jacke und ein langer schwarzer Rock, der teilweise Nässe- und Schmutzspuren aufwies. Die Tochter trug ein dickes Leinenhemd und einen an der Seite eingerissenen Rock.

»Der liebe Gott sei mit dir, Marie. Ihr habt den Weg trotz des schweren Wetter zu uns geschafft?«

»Seien Sie gegrüßt, ehrwürdige Äbtissin. Wir haben euch Milch und Butter gebracht.«

»Danke!«, sagte die Äbtissin und umarmte die Bäuerin.

»Der Herrgott wird mit euch sein.«

Die Äbtissin wandte sich an die Tochter. »Sei gegrüßt, Catherine, du liebes Mädel.«

»Grüß Gott, ehrwürdige Äbtissin«, antwortete das Mädchen brav.

»Seid ihr so durch den Regen hindurch gekommen?«, fragte die Äbtissin, als sie die nassen Haare der Bäuerin und der Tochter sah.

»Wir hatten Tücher um den Schultern. Sie hängen unten beim Kachelofen zum Trocknen.«

Die Äbtissin wandte sich an Schwester Sophia: »Gebt ihnen neue trockene Tücher für den Rückweg und gib der Maria das fünf Sou Stück für die Bezahlung.«

Claire, die ruhig in ihrem Sessel sitzen geblieben war und das junge Mädchen eingehend betrachtet hatte, stand auf.

»Äbtissin, Verzeihung. Fünf Sou sagtet ihr?«

»Ja«, antwortete die Äbtissin, »alle zwei oder drei Tage bekommen sie das. Dafür versorgen sie uns ja auch so lieb. Maria, das ist die Marquise d'Aurilac aus Besancon. Begrüße sie!«

Die Bäuerin ging zu Claire, die ihr die Hand ausstreckte und fiel auf die Knie. »Ehrenwerte Marquise, seien Sie gegrüßt.«

»Ist gut. Stehen Sie auf, liebe Maria. Die Äbtissin hat mir eben von ihnen erzählt. Sie sind eine liebe Frau.« Claire griff in einen kleinen Lederbeutel, der unter ihrem Kleidergürtel verborgen war, entnahm ihm eine Münze und reichte sie der Bäuerin.

»Oh! Claire!«, sprach die Äbtissin: »Ein Louis d'Or?«

»Liebe Bäuerin«, sagte Claire, »es freut mich Sie kennenzulernen. Hier ist ein Louis d'Or für sie, damit sie bis zum Jahresende die Äbtissin und ihre Novizinnen mit Milch und Butter versorgen. Reicht das?«

Die Bäuerin wusste gar nicht, was sie sagen sollte.

»Maria«, sprach die Äbtissin. »Nimm das von der Marquise an. Es reicht für mehr als das. Die Marquise ist sehr großzügig. Bedanke dich bei ihr.«

»Danke, Danke, Madame!«, sprudelte es aus

der Bäuerin, die mehr als dankbar die Münze entgegennahm.

»Maria!«, ergänzte die Äbtissin. »Die Marquise und der Marquis d'Aurilac sind Förderer unseres Klosters und uns sehr verbunden. Es ist eine glückliche Fügung, dass die Marquise gerade bei uns weilt. Ich hatte mit ihr über deine Tochter gesprochen. Die Marquise nimmt junge Mädchen in ihr Chateau auf, die ihr bei der Hauswirtschaft zur Hand gehen sollen. Wir haben doch schon einmal über Catherines Zukunft gesprochen. Das Mädchen würde Kleidung, Kost und Logis und auch einen geringen Lohn für ihre Arbeit bekommen, aber auch in der Hauswirtschaft eines adligen Chateaus unterrichtet werden. Ich dachte, das wäre das Richtige für Catherine.«

Das Gesicht der Bäuerin hellte sich zusehend auf. »Ehrenwerte Äbtissin, ich würde dem Herrn dankbar sein, wenn dies möglich wäre. Natürlich würde ich auch der ehrenwerten Marquise dankbar sein.«

Die Äbtissin schaute zur Marquise: »Claire, was meinst du?«

Claire war sichtlich beeindruckt von dem Mädchen. Es war wirklich eine äußerst hübsche Gestalt und hatte sehr liebliche glatte Gesichtszüge. »Ja, nun, Äbtissin. Ich hatte euch wissen lassen, dass ich ein Mädchen gebrauchen kann.

Natürlich sollte sie gesund und sehr gehorsam sein.«

»Catharina ist sehr gehorsam. Nicht wahr? Catherina?«, sprach die Äbtissin.

»Ja, ehrenwerte Äbtissin.«

»Würdest du dich freuen, bei der Marquise gehorsam zu dienen?«

»Ja, ehrenwerte Äbtissin«, strahlte das Mädchen über das ganze Gesicht.

Zu der Bäuerin gewandt, sagte die Äbtissin: »Maria. Ist Catharina noch gesund. Wann habe ich sie untersucht? War es vor einem halben Jahr?«

»Ja. Ehrenwerte Äbtissin. Vor einem halben Jahr. Aber sie ist gesund.«

»Maria. Würdest du erlauben, dass ich sie kurz noch einmal untersuchen darf? Ich möchte der Marquise kein krankes Mädchen empfehlen.«

»Natürlich, ehrenwerte Äbtissin. Catherina, zieh deine Kleider aus und zeige der Äbtissin, dass du gesund bist.«

Claire schaute amüsiert zu, wie sich das Mädchen auszog. Sie hatte die Äbtissin durchschaut und geahnt, dass sie vorhatte, ihr das Mädchen nackt zu zeigen. Als das Mädchen zuletzt die dicken Wollsocken abstreifte und nackt da stand, war Claire wirklich überrascht. Sie sah einen makellosen Jungmädchenkörper und Claire dachte unwillkürlich, dass diese schlanken Mädchenbeine mit Seidenstrümpfen eine Zierde wären.

Die Äbtissin stellte sich vor das Mädchen, ließ ihre Hände vorstrecken und drehte sie prüfend. Dann strich sie über die Haare des Mädchens, öffnete ihre Lippen um ihr Gebiss zu sehen, prüfte mit der Hand die kleinen Brüste und strich auch nach unten zu ihrer nur schwach behaarten Scham.

»Du kannst dich wieder anziehen«, sagte die Äbtissin und drehte sich zu Claire und der Bäuerin. »Sie ist gesund und sehr hübsch. Ich denke, ich kann sie empfehlen. Claire, was meinst du?«

»Liebste Äbtissin. Wenn du als Docteur Medicine sagst, dass sie gesund ist, dann ist sie geeignet. Liebe Maria. Wie steht es um den Gehorsam eurer Tochter. Er ist in unserem Chateau außerordentlich wichtig.«

»Madame. Catharina ist sehr gehorsam. Nicht wahr, Catherina, du wirst sehr gehorsam sein!«

»Ja, Madame, ich werde sehr gehorsam sein«, antwortete das Mädchen und blickte verschämt zu Boden.

»Ist gut, liebe Äbtissin«, sagte Claire nach einer Pause. »Ich werde die Tochter der Bäuerin Maria bei uns aufnehmen. Wenn sie gehorsam ist und das tut, was ich von ihr verlange, darf sie bei mir dienen. Kann sie lesen und schreiben?«

»Verzeihung, Marquise«, antwortete die Bäuerin, »sie kann etwas lesen und schreiben, aber sie ist nicht sehr geübt.«

»Ich werde von ihr verlangen, dass sie es lernt. Sie wird Unterricht bekommen. Lesen, Schreiben und Rechnen. Sie wird erzogen, sich an einem fürstlichen Hof zu benehmen. Wenn sie ihre Pflichten erfüllt, erhält sie für ihre Dienste monatlich einen halben Louis d'Or, der ihnen, Maria, durch die Äbtissin hier ausgezahlt wird. Ich werde dafür Vorsorge treffen. Ist das recht?«

Die Bäuerin fiel wieder vor Claire auf die Knie, nahm ihre Hand und küsste. »Gott segne Sie. Ich bin Ihnen so dankbar. Catherine ist ein liebes Mädchen. Sie hat es verdient.«

Sie reichte der Äbtissin die Goldmünze, die sie immer noch in der Hand hielt. »Hier, ehrenwerte Äbtissin. Nehmt es als meinen Dank für dieses Kloster und eure Barmherzigkeit.«

»Nein. Maria. Du brauchst das Geld. Die Marquise hat es dir gegeben, für eure Dienste. Wenn du Schwierigkeiten mit einer solch wertvollen Münze hast, dann schlag ich vor, dass du sie Schwester Sophia gibst. Sie wird sie für dich verwalten und dir immer ein paar Sou mehr geben. Sophia! Du führst Buch über Marias Geld.

Ein Louis d'Or sind 24 Livres, ein Livre sind 20 Sou, also sind das 480 Sou die Maria zustehen. Ist dir das recht, Maria?«

»Danke. Danke, ehrenwerte Äbtissin. Ihr seid so großzügig.«

»Bedanke dich bei der Marquise. Aber! Ich denke, ihr beiden könnt zurück zu eurem Hof. Sprich mit deinem Mann. Morgen Vormittag kannst du dann deine Tochter bringen und die Marquise kann Catherine in ihrer Kutsche mitnehmen.«

»Ja, das werde ich tun. Catherine, verabschiede dich von der Äbtissin und der Marquise.«

Artig ging das Mädchen zur Äbtissin, wurde von ihr geküsst und reichte schließlich mit einem Knicks Claire die Hand.

»Catherine«, sprach Claire. »Es scheint, du bist sehr brav. Ich freue mich auf ein braves Mädchen.«

Als die Bäuerin und ihre Tochter den Salon verlassen hatten, setzte sich die Äbtissin zu Claire.

»Nun? Habe ich dir zu viel versprochen?«

»Charlotte. Gestehe, du hast es von Anfang an gewusst, dass ich sie nehme. Nicht wahr?«

Die Äbtissin lachte. »Ja, Liebste Claire. Als Sophia mir sagte, dass die Bäuerin mit ihrer

Tochter da ist, habe ich sofort geschaltet. Ist es nicht ein herrliches Mädchen?«

»Ich bin ganz entzückt, Charlotte. Sie passt wirklich zu uns. Wahrscheinlich auch zu mehr als zu einer Dienstmagd.«

»Da bin ich sicher, Claire. Hast du diesen Popo gesehen. Ist er nicht wundervoll?«

»Charlotte. Wirklich! Wie obszön.«

»Dieser frische zierliche Popo wäre doch viel zu schade, um von dem schmutzigen Glied eines Bauernknechtes durchbohrt zu werden.«

»Charlotte! Oh, wie hört sich das an! Aber du hast recht. Diese kleine Rosette, wunderschön. Charles wird sich freuen.«

»Das mit dem Geld für die Bäuerin Marie habe ich deshalb so vorgeschlagen, da ich weiß, dass ihr Mann und auch die Brüder das Geld nur versaufen würden. So kann sie es in kleinen Mengen immer von mir bekommen. Sie ist eine ganz liebe Frau und ich bin sicher, dass sie dir ihre Tochter morgen mitgeben wird. Sie wird froh sein, dass ihr Mann oder die Brüder nicht Hand an sie legen können.«

»Ich danke dir, Charlotte. Das war ein guter Vorschlag. Ich konnte an ihrem Gesicht erkennen, wie dankbar sie ist.«

»Du brauchst auch keine Sorgen haben, dass die Maria nicht weiß, wie ihre Tochter bei dir erzogen wird. Sie weiß, dass Dienstmädchen ihrem Herrn zu dienen haben. Sie hat sie mir ja schon einmal in einem vertraulichen Gespräch angeboten. Sie wird mehr als einverstanden sein, da es für ihre Tochter eine einmalige Gelegenheit ist, aus den ärmlichen Verhältnissen herauszukommen.«

»Ich hatte auch den Eindruck, dass die Tochter sehr gehorsam sein wird. Sie machte einen ausgesprochen guten Eindruck auf mich. Ich denke, ich werde sie von Anbeginn an von den Haushaltshilfen separieren und sie in meine Gemächer zu Louise und Anna nehmen. Bis du und der Bischof uns besuchen kommt, wird sie sicherlich die ersten Züchtigungen erhalten haben und entjungfert sein. Mal sehen. Vielleicht kann ich Charles dazu bringen, die anale Entjungferung als ein besonderes Spektakel an dem Abend mit dir und dem Bischof vorzuführen.«

»Ach, wäre das schön. Claire! Was für ein Gedanke! Nein, wie pikant! Sage deinem Charles, dass ich sehr verlegen darum wäre und ihn bitten möchte, mir diesen Gefallen zu tun. Diese Catherine liegt mir wirklich am Herzen und dabei zu sein, wenn sie das erste Mal in den Po penetriert wird, würde mich zutiefst befriedigen. Sie wird doch zuvor gezüchtigt werden?«

»Natürlich Charlotte. Ihr Popo wird von

Charles ganz sicher etwas gestriemt werden, bevor er sie entjungfert. Er wird sie nicht verletzen, dazu ergötzt er sich zu sehr an der Anmut. Aber es wird sie sicher zum Weinen bringen.«

»Ach, ist das herrlich! Ich würde ihr gerne dabei Beistand leisten und liebevolle Worte des Trosts finden. Die zierliche Catherine, gezüchtigt und anal geliebt, das habe ich mir schon beim ersten Mal, wie ich sie nackt untersucht habe, vorgestellt.«

»Hmm. Du magst es, hautnah dabei zu sein. Nicht wahr?«

»Ihre Tränen zu trocken, liebevoll ihren Gehorsam loben und ihr zugleich sagen, dass sie zukünftig immer von einem harten Glied in den Po penetriert wird. Das ist mir ein echtes Anliegen. Allein ihr das zu sagen, macht mich mehr als geil. Ihr verweintes Gesicht zu dabei zu sehen, lässt mich kommen, ohne dass ich mich berühre.«

»Charlotte, ich würde mich so glücklich schätzen, wenn ich dir den Gefallen tun kann. Oh, wie ist dieser Gedanke so wunderschön obszön. Anna kann dich sicherlich, wenn das Mädchen die erste schwere Prüfung ihres Lebens ertragen muss, mit ihrer Zunge zu mehreren Orgasmen helfen.«

»Mein Gott, Claire. Ich werde schon jetzt ganz feucht.«

»Das verspreche ich dir. Es wird eine wunderbare Soirée. Im großen Kaminzimmer werden wir den Zuchtbock aufstellen und ich kann als Zuschauer auf dem Sofa die Schreie bei der Züchtigung und dem Akt genießen.«

»Oh. Wie obszön und doch so lustvoll. Ich bin hochgradig erregt.«

»Eine anale Entjungferung während einer Soiré, mit Zuschauern, das hatten wir schon lange nicht mehr. Charles wird mehr als begeistert sein. Er mag Dressur-Vorführungen.«

»Gestehe, du magst es auch, wenn sie Schreien und Weinen.«

»Ja«, stöhnte Claire, »ich werde allein bei dem Gedanken feucht.«

»Ich auch, Claire. Ich offenbare mich. Allein das Wimmern macht mich furchtbar geil. Die entsetzten Augen einer jungen Nymphe, wenn sich zum ersten Mal ein dickes Glied in ihren After bahnt, ist immer eine Offenbarung für mich. Und dann die Schreie und das Schluchzen, wenn sie hart hergenommen wird. Göttlich. Wir haben es ja auch alle durchmachen müssen. Es ist nun mal die Bestimmung eines Weibes und deshalb kümmere ich mich so gerne um das Seelenheil dieser jungen Mädchen.«

»Ja. Es ist ihre Bestimmung und deine Worte werden ihr helfen. Ich werde mich freuen, sie zu hören.«

jeden, der dabei zusieht, offenbart. Diese Offenbarung ist für mich immer wieder eines der freudigsten Momente und deshalb möchte ich, dass sie es erfährt. Ich werde ihr sagen, dass es für alle Anwesenden, die ihre Schreie hören, ein eindrucksvolles Erlebnis ist, zuzusehen, wie sie zur Frau wird. Ach, wie wäre ich froh, wenn ich der niedlichen Catherine beistehen darf. Dann kann ich ihr tröstende Worte sagen und das wird sie beruhigen. Ich lehre meinen Novizinnen, dass sie sich permanent bedanken müssen. Wenn sie gezüchtigt werden, müssen sie sich nach jedem Hieb laut bei ihrem Herrn bedanken. Wenn er in sie eindringt, müssen sie ihm sagen, wie dankbar sie sind, den Herrn in ihrem Leib zu spüren und wenn sie kraftvoll penetriert werden, sollen sie sich andauernd dafür bedanken, dass sie die ganze Kraft des Herrn in sich spüren dürfen, um den heiligen Geist zu erhalten. Mit diesen Sätzen lernen sie mit der Zeit, dass die Züchtigung und die Vereinigung ein Geschenk des Herrn sind.

Zu Beginn, soll sie vor ihm knien, seine Hand und den Bischofsring küssen und sage: *Herr, ich bin Ihnen dankbar, dass Sie mich gefunden und in ihre liebenden Arme nehmen.*

Herr, schenken Sie mir die Kraft des Glaubens.

Herr, ich gehöre Ihnen und will Ihnen eine liebende und gehorsame Braut sein.

Dann soll sie ihn um die Züchtigung bitten.

Herr, züchtigen Sie mich, weil ich damit Ihre ganze Liebe spüren kann.

Herr, wenn ich nicht gehorsam bin, bestrafen Sie mich mit schmerzhaften Hieben, die mir zeigen, wie gerecht Sie sind.

Herr, lassen Sie mich nach einer Bestrafung Ihre Hände küssen, und mich dafür bedanken, dass Sie mich genug lieben, um meine Fehler zu korrigieren.

Dann soll sie ihn um den Liebesakt bitten:

Herr, öffnen Sie mich mit der Rute, um Ihre gerechte Liebe zu empfangen.

Herr, lassen Sie mich ihre Kraft ergreifen und daran Halt im Glauben finden.

Herr, lass Sie ihre Kraft sichtbar werden und begatten mich damit.

Herr, begatten Sie Ihre Braut mit der Kraft des Glaubens.

Herr, erziehen Sie mich mit Ihrer Kraft tief in meinem Körper zu Ausdauer und Geduld.

Herr, scheuen Sie sich nicht, mich mit ihrer Kraft zu Tränen zu treiben, denn auch diese gehören Ihnen.

Herr, Ihr Same des Glaubens soll bei der Begattung meinen Körper mit Glückseligkeit füllen.

Herr, ich danke Ihnen für die Begattung und den Heiligen Geist, den Sie tief in meinem Körper verströmt haben.«

»Was für wunderschöne Sätze!"«

»Es gibt noch mehr Dankessätze. Natürlich bedeutet die Kraft nichts anderes, als von seinem steifen Glied kraftvoll geliebt zu werden. Es wird den Novizinnen bewusst, wie wichtig es ist, alle ihre Aufmerksamkeit dem steifen Glied zu widmen.«

»Charlotte! Du echauffierst dich gar.«

»Warum soll ich mich schämen, Körperteile zu nennen, die zu erschaffen sich Gott nicht geschämt hat? Schließlich hat er sie zum Liebesakt erschaffen und uns das Geschenk gemacht, darin Freude und Erfüllung zu finden. Ich lehre meinen Novizinnen auch lateinische Befehle. Ministrate! Obsequium! Diene in Gehorsam!

Supplicare flagellate. Kniefällig um Züchtigung bitten.

Nudate et ostentate! Zieh dich aus und zeige dich! Hiate et fellate! Öffne dich und sauge. Öffnen deinen Mund und sauge das Glied.

Absorbere! Sie soll den Heiligen Geist schlecken und hinunterschlucken.

Fellatio ist das Saugen des Gliedes zur Überbringung des Heiligen Geistes in den Mund der Braut. Hiate anus et acceptare! Öffne den Anus und empfange. Sie soll ihre Pobacken auseinanderziehen und sein Glied im Anus empfangen.«

»Oh, was für pikante Befehle.«

*

Das Abendessen im Refektorium ging schnell vorüber. Einerseits hörte Claire den Bericht ihrer beiden Kutscher, wie sie nach Hinweisen der Novizin Sophia die Gewehre des Jagdhüter gefunden hatten und auf Jagd gehen konnten. Die drei Fasane, die sich alle beim Abendmahl teilen mussten, waren zwar wenig, aber es gab viel Kohlgemüse und zwei Kartoffeln für jeden. Wie die Äbtissin Claire erklärte, hatte der Bischof aus der Schweiz Kartoffelpflanzen mitgebracht und die Äbtissin hatte mittlerweile ein großes Feld durch einen Bauern damit bepflanzen lassen. Auch der Hof der Bäuerin Maria betrieb ein drei Ar großes Feld und versorgte das Kloster mit Kartoffeln. Die Rehe, die die Kutscher geschossen hatten, waren zwar aufgebracht, entnommen und hingen zum Abhängen, aber sie sollten noch zwei Wochen hängen, bis das Fleisch genießbar sei und in kleinen Portionen gepökelt werden könne.

Am Schluss, nach einem sehr schönen Dankesgebet, sprach die Abtissin: »Meine lieben Schwestern. Ich bitte euch nun, euch in eure Gemächer für die Nacht zu begeben. Sophia, du heizt bitte den Ofen im Boudoir des Bischofs an. Ihr anderen räumt auf und begebt euch zur Ruhe.«

Zu Claire sprach die Äbtissin: »Wir gehen zuerst in meinen Salon.«

»Liebste Äbtissin, das war ein wundervolles Mahl. Vielen Dank.«

»Deine Husaren haben eine wundervolle Strecke geschossen. Richtige Prachtexemplare. Ich denke, alle sind satt geworden. Komm, wir gehen. Ich werde eine kleine Karaffe Wein mitnehmen.«

»Ja, das ist gut. Heute Abend werden Anna und ich früh ins Bett gehen, da wir Morgen zeitig fort müssen.«

Claire nahm einen Schluck aus dem Glas, das ihr die Äbtissin reichte. »Du hast bemerkt, dass ich meine Mädchen zu streng und zu oberflächlich zu Luststuten erziehe. Nicht wahr?

Die Äbtissin lachte. »Meine liebe Claire. Das Zusammenleben mit den jungen Nymphen und die Erziehung ist für mich eine Herzensangelegenheit und die Erfüllung. Sie bedeutet eine große Verantwortung, Fürsorge und viel Zeit - Erziehung mit Hingabe und Rücksichtnahme. Ich möchte nicht einen Tag die Nähe zu meinen Nymphen missen. Es ist mir ein Anliegen, dass du nicht nur das Ziel der Erziehung vor Augen hast.«

»Du meinst, ich erziehe zu streng?«

»Nein Claire! Du sollst streng erziehen. Du

sollst deine Mädchen züchtigen. Das brauchen sie und ich habe vollstes Verständnis dafür, wenn du sie sehr streng erziehst. Aber es gibt gewisse Feinheiten, exquisite Feinheiten, wie man die Erziehung zur Lust erfolgreicher gestalten kann. Der kraftvolle Hieb mit der Peitsche auf den nackten Po eines unerfahrenen Mädchens zur rechten Zeit, ist ein wirksames Hilfsmittel in der Phase der Erziehung und Reifung. Die Feinheit der Erziehung zur Wollust geschieht aber allein in solchen Aussprachen der Exerzitien. Es geht dabei um begleitende Hinwendung zum Glauben, erleben lassen der Lust und Förderung der Lustzentren. Ich habe ein kleines Heft selbst verfasst, dass sich allein mit dem Thema befasst, wie es die Erziehung junger Novizinnen zu besonderen Bräuten Christi erleichtert. Ich werde es dir geben. Darin ist ausführlich beschrieben, wie die Exerzitien abgehalten werden sollten, wie Gebete und Hinwendung zum Glauben die jungen Mädchen zum Erleben der Lust sensibilisieren und notwendige Züchtigungen leichter ertragen lassen.«

»Dafür wäre ich dir sehr dankbar.«

»Es sind auch alle Gebete enthalten, die für die jeweiligen Erziehungslektionen notwendig sind. Allgemeine Gebete, Gebete während der Exerzitien, Vorbereitungsgebete zum Empfang der Züchtigung, zum Erleben der Lust und zum Empfang des Gliedes und der Vereinigung. Ich kann dir nur meinen Rat wiederholen. Gebete helfen, sie sensibilisieren, fördern die Bereitschaft das zu tun, was verlangt wird, nämlich sich gehorsam hinzugeben. Sie versetzen gerade junge Mädchen zeitweilig in Trance und erzeugen Gefühlsempfindungen, die die Lust und den Schmerz verschmelzen lassen. Und genau das erleichtert uns dann die Erziehung.«

Claire holte tief Luft. »Liebste Charlotte. Alles was du mir sagst, ist so wahr und wichtig für mich. Ich sehe, dass ich noch viel lernen muss. Sei mir eine liebe Freundin, die mir hilft, den besseren Weg zu finden.«

»Claire! Natürlich werde ich das. Ich will deine beste Freundin sein. Ich werde dir gerne helfen, deine Erziehungsaufgabe zu erleichtern. Ich will dich nicht von der Erziehung junger Mädchen zu Luststuten abhalten. Ganz im Gegenteil. Ich will dich dazu ermuntern, die Erziehung ganz im Sinne einer Luststeigerung zu betrachten. Auch wenn du deinem Charles sehr junge Jungfrauen zuführst und er sie in der ersten Nacht züchtigt und penetriert, sollst du sicher sein, dass ich dich darin unterstütze. Es ist eben eine andere Variante der Erziehungsmethode, aber sie hat auch ihre Vorteile.«

»Hmm. Charles mag es halt, vollkommen unvorbereitete Jungfrauen auf dem Fickbock zu entjungfern und das belastet die Mädchen sehr.«

»Claire! Ich weiß, da meldet sich die innere Barmherzigkeit einer fürsorglichen Frau. Das ist auch gut so. Aber da beginnt deine Verantwortung als rücksichtsvolle Erzieherin, dem Mädchen Trost mit hilfreichen Worten zu spenden. Ich mache das gerne, gerade wenn sich das Glied den Weg in den Anus bahnt und trockne dabei die Tränchen. Zu diesem Moment des Eindringens findest du einige hilfreich beruhigende Sätze in dem Heft. Aber du hast doch selbst schon gesagt, welch emotionaler Moment das auch für dich selbst ist, wenn die Augen weit aufgerissen sind und die schrillen Schreie aus dem Mund des Mädchens kommen. Dann macht uns doch besondere Freude, in diesem Moment mit hilfreichen Worten zur Seite zu stehen.«

»Ja. Ich gebe zu, dieser Moment bewegt mich selbst immer außerordentlich und erregt mich, als wenn es meine eigene Entjungferung wäre.«

»Du wirst sehen, diese Sätze in dem Moment des Eindringens einem jungen Mädchen zu sagen, steigern auch deine Erregung. Es ist so ergötzlich, mitzuerleben, wie ein junges Mädchen penetriert wird und dessen brauchst du dich nicht zu schämen. Wenn man mit Leib und Seele bei dieser Erziehung dabei ist, darf man seine tiefen inneren Gefühle auch als Erzieherin zeigen. Es ist von hohen erzieherischen Wert, wenn so junge Mädchen erkennen, dass ihre Erzieherin genau das verlangt, was geschieht. Sie müssen erkennen, dass es ihre Vorbestimmung ist und dass der Akt im Mittelpunkt der Erziehung steht. In den Tagen danach musst du dich halt darauf konzentrieren, diesen jungen Mädchen die Feinheiten beizubringen und dazu helfen dir meine Empfehlungen ganz gewiss.«

»Ja. Das sehe ich mittlerweile auch so. Das ist alles sehr überzeugend, was du mir empfiehlst.«

»Du sollst wissen, dass ich alles in meiner Macht tun werde, um dir dabei zu helfen. Schließlich haben wir beide als verantwortungsvolle Pädagoginnen eine besondere gesellschaftliche Aufgabe und es wäre schlecht, wenn diese in ungebildete Hände fallen würde.«

»Du sprichst mir aus dem Herzen!«

»Unsere Herrn wollen den feinen Esprit und die exquisite Lust - der Pöbel will nur die egoistische Lust. Unsere Aufgabe ist, das Feine, das Reine anzuerziehen. Dazu hilft der Glaube.«

»Du weißt ja«, stöhnte Claire, »dass ich im Glauben nicht so gefestigt bin. Wir gehen manchmal zur Messe, aber ich habe nie erkannt, dass es so hilfreich sein kann.«

»Das kann es. Du wirst es sehen, wie es deine Arbeit und zugleich den Mädchen ihre Aufgabe erleichtert. Es würde mich außerordentlich glücklich machen, wenn du ein paar meiner Gedankenanstöße in dir aufnimmst.«

»Da kannst du sicher sein. Und nicht nur ein paar. Ich freue mich auf dein Heft. Ich verspreche dir, ich werde es verinnerlichen.«

»Du wirst erfreut sein, es zu lesen. Ich muss dir sagen, es ist teilweise in einer sehr offenen direkten Sprache geschrieben, die dir gefallen wird. Die sanfte Züchtigung mit der Peitsche ist genauso beschrieben, wie das strenge Auspeitschen zum Lustschmerz und die vorbereitende Züchtigung zur analen Penetration.«

»Das ist sehr interessant. Ein sehr pikantes und aufregendes Thema, das mir sehr gefällt. Das muss ich lernen und werde mich damit eingehend befassen. Ich freue mich schon darauf.«

»Kardinal Levevre, dem ich mein Heft vorlegen musste, damit ich die Genehmigung erhielt, es auch meinen beiden Kolleginnen in Paris und in Dijon zu übergeben, war sehr angetan und begeistert. Er hat mich im Kreise einiger hoher Herren des Klerus in Paris ausdrücklich gelobt, wie mir unser Bischof berichtet hatte. Er hätte gesagt, dass ich die gehorsamsten Bräute mit den schönsten Popos und dass es der höchste Genuss ist, eine Braut aus dieser Abtei zu begatten. Er hat seit vier Jahren eine von mir erzogene Braut Christi an seiner Seite. Er lobte mir gegenüber insbesondere meine Ausbildungsmethode, die solch stark im Glauben gefestigte Novizinnen zu Bräuten Christi formt, die immer wieder ihren Dank für den Erhalt der Kraft des Herrn zeigen. Von ihm habe ich auch vor Jahren ein erzbischöfliches Dekret für diese Abtei erhalten. Im römisch-katholischen Kirchenrecht wird als Dekret ein recht setzender Verwaltungsakt der kirchlichen Verwaltung bezeichnet, der an alle Gläubigen gerichtet sein kann. Dieses Dekret ist ein Schutzbrief für die besondere Stellung dieser Abtei, für mich und meine Erziehung und ist nur in bischöflichen Kreisen bekannt.

Es heißt darin: Junge Novizinnen zu erziehen ist ein Werk der Liebe. Es ist ein Pfad des Dienens und der Hingabe. Und wie die Praxis des Glaubens, erfordert es Geduld, Verständnis und eine ungeheure Opferbereitschaft. Es ist auch ein Weg, um junge Menschen mit dem Geheimnis des Lebens und mit sich selbst zu verbinden. Das Stift Notre-Dame de Belchamp, mit der ehrenwerten Abbesse Charlotte de Franchet, übernimmt nach bischöflicher Weisung die besondere Aufgabe, junge Novizinnen für die außerordentlichen Anforderungen in der Assistenz der höheren Geistlichkeit vorzubereiten. Aufgabe dieses Erziehungskonvents ist es, auserlesene und befähigte Novizinnen im Glauben zu stärken, sie in Sprachen und Algebra zur Übernahme administrativer Aufgaben und auf dem Weg zur Cura Corporis als Krankenschwester auszubilden. Über allen steht die Erziehung zur geforderten Sittlichkeit und Tugend als Bräute Christi. Der Abbesse sei Schutz und Versorgung von allen kirchlichen Einrichtungen zu geben, um die ehrenvolle Aufgabe dieses Kloster-Hospizes zu bewältigen.

Claire, diese Urkunde ist für mich eigentlich die wichtigste Aussage und untermauert meine Stellung.

Und es kommt ein ganz wichtiger Satz, Claire: Angesichts der Bedeutung der Erziehung in der gesamtheitlichen Bildung der Persönlichkeit, kann die Erzieherinnen mit strengen Maßnahmen, Sinn und Richtung vorgeben. Wenn sie die sittliche Norm vorstellt und einfordert, muss sie aufzeigen, worin diese ihre Existenzberechtigung findet und welche Pflichten mit ihr verbunden sind. Die Erzieherin hat das Recht und die Pflicht auf die Einhaltung der geforderten sittlichen Normen zu achten und muss notfalls mit Hilfe ihrer Erziehungsmittel den rechten Weg aufweisen.

Claire! Dies ist die verklausulierte Anweisung, die Erziehung mit der Züchtigung durchzuführen und für diesen Satz in dem Schreiben bin ich sehr dankbar.

Sind das nicht wundervolle Worte, die der Kardinal in seinem Dekret gefunden hat? Es bedeutet klar, dass ich die Aufgabe habe, junge Novizinnen als Bräute Christi zur gehorsamen körperlichen Vereinigung mit einem hohen Herrn als Vertreter Christi zu erziehen.«

»Sie sollen erzogen werden, sich im Glauben hingebungsvoll ficken zu lassen.«

Die Äbtissin lachte laut. »Du sagst es treffender. Dieses Schreiben hat mich sehr motiviert, meine erzieherische Tätigkeit ganz auf die Erziehung zu Bräuten Christi der Suprema hinzuwenden. Damit hat man mir zu verstehen gegeben, dass meine Tätigkeit nicht nur gewürdigt, sondern vom hohen Klerus gewollt ist.«

»Es sind sehr, sehr einfühlsame Sätze. Verklausuliert, aber wenn man weiß, um was es geht, sind sie erfrischend klar und deutlich.«

»Ja. Erfrischend ist das richtige Wort. Was mich erstaunt hatte, war, dass der Kardinal, nachdem er die Ausbildung zu Krankenschwestern gelobt hat, die geschlechtliche Erziehung so sehr in den Vordergrund stellte. Der Bischof hat mir später erklärte, das sei eine ganz klare

Aufforderung, diese Art der Erziehung fortzuführen. Ich soll gebildete und äußerst schöne Novizinnen zu Mätressen erziehen, die sich als Bräute Christi gehorsam hingeben. Nur darum ginge es in diesem Dekret.«

»Ja, das habe ich auch so verstanden, obwohl es in sehr gewählten Worten verfasst ist.«

»Hmm, das ist die Kunst der hohen Bischöfe. Ja, sehr gewählte Worte. Die wahre Aufgabe dieses Stifts und mein eigentlicher Erziehungsauftrag ist nur wenigen bekannt. Höchstens fünfzig Kardinäle, Erzbischöfe und Bischöfe, vielleicht ein paar Weihbischöfe, wissen um die Ausbildung zu besonderen Bräuten Christi. Nicht dass die Ausbildung zur Krankenschwester nur ein Deckmantel ist. Meine ausgebildeten Profess-Novizinnen werden in der Regel Hauswirtschafterinnen eines bischöflichen Sitzes mit besonderen Aufgaben. Zum einen als Krankenschwester und zum anderen als persönliche Haushälterin eines hohen Bischofs. Damit haben sie Zugang zu seinen Privaträumen, weil sie sich alleinig auch um die Kleidung des Bischofs kümmern müssen. Meistens haben die Herrn eine ältere oberste Haushälterin, in der Regel eine Priorin oder gar eine Äbtissin, die die Organisation des gesamten Haushalts eines Ordinariat leitet. Sie wissen dann auch um die besondere Aufgabe meiner

Novizinnen und von dem Dekret. Fast alle haben Mätressen und einige sogar sehr junge.«

»In Adelskreisen haben die hohen Herren alle Mätressen. Einige leben sogar mit ihren Mätressen und ihren Gattinnen unter einem Dach. Ich kenne eine Gräfin, die bei mir eine junge Luststute für ihren Gatten ausgesucht und sie ihm zur Begattung zugeführt hat.«

»Siehst du. Es gibt auch fürsorgliche Ehefrauen, die sich um das Seelenheil ihrer Männer kümmern.«

»Hier, Claire, trinke einen Schluck Wein, der wird dich erfrischen.

»Ich werde mich mit Anna zurückziehen. Das war ein aufregender Tag mit dir.

»Tu das. Ich werde die Nacht mit Sophia verbringen und an unsere Zusammenkunft in eurem Chateau denken. Die weibliche Schönheit ist doch eine wundersame Macht, der sogar wir Frauen uns nicht ganz entziehen können, ja, meine liebe Claire, sie ist lockend selbst für unser eigenes Geschlecht. Diese sanft gerundeten Formen, der Samt und die reizenden Farben einer gepflegten Haut sind schlechthin unwiderstehlich.«

»Mein Gott, liebe Äbtissin, stöhnte Claire, »du machst mich ganz ...!«

»Wolltest du sagen: geil? Sag es ruhig. Wir

wollen geil sein und hier wollen wir lernen, wie wir unsere Geilheit erhöhen können. Geil zu sein, geil auf einen Orgasmus oder auf ein hartes Glied, dass sollte jede Braut im Bett sein. Das lässt uns die höchsten Momente des Liebesspiels herbeisehnen.«

»Du hast mir so viel Neues beigebracht, wunderbar.«

»Ja. Das ist meine seelsorgerische Aufgabe. Ich habe dir vielleicht kleine Hinweise geben können, wie du deine Luststuten leichter erziehen kannst. Welche bizarren Spielereien hat die Extravaganz nicht erfunden? Unter dem Schleier unserer pädagogischen Aufgabe sind die exquisiten und raffiniertesten Lüste verborgen. Bis zu welchem Grad von Extravaganz vermag nicht die Phantasie vorzudringen? Bewahren wir unsere freimütigen Geständnisse deshalb so gut wie möglich. Nur für dich öffne ich mein Herz, liebe Claire.«

»Ich bin dir so dankbar, für das Vertrauen. Vielleicht kannst du ja einen Tag früher kommen oder einen Tag länger bleiben und wir können unsere vertrauensvolle Konversation fortsetzen.«

»Das würde ich zu gerne, aber ich kann nicht so lange vom Hospiz fortbleiben. Was hältst du davon, wenn du danach mich für ein paar Tage besuchst?«

»Das ließe sich bestimmt einrichten. Charles hat genug zu tun. Macht es dir nicht zu viel Mühe?«

»Nein. Überhaupt nicht. Ich würde mich riesig freuen, dich als Gast hier zu haben. Es würde meinen Alltag auflockern.«

»Würde es dir etwas ausmachen, wenn ich die Comtesse Dececile d' Antremont mitbringe? Zum einen, reist es sich besser zu zweit und zum anderen ist sie eine ganz aparte stilvolle Unterhalterin. Sie ist meine engste Freundin.«

»Das ist die Freundin mit dem Jagdaufseher?«

»Ja. Aber der würde natürlich nicht mitkommen. Dececile ist sehr verschwiegen, sie weiß um meine Geheimnisse und ich um ihre. Sie schreibt heimlich an einem Roman über die Luststutenerziehung.«

»Oh. Wie interessant.«

»Sie ist eine interessante und äußerst elegante Person. Sehr gebildet, sehr belesen. Sie philosophiert für ihr Leben gerne über das Ficken. Sie war schon etliche Male bei uns zu einer Soirée eingeladen und hat sich sowohl Charles als auch anderen hohen Herren hingegeben. Zur Freude der Gäste kann sie hocherotische Geschichten aus dem Adel erzählen und da geht es ausschließlich ums Ficken und gefickt werden. Das ist ihre Passion.«

»Ihre Passion ist auch die meine. Das könnte ein galantes Zusammentreffen werden. Erotische Geschichten aus dem Adel höre auch ich gerne. Aber ich bin mir nicht sicher, ob es richtig ist, ihr einen Einblick in mein Refugium zu gewähren. Es ist halt alles sehr vertraulich, geheim und für Außenstehende verschlossen.«

»Du kannst zu ihr volles Vertrauen haben. Ich verbürge mich für sie. Sie ist seit einigen Jahren Witwe und wir beide treffen uns einmal im Monat bei mir, zu einem sehr offenherzigen Gespräch.«

»Sie mag sehr offenherzig sein. Aber bei mir hier in diesem Stift geht es um Erziehung zur Lust. Auch unter Zuhilfenahme der Peitsche.«

»Charlotte. Dececile weiß genauestens über die Erziehung meiner Luststuten Bescheid und hält die körperliche Züchtigung, wie du und ich, für absolut notwendig. Ganz im Gegenteil, sie ist sogar fasziniert davon. Sie hat nämlich noch eine Passion, die ich dir verraten kann. Sie schreibt Geschichten, kleine Romane. Sie ist ja begütert und hat einen alten Buchdrucker, der für sie in aller Diskretion die Büchlein setzt, druckt und in Leder bindet. Sehr obszöne Geschichten, auch aus meiner Vergangenheit, ohne meinen Namen und die Orte zu nennen.«

»Das ist aufregend.«

»Ich habe ein Büchlein von ihr, das ich dir

mitgeben werde, wenn du uns besuchst. Es heißt *La dance de la croupe sous le fouet.* Darin beschreibt sie mit bezaubernden Worten den anmutigsten Ausdruck des Tanzes einer nackten Maîtresse unter der Peitsche. Es liest sich, als wäre man dabei. So bildhaft ist es beschrieben. Eine hübsche junge Maîtresse, vollkommen nackt, mit langen blonden Haaren, die Arme hochgebunden und mit einer Kette an einem Deckenbalken befestigt, steht sie auf ihren Fußspitzen in der Mitte eines Kaminzimmers. Als die lange Peitsche ihren Po mit den ersten roten Striemen zeichnet, beginnt ihr Tanz. Bei jedem Hieb wirft sie ihre Beine hoch, dreht und windet sich, wirft den Kopf in den Nacken und stößt ihre schrillen Schreie aus. Genauso so, wie ich es auch schon so oft erlebt habe. Der Tanz des Hinterns unter der Peitsche ist etwas Traumhaftes. Wenn sie sich mit den Händen an der Kette hält, über den Boden schwebt, die Peitschenhiebe sie zum Pendeln bringen und ihre Tränen herunterfließen. Es ist so zauberhaft geschrieben, dass es mich jedes Mal, wenn ich es lese, unglaublich erregt. So, wie ich, ist Dececile der Meinung, das der Tanz unter der Peitsche, der höchst ergötzliche Anblick ist und bei keiner Soirée fehlen darf. Es sei die Bestimmung dieses Tanzes, schreibt Dececile, durch die Verlockung, die Strahlkraft der Szenerie, den

Reiz und dem Zauber, auch bei den hohen weiblichen Gäste die Wollust zu entlocken, um sich danach in Gemeinschaft den Herrn hinzugeben und sich bereitwillig ficken zu lassen.«

»Großer Gott! Claire! Was erzählst du da? Das ist ja zauberhaft. Was für eine bemerkenswerte Person, so unerhört obszön.«

»Ich sehe in deinem Gesicht ein mehr als zufriedenes Lächeln.«

»Der Tanz des Hinterns unter der Peitsche. Was für ein atemberaubender Titel. So wohltuende Worte. Ich muss sagen, das ist extraordinär. Es wühlt mich innerlich total auf.«

»Es sind ihre Worte. Ich kenne die Geschichte fast auswendig. Auch das Verschmelzen der Leiber anschließend zu einer Orgie der Sinnlichkeit, wenn alle weiblichen Anwesenden zur gleichen Zeit gefickt werden, über Sesseln, auf Chaiselongues, auf Kissen oder auf allen Vieren auf dem Teppich, das ist in solch warmen Worten von ihr beschrieben, dass man nicht umhin kann, sich selbst zu berühren. Sie erwähnte auch die Hierodulen, die Tempeltänzerinnen, die schon früher mit Flagellation gezüchtigt und gefickt wurden.«

»So, so. Die Hierodulen. Das hat sie erwähnt?«

»Ja. Das Wort habe ich mir gemerkt.«

»Erstaunlich, dass sie das weiß. Das ist sehr

verborgenes und geheimes Wissen. Sie muss sehr belesen sein.«

»Wie gesagt, sie ist sehr gebildet. Ich bewundere sie. Sie besitzt eine große eigene Bibliothek.«

»Ach Claire. Was für eine Fügung. Auch ich habe viel über den Tanz unter der Peitsche gelesen, es hat mich jedes Mal fasziniert und erfasst. Das Wort Flagellation bedeutet Auspeitschen. Es stammt vom lateinischen flagellum, die Geißel, die Züchtigung mit körperlichen Schmerzen durch Schläge mit einer Peitsche, einer Rute oder einem Stock. Das heißt, um die Tänzerin zum anmutigen Tanzen zu bringen, bedarf es wirklich schmerzhafter Hiebe mit einer Peitsche. Dieser Tanz war schon immer in der Geschichte eine ganz besondere Attraktion für bedeutende geladene Gäste. Die Hierodulen sind ein gutes Beispiel. Sie waren zugleich heilig und käuflich. In Korinth und Eryx der Antike waren die Hierodulen, junge, ausgesucht schöne Mädchen, die in den Tempeln der Aphrodite dem Kult der Venus zugeteilt und reine Lustsklavinnen waren. In der Tempelsklaverei, der Hierodulia, hatten die Mädchen auch ihren Wohnsitz und mussten sich zum Wohl des Tempels gegen ein der Gottheit dargebrachtes Geschenk den Männern zum Liebesakt hingeben. Mit Tänzen und Musik nahmen sie an Zeremonien teil, während sie dabei mit Reisigzweigen gezüchtigt wurden. Dieser Tanz war die reichste Gabe der Muse an den Mann. Wegen seines göttlichen Ursprungs hatte er einen Platz in den Mysterien, war geliebt von den Göttern und wurde zu Ehren von den Göttern gepflegt. Denn die lustbetonte Bewegung beim Tanz, gesteigert, durch die rhythmische Wiederkehr des Peitschenhiebs, befreite von inneren Spannungen und löste die Tänzerin, öfter ihre intimen Öffnungen zu zeigen. Es ist ein uraltes sakrales Moment. Die gefesselte Nacktheit mit der stricken körperlichen Züchtigung erzeugt die Demut vor der Wollust. Die Tanzsklavinnen wird ein reines Objekt der Anmut, das es mit Züchtigung zu formen und zu erziehen gilt. Denn in seiner Vollendung transportiert der gezüchtigte nackte Körper der Tänzerin die Ästhetik schlechthin, zu Sinnlichkeit, Faszination, Lust und Begierde und erzeugt bei den Herren das wollüstige Verlangen, die Tänzerin zu penetrieren. Zum Ende des Tanzes zeigt sich, dass die Tänzerin nun verfügbar, fügsam und dienstbereit zur Hingabe ist. Der Tanz unter der Peitsche beinhaltete schon immer eindeutig den erotischen Moment. Die Mädchen tanzten entweder nackt oder trugen raffinierte, durchsichtige Gewänder, ihre Bewegungen waren lebhaft, aufreizend, zuweilen sogar ekstatisch. Selbst die Bibel berichtet mehrfach von Tempelprostitution in antiken Kulten, dass diese Praxis üblich war, so zum Beispiel in ersten Buch der Könige 14,24. Auch Ovid schrieb im berühmt gewordenen Buch Ars amatoria: *In Rom wird die Rute zur Steigerung der Erregung eingesetzt. Est ergo satisfactio quaedam, se caedendum virgis exhibet nudum. Deshalb gibt es erst Befriedigung, sie nackt zu schlagen.*

Doch selbst diese kultische Züchtigung enthält eine irdische Lustbefriedigung in deren Ekstase sich das Göttliche offenbart. Es gibt, wie Eduard de Hartmann mit Recht sagte *keine Lust, die nicht einen Schmerz enthält, und keinen Schmerz, mit dem nicht eine Lust verknüpft ist.* Der Graf Bussy-Rabutin schrieb in dem vor Jahren erschienenen und verbotenen Machwerk: *Über den Gebrauch der Männer mit Kultur, ihre Geliebten zu schlagen. „Cet abus odieux" von geflissentlichen Kultivieren mit der Peitsche. 'Qui, sous couleur d'eteindre en nous la volupté, Par l'austerité mème et par la pénitence, Sait allumer le feu de la lubricité.*

Wer in uns, möchte nicht unter der Farbe der vergehenden Wollust, durch Strenge und Zucht das Feuer der Geilheit anzünden.

Er schrieb darin auch: *Les nymphes sautent sous le fouet, avec l'élevage ils deviennent des grâces.*

Nymphen springen unter der Peitsche, mit Zucht

werden sie Grazien.

Was mich aber am meisten fasziniert. Auch unter den Frauen fanden sich zu allen Zeiten hervorragende Liebhaberinnen der aktiven Flagellation; und bemerkenswert dabei ist, dass weibliche Geschlechtsgenossinnen mit Vorliebe die Züchtigung immer zur stimulierenden Erhöhung ihrer eigenen Geilheit ausführten. Ein aus antiker Zeit stammendes Beispiel ist die Gattin des Kaisers Julian, Helena, die, wie die Fama berichtet, junge gallische Sklavinnen vor ihren Augen entkleiden, tanzen und peitschen ließ, während andere Frauen oder junge Mädchen sich damit beschäftigen mussten, Helena mit den Fingern und Zungen zu befriedigen.

So ähnlich berichtete Brantôme über die Königin Katharina von Medici, die ihre Hofdamen fast täglich in ihrem Boudoir mit Begeisterung züchtigte. Sie muss den Tanz unter der Peitsche geliebt haben, wie keine andere.

Katharina ließ verlauten: *Was unsere schönen Französinnen anbelangt, so zeigen sie ein gröblich Benehmen und von den Verfeinerungen des Liebesgenusses haben sie keine Ahnung. In der That, die jungen Frauen am Hofe, wenigstens der höheren Stände, sollen im Liebesgenuss mit Zucht gebildet werden.*«

»Das sagte die Königin Katharina?«

»Ja, Claire! Sie schuf die sogenannte *Squadrone volante,* in die schöne junge Hofdamen gezwungen wurden, um eine entsprechende Ausbildung zu erhalten. Diese jungen Hofdamen trugen schließlich Kleider mit tiefen Dekollées, die selbst die Brustwarzen unbedeckt ließen und Katharina ordnete später für alle ihre Hofdamen sogar Oberkleider an, die speziell den Busen unverhüllt ließen. Die Königin hat dabei persönlich in die Erziehung eingegriffen und die Mädchen regelmäßig gezüchtigt. Es heißt in einem Brief:

.. so die Königin im Loire-Schloß Chenonceaux sich selbst daran delektierte, in trauter Runde vor hohen Gästen die entblößten Hinterbacken der "schönsten und ehrsamen Hofdamen" mit flacher Hand und Rute zu traktieren, ob ihrer Uneinsichtigkeit - um sie anschließend den Herren zu Liebesdiensten zu übergeben. Erregende Zeilen. Es gibt noch einige andere Berichte, dass die Königin äußerstes Gefallen daran fand, ihre Hofdamen zu züchtigen und persönlich die Ausbildung zu begleiten. Wir befinden uns also in bester Gesellschaft, Claire! Ich verehre Katharina, hat sie doch als erste Frau die Züchtigung und die notwendige strenge Erziehung von Hofdamen zu Liebesdiensten hoffähig gemacht hat. Sie hat der hohen Gesellschaft, ihren Verehrern und ihren engen Freundinnen einen unschätzbaren Dienst erwiesen.

Neben etlichen Hofdamen, hat sie sogar ihre Tochter, die sie später mit Heinrich den Vierten verheiratete, auf gleiche Weise tanzen und sich von Hofdamen bis zur Ekstase bringen lassen. Ausführlich wurde von Brantôme auch beschrieben, wie die junge Hofdame de Limeuil wegen einiger satirischer Verse gezwungen wurde, vor versammeltem Hofe nackt zu tanzen und Katharina sie dabei zum wollüstigen Ergötzen anwesender Geistlichkeit mit Ruten peitschen ließ, um sie danach den Herren zum Liebesakt zu übergeben. In einem Brief schrieb Katharina: *Das Mitwippen der Brüste, das Tanzen der Füße, das Anheben des Knies, die Schreie und Tränen beim Klatschen des Peitschenhiebs, die Sichtbarwerdung der aufgenommenen schmerzhaften Reize, all das sind Zeichen der positiven Sinneswahrnehmung bei der Delinquentin und erhöhen das Ergötzen. Wenn also das, was die Gäste sehen, sich zu einer Einheit verbindet mit dem Aufschreien, das sie hören, dann stellt sich ein Empfinden von Ästhetik, Harmonie und Geilheit ein. Die Eleganz des nackten Körpers, die Anmut des rot gestriemten Pos und die ästhetischen Bewegungen nach einem präzisen Hieb, den gerade die weiblichen Gäste nachempfinden und mitfühlen können, können auch zu Tränen der Rührung und großer Erfüllung bei mir und meinen engen Freundinnen führen. Dieser Ausdruck des überwältigenden Gefühls ist bei dem Tanz das höchste Lob, das der Tänzerin zuteilwerden kann.*

Ich liebe Katharina und bin fasziniert von dem offenen Eingeständnis ihres Verlangens. Sie ließ sich bei den Tänzen immer von einer Hofdame bis zum Orgasmus befriedigen.«

»Mein Gott, Charlotte, was du alles weißt. Du solltest Dececile unbedingt kennenlernen.«

»Ja, das denke ich auch. Ich werde ihr Büchlein mit Begeisterung lesen. Eine solche Literatin würde ich gerne kennenlernen. Aber du darfst ihr nicht meinen Namen sagen und auch nicht den Namen der Abtei.«

»Charlotte! Du kannst dich auf mich verlassen. Würde es dir denn gefallen, wenn mein Charles, bei deinem Besuch, Anna mit einem Tanz vorführen würde?«

»Claire! Du bringst mich in Wallung! Ich wage gar nicht daran zu denken. Ich würde mich nicht beherrschen können und mich wie unsere große Katharina von Medici daran ergötzen.«

»Das sollst du. Ich will dir diesen Tanz schenken.«

Catherine de Médicis, Reine de France, fouette les dames de la Cour

Catherine de Médicis, Königin von Frankreich, peitscht Hofdamen im Loire-Schloß Chenonceaux

Am 23. Oktober 1533, nachdem die Verhandlungen zwischen dem Papst Clemets VII. und dem französischen König Franz I. abgeschlossen waren, hielt die Braut, Caterina Maria Romula de' Medici, Einzug in Marseille. Am 27. Oktober 1533 wurde der Heiratsvertrag unterzeichnet und am 28. Oktober 1533 fand die kirchliche Trauung statt. Nach einem Maskenball wurden die beiden

Vierzehnjährigen in die Hochzeitskammer geführt. Papst Clemens segnete das Paar und war erfreut darüber, dass er die beiden im Bett vorfand.

Amelie und Hendrik Blomberg

978-3-86332-048-5 *Die Gadolinium-Verschwörung*
978-3-86332-025-6 *Educazione Inglese Band 1, Die englische Erziehung*
978-3-86332-047-8 *Educazione Inglese Band 2 Die Hochzeitsreise*
978-3-86332-049-2 *Ménage à trois, Traum in einem Traum*
978-3-86332-050-8 *Ein mörderischer Plan*
978-3-86332-051-5 *Boarding School*
978-3-86332-052-2 *Le dressage de haute école, Band 1, Die hohe Schule der Lust*
978-3-86332-056-0 *Fortschrittliche Domestic Disciplin*
978-3-86332-057-7 *Abend der O Band 1, Short Stories*
978-3-86332-059-1 *Le dressage de haute école, Band 2 – Im Boudoir der Äptissin*
978-3-86332-058-4, *Abend der O Band 2, Short Stories*